AUTEURS ET DIRECTEURS DES COLLECTIONS
Dominique AUZIA...
Jean-Paul LAB...

DIRECTEUR D...
Stéphan SZER...

RESPONSABL...
Patrick MARIN...

EDITION ✆ 01...
Julien BERNA...
Caroline MICH...
SOUCHET, Maïssa BENMILOUD
et Françoise CORDARO

ENQUETE ET REDACTION
Delphine MILLET-PRIFTI, Manon LIDUENA, Stéphanie POLI et alter

DIRECTION ARTISTIQUE
Delphine PAGANO

MAQUETTE & MONTAGE
Sophie LECHERTIER, Julie BORDES, Élodie CARY, Élodie CLAVIER, Sandrine MECKING, Delphine PAGANO, Laurie PILLOIS et Evelyne AMRI

CARTOGRAPHIE
Philippe PARAIRE, Thomas TISSIER et Sophie CUCHEVAL

PHOTOTHEQUE ✆ 01 72 69 08 07
Elodie SCHUCK

RELATIONS PRESSE ✆ 01 53 69 70 19
Jean-Mary MARCHAL

DIFFUSION ✆ 01 53 69 70 68
Eric MARTIN, Bénédicte MOULET assistés d'Aïssatou DIOP et Alicia FILANKEMBO

RESPONSABLE DES VENTES
Jean-Pierre GHEZ

CITY TRIP ROME
2013-2014

NOUVELLES ÉDITIONS DE L'UNIVERSITÉ©
Dominique AUZIAS & Associés©
18, rue des Volontaires - 75015 Paris
Tél. : 33 1 53 69 70 00 - Fax : 33 1 53 69 70 62
Petit Futé, Petit Malin, Globe Trotter, Country Guides et City Guides sont des marques déposées ™®©
© Photo de couverture : Buste de la Méduse au palais des Conservateurs © Stéphane SAVIGNARD
ISBN - 9782746962262
Imprimé en France par KORYO – 92240 Malakoff

Pour nous contacter par email, indiquez le nom de famille en minuscule suivi de @petitfute.com
Pour le courrier des lecteurs : country@petitfute.com

GUERSAN

Édito

Tous les chemins mènent à Rome ! Aujourd'hui, cet adage est le vôtre, vous qui avez décidé de vous offrir une escapade dans la Cité éternelle. Brillante idée que nous allons vous aider à concrétiser au plus près de vos rêves en vous dévoilant tous nos bons plans pour profiter de la capitale italienne. Le Colisée et le Forum, la fontaine de Trevi, la piazza Navona, le Panthéon et le Campo dei Fiori, la villa Borghèse et la piazza di Spagna, la basilique Saint-Pierre et la chapelle Sixtine, mais aussi les ruelles pittoresques du Trastevere sont autant de merveilles que vous voudrez découvrir, arpentant les sept collines de la ville.
Rome, ville d'art et d'art de vivre. Nous nous proposons de vous guider pas à pas, des incontournables de la ville à des adresses plus secrètes, de la *trattoria* authentique au restaurant branché, du glacier rétro à la boutique design, sans oublier de vous faire découvrir notre sélection d'hébergements pour toutes les bourses. Vous n'avez plus qu'à vous laisser aller à la *dolce vita*...

Découvrir le guide en ligne

OFFERT
CE GUIDE VERSION NUMÉRIQUE
Retrouvez cette offre en page 99

Sommaire

48 Campo dei Fiori, Panthéon et fontaine de Trevi

Délimité au sud par la piazza Venezia, au nord par le palais Quirinal et à l'ouest par le Tibre, ce quartier, optimisé pour les piétons, est l'épicentre de la Rome historique ! La concentration d'édifices Renaissance et baroques est vertigineuse : on y contemple des classiques comme la piazza Navona, la mythique fontaine de Trevi ou le majestueux Panthéon.

77 Colisée, Forum et Capitole

Le quartier de la Rome antique offre un fabuleux voyage dans le temps, au pays des empereurs et des gladiateurs. Les musées du Capitole, les ruines du Forum romain et du Palatin, et bien sûr le Colisée sont des incontournables. Plus confidentiel, le quartier de Monti invite à la flânerie à travers des rues pittoresques devenues le lieu de résidence favori des Romains branchés.

101 Piazza di Spagna et villa Borghèse

Entre la magnifique piazza di Spagna et la piazza del Popolo, les rues du Tridente abritent les grandes enseignes de la mode internationale, de jolies galeries d'antiquaires et de nombreux restos dans une ambiance chic et bohème. A deux pas, la villa Borghèse, célèbre pour ses magnifiques jardins et sa galerie, est la promenade incontournable à Rome. Quant aux escaliers de la piazza di Spagna, ils sont l'un des lieux de rendez-vous favoris des Romains.

125 Vatican et Trastevere

La place Saint-Pierre, la chapelle Sixtine et quelques autres chefs-d'œuvre se trouvent dans la cité du Vatican. Plus au sud, le Trastevere, l'un des quartiers les plus photogéniques de Rome, est apprécié pour sa vie nocturne intense. Entre les deux, la colline du Janicule réserve de jolies promenades et de beaux panoramas sur la Cité éternelle.

147 Termini, Celio et Esquilin

Au sud du quartier cosmopolite de la gare Termini, la colline de l'Esquilin vaut le détour pour l'église Sainte-Marie Majeure, tandis que perchée sur la paisible colline du Celio, la basilique Saint-Jean de Latran est la plus vieille église au monde.

167 Hors les murs

Des quartiers aux intérêts très variés entourent les murailles de Rome : musées d'art contemporain dans les quartiers de Flaminio et Nomentano, vie nocturne débridée dans le Testaccio et à Garbatella, mouvance alternative à San Lorenzo, sans oublier les catacombes de la via Appia Antica. Et plus loin le quartier de l'EUR et sa surprenante architecture mussolinienne.

Les immanquables

REPÈRES HISTORIQUES

La fondation de Rome : une affaire mythologique. En 753 av. J.-C., les jumeaux Romulus et Rémus posent la première pierre de la ville au pied du mont Palatin. C'est là que selon la légende ils furent allaités par la louve après avoir été sauvés des eaux du Tibre. De 715 à 509 av. J.-C., on retient l'extension de la cité par les premiers rois sabins qui recrutent leur population sur les collines voisines et le règne des Tarquins, dynastie étrusque qui développe les constructions, l'art et la culture, et pose la base des institutions politiques de Rome.

La République conquérante. Les premiers consuls garantissent la tranquillité de la jeune République jusqu'en 390 av. J.-C. et la mise à sac de Rome par les Gaulois. Elle mettra près de 50 ans à renaître de ses cendres pour se lancer à la victorieuse conquête de l'Italie puis du bassin méditerranéen avec notamment les guerres puniques (Hannibal et ses fameux éléphants !) qui se soldent par la destruction de la cité phénicienne de Carthage en 146 av. J.-C.

César et compagnie. Parvenu au pouvoir après sa victoire sur Pompée (48 av. J.-C.), César gouverne en maître absolu jusqu'à son assassinat par Brutus le 15 mars 44 av. J.-C., au cours d'une séance du Sénat, dans la curie du Forum romain. Après sa mort, ses lieutenants Marc Antoine et Octave s'affrontent. Octave devient le nouveau maître de Rome en 29 av. J.-C. A son époque vivent des hommes de lettres comme Horace, Virgile ou Tite-Live.

Les dynasties impériales. Après la mort d'Octave Auguste en 14 apr. J.-C., Tibère, puis Caligula font régner la terreur sur Rome. En 54, Néron l'excentrique monte sur le trône. Il fait construire la Domus Aurea et persécute les chrétiens accusés d'être à l'origine de l'incendie qui ravage Rome en 64. Il se suicide en 68. Il sera le dernier empereur de la dynastie des Julio-Claudiens. Lui succède celle des Flaviens (69-96) à laquelle on doit la construction du Colisée, puis celle des Antonins (96-192) qui laisse le forum de Trajan et le mausolée d'Hadrien (actuel château Saint-Ange). Règne ensuite Marc Aurèle qui combat les offensives des Barbares germaniques. Au début du IIe siècle, la dynastie des Sévères laisse notamment les thermes de Caracalla. On retient dans les décennies qui suivent le nom d'Aurélien (270-275), qui entoure la ville d'une muraille encore visible aujourd'hui, et de Constantin (306-337), fondateur de Constantinople et premier empereur à embrasser la religion chrétienne. L'an 476 marque la fin de l'empire romain et avec elle la fin de l'Antiquité et le début de l'ère médiévale.

Les papes prennent le pouvoir. Alors que la ville est moribonde, les papes s'installent à Rome (dans le quartier de Saint-Jean-de-Latran) où ils deviennent la seule autorité. La papauté amasse des richesses et reprend progressivement à son compte l'héritage impérial et la vocation de Rome à gouverner le monde. Cette suprématie, avec l'appui des Carolingiens (pour mémoire Charlemagne règne en 800), perdure à Rome jusqu'à la Renaissance, période d'apothéose politique et culturelle pour l'Eglise. Les papes, devenus mécènes, s'installent au Vatican et lancent de vastes chantiers de construction. Il s'agit de faire de Rome la cité de Dieu sur terre, rien de moins ! Raphaël, Michel-Ange et les autres sont à pied d'œuvre. Mais le protestantisme monte, qui voit en Rome une Babylone moderne, et la ville est mise à sac en 1527. L'Eglise est contrainte à la réforme, ce qui se manifeste dans l'art par le maniérisme.

Romulus et Remus.

Le souffle baroque. Au début du XIIe siècle, un nouveau vent artistique souffle sur l'Europe, celui du baroque et de sa démesure. Borromini, Bernin et Le Caravage sont les grands maîtres du baroque romain. Des chefs-d'œuvre comme la basilique Saint-Pierre ou la place Navona voient le jour. Dans la même lignée, le XVIIIe siècle est marqué par la construction de la fontaine de Trevi, des escaliers de la place d'Espagne et l'ouverture des musées du Capitole.

© JOHN FRECHET – ICONOTEC

Statue de César.

Sur la piste capitale. A l'époque napoléonienne, l'influence française sur la ville est sensible. A partir de 1848, l'Italie est touchée par les mouvements révolutionnaires (Risorgimento) et le pape Pie IX est contraint de s'exiler pour une année. Le républicain Garibaldi parvient à prendre la ville pour de courtes périodes, mais Rome reste sous la protection de Napoléon III. L'unité de l'Italie est proclamée en 1861, mais Rome ne lui est réunie que neuf ans plus tard, après la chute du Second Empire en France. Rome devient la capitale de l'Italie le 3 février 1871. Le pape n'accepte pas la nouvelle donne et s'enferme au Vatican. La population afflue et Rome passe en 30 ans de 200 000 à 600 000 habitants. La spéculation immobilière se déchaîne, de nombreux couvents sont transformés en ministères, le monument national à Vittorio Emanuele II, mastodonte qui domine la piazza Venezia, est construit.

Rome, ville des fascistes. Le 24 octobre 1922, les fascistes marchent sur Rome et Mussolini accède au pouvoir. Le nouveau régime laisse de nombreuses traces dans la ville qui compte alors un million d'habitants. De grandes allées rectilignes, la via della Conciliazione, qui relie le Tibre au Vatican, et la via dei Fori Imperiali sont construites au détriment de ruelles et de constructions moyenâgeuses rasées. Le quartier de l'EUR et les studios de Cinecittà voient le jour. Mais lors de la guerre, c'est le quartier de San Lorenzo qui est le plus fortement bombardé.

Rome aujourd'hui. La ville connaît dans les années 1950 une forte vague d'immigration et l'immobilier explose de façon désorganisée avec un manque regrettable d'espaces publics. Dans les années 1960 sont construits l'aéroport Fiumicino et la nouvelle gare Termini, le premier métro et les installations sportives qui accueillent les Jeux olympiques en 1960. Plus près de nous, on retiendra comme grande construction l'auditorium imaginé par Renzo Piano inauguré en 2002, et le plan d'aménagement urbain de 2003 (sous mandat de Walter Veltroni) qui a considérablement amélioré le quotidien des Romains. Des quartiers périphériques se développent comme l'EUR, accueillant quelques ambitieux projets architecturaux.

POINTS D'INTÉRÊT

» Le Colisée

Il est à Rome ce que la tour Eiffel est à Paris, l'image d'Epinal de la ville dont la silhouette se dresse au cœur de la Rome antique. Il a fallu plus de 120 000 esclaves pour sa construction, des matériaux de première qualité comme le travertin et le tuf, mais surtout des marbres polychromes. De nombreuses équipes d'ouvriers spécialisés, d'architectes, d'ingénieurs et d'artisans ont travaillé sur différents points de manière que l'édifice grandît au fur et à mesure en longueur, largeur et hauteur. Il fait 188 m de longueur sur 155 m de largeur et plus 50 m de hauteur. A l'extérieur, près de 80 portes numérotées permettaient aux 80 000 spectateurs d'accéder selon leur condition aux quatre niveaux, tous différents, si bien que l'arène se remplissait et se vidait rapidement.

C'est donc en un deuxième temps que l'on a construit les coulisses (sous Domitien), et on les a voulues souterraines. Les spectacles étaient gratuits, ils étaient offerts par l'empereur, et pas seulement pour des occasions particulières.

Le Colisée.

A partir du IVe siècle, Rome devient chrétienne et, dès le Ve siècle, on abolit les combats de gladiateurs et par la suite ceux d'animaux sauvages, car Rome n'avait plus les moyens de faire venir d'aussi loin les bêtes féroces. Dès le VIe siècle, le Colisée devient de temps à autre une forteresse. On y bâtit même des habitations et l'on y enterre aussi les morts... En 1345, un tremblement de terre fait tomber une partie de l'arène. De là, on va commencer à prendre du matériel pour construire ailleurs. De nombreux monuments romains ont été bâtis avec du matériel provenant du Colisée, comme la basilique Saint-Pierre, le palais de la Cancelleria, l'église Saint-Marc pour n'en citer que quelques-uns. C'est en 1753 que le pape Benoît XIV, qui trouvait triste de voir disparaître ce monument, va interdire l'exploitation du Colisée en prenant comme prétexte que de nombreux chrétiens y étaient morts en martyrs. Ce qui est faux dans les faits car les persécutions étaient organisées au Circus Maximus, le grand stade des courses de chars. Mais cela a permis en tout cas de préserver l'amphithéâtre et d'organiser chaque Vendredi saint, en présence du pape, le chemin de croix. Derrière l'arène, il y avait la caserne des gladiateurs, un édifice de forme rectangulaire avec une grande cour intérieure qui contenait un petit amphithéâtre, le *ludus magnum* qui permettait aux gladiateurs de s'entraîner. Ce dernier est encore en partie visible sur la rue San Giovanni.

Ce qui subsiste garde une puissance et une harmonie grandioses. On peut monter jusqu'en haut des murs d'où l'on a un beau panorama sur Rome. Ne manquez pas non plus de vous offrir une petite escapade nocturne au pied du Colisée.

Sous l'arène au Colisée.

Le Forum romain et le Colisée.

COLISÉE
Piazza del Colosseo
✆ +39 639 967 700
www.colosseo-roma.it
M° Colosseo.
Informations et réservation (pour tous les sites archéologiques) par téléphone. Ouvert tous les jours de 8h30 à 1h avant le coucher du soleil. Tarif : 12 € (ticket combiné avec la visite du Palatin, le Forum et les expositions temporaires, valable 2 jours consécutifs).Gratuit pour les moins de 18 ans et demi-tarif pour les 18-24 ans + cartes et réductions.

» Le Forum romain

Centre politique, religieux et commercial, symbole de la toute puissance de la Rome républicaine (du VIe av. J.-C. au Ve siècle), le Forum tel qu'il s'offre à nous est un somptueux champ de ruines au cœur de la ville. Le site se présente comme un vaste quadrilatère de 500 m de longueur sur 200 m de largeur qui, partant de son point le plus bas au pied du Capitole, monte en pente douce jusqu'au talus naturel qui relie le mont Palatin à l'Esquilin. Enrichi durant les différentes époques, le Forum fut en grande partie détruit au VIe siècle, lorsque s'écroule l'Empire romain d'Occident. Seuls quelques monuments seront épargnés, transformés en églises ou en palais. Au cours des siècles, l'érosion, les inondations, les éboulements, les destructions et les tremblements de terre feront hausser le niveau du sol de plusieurs mètres, en moyenne. Les fouilles ayant commencé assez tard, le site était encore il y a 200 ans un terrain vague où broutaient les vaches. On peut aujourd'hui avec un peu d'imagination se représenter sa richesse et sa magnificience.

Vestiges du Forum romain.

Organisés autour de la via Sacra, qui était le passage obligé des grandes processions religieuses et des triomphes vers le Colisée, voici les monuments encore en état qui pourront vous servir de points de repère :

L'arc de Septime Sévère. Achevé en 203, il sépare la Curie des Rostres. D'intéressants bas-reliefs célèbrent les victoires de l'empereur sur les Parthes.

La Curie. Sur la droite, en regardant le Capitole, un bâtiment en brique, tout simple. La Curie était le siège du Sénat romain au IIIe siècle, le véritable centre du pouvoir sous la République et son centre symbolique sous l'Empire. Elle était originalement recouverte de marbres et de stucs, et son aspect actuel date du début du IVe siècle. De forme simple mais harmonieuse, elle comporte deux séries de gradins, sur lesquels étaient placés les sièges des 300 sénateurs.

Les Rostres. En face de la Curie, une tribune en arc de cercle datant du IIIe siècle avant notre ère où les orateurs de la République, les sénateurs et les tribuns prononçaient leurs discours et défendaient leurs projets devant le peuple assemblé.

Le temple de Saturne. Huit colonnes ioniques vous signaleront l'emplacement de ce temple, dans lequel était conservé le trésor de l'Etat.

La basilique Julia. Un très vaste édifice qui borde le Forum au sud. On peut y voir, sur le pavement de marbre, des graffitis et des damiers. En remontant vers l'arc de Titus, vous passerez devant trois colonnes corinthiennes, vestiges du temple de Castor et Pollux, et devant le temple rond de Vestale.

L'arc de Titus. Composé d'une seule arche, il fut édifié par Domitien en 81 apr. J.-C., en l'honneur de son frère et prédécesseur Titus, pour commémorer la prise et la destruction de Jérusalem.

La basilique de Maxence et Constantin. De cet édifice gigantesque, il ne reste que la moitié nord. Ce fut le siège de la préfecture au début du IVe siècle. S'y trouvait la colossale statue de Constantin dont il ne reste que la tête et une main dans la cour du palais des Conservateurs.

Le temple d'Antonin. Dédié en 141 apr. J.-C. par Antonin le Pieux à son épouse Faustine, ce temple fut transformé en église au VIIIe siècle, ce qui lui valut de conserver intactes les dix immenses colonnes de sa façade.

FORUM ROMAIN
Via dei Fori Imperiali
✆ +39 639 967 700
M° ligne B Colosseo, bus 30, 44, 60, 81, 85, 87, 186.
Ouvert tous les jours de 8h30 à 1h avant le coucher de soleil, fermé le 1er janvier et 25 décembre. Entrée : 12 € (comprise avec le billet pour le Colisée et le Palatin).

» La place du Capitole et ses musées

Le Capitole fut la forteresse naturelle de Rome. Sa position stratégique au cœur des voies de communications terrestres et fluviales, dominant d'un côté le Tibre et de l'autre la vallée du Forum, permettait aux Romains de contrôler la traversée et la remontée du fleuve. Véritable cœur de la cité antique et haut lieu de la vie politique, le Capitole a vu défiler près de 2 500 ans d'histoire. De tout temps, siège de l'administration de la ville (la mairie y demeure encore aujourd'hui), le Capitole était aussi le centre religieux de l'ancienne Rome, car il accueillait le temple de Jupiter Capitolin dédié à Jupiter, Junon et Minerve.
L'aspect actuel de la place est dû à Michel-Ange qui en a dessiné les plans en 1536 à la demande du pape Paul III. Il parvint à créer une illusion de grandeur dans cet espace assez réduit qui présente une unité de style assez rare à Rome. La statue équestre de Marc Aurèle trône en son centre. Ses palais abritent aujourd'hui les musées du Capitole et leurs très belles collections de statues antiques grecques, étrusques, égyptiennes ou romaines (comme la fameuse louve allaitant Romulus et Remus) et de peintures (Véronèse, Rubens, Titien, le Caravage...).

Piazza del Campidoglio (place du Capitole), statue équestre de Marc Aurèle par Michel-Ange.

Leur visite demande une bonne demi-journée. Les musées du Capitole furent créés en 1471, quand le pape Sixte IV donna au peuple romain un groupe de statues en bronze de grande valeur. Cela en fait, dans sa partie la plus ancienne, le plus vieux musée public du monde. Les collections ont aujourd'hui toutes un lien très étroit avec la ville de Rome. Elles se répartissent dans le palais des Conservateurs, d'origine antique et transformé en 1570 sur un projet de Michel-Ange, et dans le palais Neuf, inauguré en 1654.

Dans la cour intérieure du palais des Conservateurs, on verra des fragments de la statue colossale de Constantin, installée à son origine dans la basilique de Maxence du Forum romain, dont les dimensions sont exceptionnelles (tête 2,60 m, pied 2 m). On ne manquera pas de passer dans la salle des Conservateurs, où fut signé le traité de Rome en 1955, avant d'aller rendre visite à la statue de la louve capitoline allaitant Remus et Romulus. A ce sujet, des analyses récentes ont démontré qu'elle ne datait pas des Etrusques, comme on l'a longtemps supposé, mais du IIe ou IIIe siècle de notre ère. On verra également l'original de la statue équestre qui se trouve sur la place avant de rejoindre au 2e étage la pinacothèque et ses toiles du XVe au XVIIIe siècle dont la fameuse *La Diseuse de bonne aventure* du Caravage. Dans le palais Neuf, auquel on accède par une galerie souterraine passant sous le Capitole d'où l'on jouit d'une très belle vue sur le Forum, on verra des sarcophages romains, des mosaïques, des sculptures et des éléments de l'histoire politique de Rome comme la *Lex Imperio Vespasiani*, texte gravé dans le bronze qui rapporte la décision du Sénat de porter Vespasien au pouvoir.

Palais des Conservateurs.

MUSÉES DU CAPITOLE
Piazza del Campidoglio 1
✆ +39 06 06 08 /
+39 06 67102071
www.museicapitolini.org
M° Colosseo.
Ouvert de 9h à 20h du mardi au dimanche (dernière entrée : une heure avant la fermeture). Fermé le lundi, le 1er janvier, le 1er mai et le 25 décembre. Ouvert de 9h à 14h le 24 et le 31 décembre. Entrée (musée + exposition) 12 €, 10 € réduit. Audioguide 5 €.

PLACE DU CAPITOLE
Capitole
M° Colosseo.

Sculptures grecques et romaines dans le musée Pio-Clementino.

» Les musées du Vatican

Au XVe siècle, le Vatican est devenu la résidence habituelle des papes de retour d'Avignon. Il le restera jusqu'à nos jours, bien qu'aux XVIIIe et XIXe siècles, les papes aient préféré le Quirinal et qu'ils aient transformé partiellement le Vatican en musée. « Quelles solitudes de chefs-d'œuvre ! » s'écria Chateaubriand lorsqu'il visita le Vatican. Les choses ont bien changé. Les chefs-d'œuvre sont toujours là, mais leurs solitudes sont meublées de foules de touristes avides de culture.

La partie du Vatican que l'on visite correspond, pour l'essentiel, aux palais construits au cours des siècles par les papes de la Renaissance à nos jours. C'est un ensemble très composite formé de deux palais réunis par deux longues galeries. On peut schématiquement partager le Vatican en musées d'une part, et en appartements pontificaux et chapelle Sixtine de l'autre. Grosso modo, les musées sont dans le palais du Belvédère, dans les galeries qui joignent les deux palais et dans le bâtiment séparé de la pinacothèque. Les appartements pontificaux et la chapelle Sixtine se trouvent dans le Vatican proprement dit, proche de la place San Pietro. Le musée d'Art religieux moderne se trouve sous la chapelle Sixtine.

Enrichis pendant des siècles par des collectionneurs et des commissions papales, les musées présentent une grande collection d'œuvres d'art anciennes grecques et romaines, dont le Vatican est le plus grand propriétaire au monde, ainsi que des œuvres d'art égyptiennes, étrusques, sans oublier les grandes œuvres de la Renaissance, telles que les fresques de la chapelle Sixtine peintes par Michel-Ange (et aussi Boticelli), celles de la chapelle de Nicolas V peintes par Fra Angelico et les Stanze de Raphaël.

© STÉPHANE SAVIGNARD

Musée du Vatican.

Parmi toutes ces merveilles, la visite de la chapelle Sixtine est bien sûr l'un des points d'orgue du parcours artistique romain. Après 20 ans de restauration, elle a retrouvé sa splendeur et ses couleurs d'origine (elle fut réalisée entre 1471 et 1484). Elle doit sa célébrité à son plafond peint par Michel-Ange qui représente des épisodes bibliques et à sa fresque du *Jugement dernier*, une œuvre démesurée de plus de 13 m de largeur qui orne le mur de l'autel.
Attention : en pleine haute saison touristique, attendez-vous à au moins 1 heure, voire 1 heure et demie, de queue. En général, on commence à faire la queue dès 8h du matin. Nous vous conseillons de visiter la chapelle Sixtine et les chambres de Raphaël tôt le matin ou vers midi, ou encore en basse saison. Vous pouvez tenter les visites gratuites du dernier dimanche du mois et du 27 septembre, mais sachez que l'ambiance est à l'étouffement général… Parfois le nombre de visiteurs est tel qu'on ne peut plus avancer.

MUSÉES DU VATICAN
97 Viale Vaticano
✆ +39 06 69 88 33 33
Fax : +39 06 69 88 50 61
www.museivaticani.va
Accès : M° ligne A, stations « Ottaviano San Pietro » ou « Cipro Musei Vaticani ». A la sortie du métro, traverser la piazza Risorgimento et se diriger vers l'entrée nord du Vatican (vous verrez la queue…). Bus 49. Le calendrier des horaires d'entrée est assez complexe. Vous pouvez en trouver les détails sur le site. De 8h30 à 18h (dernières entrées à 16h). Le dernier dimanche du mois, les dernières entrées ont lieu à 12h30 et la fermeture à 14h. Fermeture hebdomadaire le dimanche, sauf le dernier dimanche du mois. Entrée : 15 €. Tarif réduit : 8 € pour les étudiants de moins de 26 ans, enseignants, pèlerins, religieux. Gratuit le dernier dimanche du mois (de 9h à 12h30) et le 27 septembre (jour international du tourisme). Le billet donne droit à la visite des musées du Vatican et de la chapelle Sixtine seulement le jour de son émission, et à la visite du musée historique du Vatican et de l'appartement noble du palais apostolique du Latran dans les cinq jours suivants (jour d'émission inclus). Audioguides : 7 € avec dépôt d'une pièce d'identité ou d'un passeport. Visite guidée de la chapelle Sixtine :

31 €, tarif réduit 24 €. Durée de la visite : 2 heures. Départs des visites à 10h30, 12h, 14h et le samedi à 10h30 et 11h30.Visite guidée des jardins : 31 €, tarif réduit 24 €. Durée de la visite : 2 heures. Départ de la visite à 11h tous les mardi, jeudi et samedi (de mars à octobre), tous les samedis (de novembre à février). Chaises roulantes : il faut envoyer une télécopie au +39 06 69 88 54 33 pour les réserver à l'avance. Visites tactiles : il faut envoyer une télécopie au +39 06 69 88 15 73 pour les réserver à l'avance. Musée historique du Vatican. Il est situé dans l'appartement noble du palais apostolique de Saint-Jean de Latran. L'entrée se trouve dans l'atrium de la basilique de Saint-Jean-de-Latran. Fermeture : tous les dimanches, sauf le dernier dimanche du mois.Horaires : du lundi au samedi (exception faite pour les jours de fête) avec un guide, départs à 9h, 10h, 11h, 12h. Entrée : 5 €, tarif réduit 2 €.

» La fontaine de Trevi

Ah, la fameuse scène de *La Dolce Vita* ! On a beau l'avoir vu sur toutes les cartes postales de la ville, l'arrivée devant ce monument a quelque chose de magique. Une fontaine se trouve à cet endroit depuis l'an 19 av. J.-C. lorsqu'on fit construire l'aqueduc dit de l'Acqua Vergine (eau vierge), dont la source se trouve à 40 km de Rome. La fontaine actuelle est l'œuvre de l'architecte Nicola Salvi. Elle fut inaugurée sous Clément XIII, en 1762. Selon la tradition, si l'on jette dans la fontaine, par-dessus l'épaule, deux pièces de monnaie, on peut espérer un prompt retour à Rome et la réalisation d'un vœu. Pour la petite histoire, un clochard avait coutume de ramasser la monnaie sous la bienveillance générale, mais la tradition a été rompue par l'actuel maire de Rome.

Fontaine de Trevi.

Décorée par de nombreux artistes de l'école de Bernin, la fontaine prend appui sur la façade du palazzo Poli (qui abrite l'Institut national des arts graphiques), sur la petite place de Trevi. Statues et bas-reliefs semblent perchés au-dessus de masses rocheuses d'où l'eau jaillit de tous côtés. Ils relatent l'histoire de la fontaine et de son aqueduc. Au centre de la fontaine se trouve la statue d'Océan entourée de deux allégories, celles de l'abondance et de la santé qui ne vont pas sans l'eau. Une occasion de vous rappeler que celle de Rome est absolument potable et délicieuse.

FONTAINE DE TREVI
Piazza di Trevi
M° ligne A, station Barberini. Bus 52, 53, 61, 62, 81, 85, 116, 119, 175.
On

Fontaine de Trevi, détail d'un ange musicien.

» Le Panthéon

Sur la charmante piazza della Rotonda se dresse ce temple érigé sous Auguste pour honorer les dieux Mars et Vénus dont les amours terrestres donnèrent naissance aux jumeaux Rémus et Romulus, fondateurs de la ville. C'est probablement l'édifice antique (118-125) le mieux conservé de la ville, malgré les quelques changements qu'il connut au cours des siècles. Devenu panthéon de tous les dieux romains sous Hadrien, il est transformé en église par le pape Boniface IV. Urbain VIII Barberini, grand pilleur de monuments antiques, fit fondre les plaques de bronze qui ornaient son plafond pour en faire le baldaquin de Saint-Pierre. Enfin, Bernin l'affubla de deux clochers baroques (fort heureusement démolis depuis) que les Romains avaient qualifiés d' « oreilles d'âne de Bernin » ! Le pronaos par lequel on pénètre dans le temple est formé de 16 colonnes monolithes en granit. Sa coupole, dont les proportions parfaites laissent encore perplexes ingénieurs, architectes et archéologues, s'élève à 43,30 m du sol pour un diamètre de 43,30 m. Elle est formée de cinq rangs de caissons concentriques et se termine par un vaste puits de lumière. Aussi rectangulaire à l'extérieur que sphérique à l'intérieur, le Panthéon abrite notamment la tombe des rois Vittorio Emanuele Ier et Umberto Ier, et du peintre Raphaël.

PANTHÉON
Piazza de la Rotonda
Accès : bus 40 et 64, arrêt Largo di Torre Argentina.

© AUTHOR'S IMAGE – PHILIPPE GUERSAN

Le Panthéon.

Ouvert de 8h30 à 19h30, le dimanche de 9h à 18h et les jours fériés de 9h à 13h. Fermé le 25 décembre, le 1er janvier et le 1er mai. Entrée libre.

» La place Campo dei Fiori et son marché

Sur cette petite place et dans les ruelles adjacentes, on respire un je-ne-sais-quoi d'insolite, mélange d'histoire et de « romanité ». Le Campo dei Fiori est l'un des lieux les plus agréables de la capitale, bordé par de charmantes vieilles maisons et accueillant tous les matins (sauf le dimanche) le plus célèbre marché de Rome. Son origine remonte à la fin du Moyen Age, alors que l'endroit n'était encore qu'une vaste prairie (le « champ de fleurs » qui lui a laissé son nom). On y trouve fruits et légumes, poissons, fromages, charcuterie, fleurs, ainsi que toutes les spécialités romaines et italiennes. C'est un marché qui s'est adapté à une clientèle plus touristique que locale, les prix pratiqués sont donc un peu plus élevés que sur d'autres marchés, mais les couleurs, les parfums et les accents pittoresques qui s'y déploient sont un vrai bonheur. Le soir venu, les lieux prennent un air festif, rythmés par les va-et-vient vers les nombreux bars, restaurants et trattorias du quartier. Au centre de la place se dresse la statue de Giordano Bruno, un moine philosophe brûlé là durant l'Inquisition, auquel le pouvoir italien de 1870 voulut rendre hommage, comme un défi à la papauté. De nombreux jeunes aiment à s'y regrouper pour parler, draguer ou boire des bières dans une version très contemporaine de *La Dolce Vita*. A deux pas de là, ne manquez pas de vous rendre sur la place Farnèse, où le superbe palais du même nom abrite l'ambassade de France.

MARCHÉ DE LA PIAZZA CAMPO DEI FIORI

Accès : bus 40 et 64.

Ouvert tous les matins, sauf le dimanche.

» La piazza Navona

Romains et touristes aiment se promener sur cette place baroque monumentale qui fut autrefois le stade de l'empereur Domitien (86 apr. J.-C), dont la forme oblongue (276 m de longueur sur 54 m de largeur) a été conservée. Ils s'installent autour des fontaines, des kiosques, sur les terrasses des cafés, vont et viennent dans les ruelles avoisinantes, léchant les vitrines des antiquaires ou des créateurs de mode, reviennent encore se prendre au charme des musiciens, des diseuses de bonne aventure, des clowns et autres artistes peintres.

Au centre de la place se trouve la *Fontaine des Fleuves*, œuvre de Bernin achevée en 1651 qui représente le Danube, le Gange, le Río de la Plata et le Nil. Le maître du baroque, Francesco Borromini, conçut l'église de Sant'Agnese in Agone, œuvre tout aussi splendide et emblématique des lieux. Coiffée d'un dôme et flanquée de deux campaniles, sa façade concave confère à la piazza Navona toute sa sérénité. A chaque extrémité de la place, la fontana dell' Nettuno, au nord, et la fontana del Moro datent de la fin du XVIe siècle. Au sud-ouest de la place, on trouve sur la petite piazza di Pasquino la célèbre statue parlante de Pasquino, du nom d'un artisan romain qui avait l'habitude de coller des mots de satire politiques, en rimes, sur le socle de la statue. C'est encore aujourd'hui un lieu d'expression, de doléance et de revendication puisque les Romains viennent toujours y coller des *pasquinade*.

Piazza Navona.

PIAZZA NAVONA
Piazza Navona
Accès : bus n° 87 du Colisée ou n° 492 de la piazza Barberini, et n° 70 de Termini.

» La basilique Saint-Pierre-de-Rome

Que l'on soit catholique ou non, tout passage à Rome implique une promenade dans la cité du Vatican. La magnifique place Saint-Pierre, terminée en 1668 sous le pape Alexandre VII, est l'un des chefs-d'œuvre de Bernin, conçue comme deux énormes bras qui embrassent la ville et amènent les pèlerins à la basilique. Au centre, un obélisque égyptien ramené à Rome sous Caligula et, de chaque côté, deux magnifiques fontaines du XVIIe siècle. La place, entourée par une forêt de colonnes et surmontée par plus de 140 statues fait près de 300 m de largeur. Il a fallu près de 162 ans pour bâtir l'église et la place Saint-Pierre. L'intérieur de la basilique, aux proportions démesurées mais parfaites, est une pure merveille avec des œuvres de Bernin (dont le baldaquin en bronze haut de 30 m qui indique le lieu où est enterré saint Pierre), une mosaïque réalisée par Giotto ou encore la *Pieta*, chef-d'œuvre de Michel-Ange, de nombreuses sortes de marbre et un plafond doré à l'or fin. La splendide coupole de Michel-Ange qui mesure 136 m de hauteur et 42 m de diamètre reste à ce jour le plus haut dôme du monde. Derrière l'église Saint-Pierre,

Basilique Saint-Pierre de Rome, la Pietà de Michel-Ange.

ne pas manquer les superbes jardins du Vatican.

BASILIQUE SAINT-PIERRE-DE-ROME

Piazza San Pietro
www.vatican.va
M° ligne A, station « Ottaviano ». A la sortie du métro, continuer tout droit pendant 10 min. Bus n° 62 des piazza Barberini, piazza Venezia, Largo Argentina, Corso Vittorio Emanuele. Descendre au terminus (arrêt « Borgo Angelico »).
De 7h à 18h30 (en hiver) ou 19h (en été). Entrée gratuite. Pour entrer dans la basilique, il faut d'abord passer par les détecteurs de métaux qui se trouvent sur les deux côtés de la colonnade. La surveillance des policiers italiens est très stricte. Avec ce contrôle, l'attente peut être assez longue. Possibilité de visites guidées gratuites en s'adressant à droite de l'entrée principale.Tenue décente. Comme dans tous les lieux de culte à Rome et encore plus pour pénétrer dans la basilique Saint-Pierre, une tenue décente est requise. Les hommes doivent avoir bras et jambes couverts, les femmes doivent avoir bras et cuisses couverts. Le deuxième contrôle en bas des marches du parvis est intraitable. Angélus du dimanche. Le pape dirige l'angélus du dimanche à 12h place Saint-Pierre, où l'accès est libre.Audience générale. Le pape préside l'audience générale du mercredi à 11h dans la salle Paul VI. Il faut retirer des invitations à la Préfecture de la Maison apostolique, à la Porte de Bronze, en bas du bras de Constantin, le lundi de 9h à 13h, le mardi de 9h à 18h.Horaires des messes. Jours ouvrables : 9h, 10h, 11h, 12h, 17h. Jours fériés : 9h, 10h30, 11h30, 12h15, 13h, 16h, 17h30.

» Les ruelles du Trastevere

On aime flâner dans les ruelles colorées aux façades décrépies couvertes de lierre et de jasmin, s'attabler en terrasse à l'heure de l'apéritif, visiter les petites églises, s'asseoir autour des fontaines, prolonger le dîner. En raison de son origine populaire, le Trastevere a gardé quelque chose de plébéien et de festif. A Trastevere, les restaurants, les trattorias, les pubs, les magasins ne manquent pas... Il y en aurait même un peu trop et l'ambiance est quasi chaotique.
Le Trastevere est longtemps resté un quartier à part de la ville. Aux origines de la République, la rive droite du Tibre était un pays étrusque et donc ennemi. Attirés par le développement de la ville, les étrangers venaient y camper, juifs et Syriens en particulier, qui en firent bientôt un quartier de commerçants. L'empereur Auguste incorpora la banlieue à la ville puis Aurélien l'engloba dans les murs du IIIe siècle. Pourtant, les vestiges de bâtiments officiels de la Rome antique y sont rares. Ici, pas de grands monuments, tout le charme est dans l'atmosphère pittoresque, avec le linge suspendu aux fenêtres, dans les lumières dorées. Même si l'implantation de nombreux étrangers lui a fait perdre un peu de son authenticité, une balade ou une soirée dans le Trastevere reste un grand moment du séjour romain.

Accès : tram 8, bus 23, 280, 780, H.

Dans le quartier de Trastevere.

» La piazza di Spagna

La piazza di Spagna est l'un des lieux les plus animés de Rome. Touristes et Romains, surtout les jeunes, s'y côtoient. Sa station de métro dessert aussi bien le parc de la villa Borghèse que le quartier des boutiques et des restaurants les plus chics de la capitale. La piazza di Spagna tient son nom de l'ambassade d'Espagne qui fut la première représentation diplomatique étrangère de la ville au XVIIe siècle. C'est un superbe espace urbain composé d'une place triangulaire, de la fontaine de la Barcaccia attribuée à Bernin, et des fameux escaliers à trois niveaux de l'architecte Francesco De Sanctis (1726) qui arpentent la colline jusqu'à l'église de La Trinité-des-Monts. Du haut des 138 marches, la vue sur la place et les rues environnantes est exceptionnelle. L'escalier n'est pas construit dans l'axe de la place ou de la via Condotti qui se trouve juste en face. Cela favorise la perspective libre et permet d'avoir une vue différente selon l'endroit où l'on se trouve. Artistes et intellectuels ont toujours affectionné ce quartier où vécurent notamment les poètes britanniques Keats, Shelley et Byron. Tous les ans au printemps, l'escalier est couvert de fleurs et, au mois de juillet, il devient le théâtre d'un défilé de mode très connu en Italie. Un conseil : admirez-le depuis la place, c'est vu de bas en haut qu'il est le plus élégant.

PIAZZA DI SPAGNA
Piazza di Spagna
Accès : M° ligne A, station Spagna. Bus 117, 119.

» La galerie Borghèse

Au cœur des magnifiques jardins de la villa Borghèse, cette célèbre galerie abrite l'une des plus belles collections européennes d'œuvres de la période classique et de la Renaissance. Imaginé par le cardinal Scipione Borghese (1579-1633), neveu du pape Paul V, qui voulait un abri pour sa collection privée, le musée a subi une amputation désastreuse en 1807 lorsque de nombreuses œuvres furent vendues à Napoléon par Camille Borghèse, mari de Pauline Bonaparte. Il reste néanmoins des pièces exceptionnelles de Raphaël (*Dame à la licorne*), Titien (*Amour sacré et Amour profane*), Le Caravage (*Saint Jérôme, Jean-Baptiste dans le désert, David avec la tête de Goliath*), Corrège

© STÉPHANE SAVIGNARD

Jardin de la villa Borghèse.

(*Danaé*) ou encore Bernin (*David, Apollon et Daphné, L'Enlèvement de Proserpine*), Rubens (*Susanne et les vieux*) et Canova (*La Vénus conquérante, Pauline Borghèse*). Attention, le temps de visite est limité à deux heures et les réservations sont obligatoires.

GALERIE BORGHÈSE
Piazzale del Museo Borghese
5 villa Borghese
Villa Borghese
✆ +39 06 328 10
www.galleriaborghese.it
Ouvert du mardi au dimanche de 9h à 19h (dernière entrée à 16h30) avec système de rotation toutes les deux heures pour un maximum de 360 visiteurs. Réservation obligatoire. Fermé le lundi. Les billets réservés doivent être retirés 30 minutes avant la visite. Entrée : 11 € frais de réservation. Réservation sur www.ticketeria.it

RESTOS

Hum ! les pâtes, les pizzas, les glaces et *tutti quanti*... On en salive d'avance. Les Italiens sont fiers de leur cuisine, d'ailleurs on trouve à Rome très peu de restaurants de spécialités étrangères. A n'en pas douter, la gastronomie italienne est une attraction presque aussi forte pour les visiteurs que la Fontaine de Trevi et le Colisée. Impossible de rester indifférent à la bonne odeur d'huile d'olive, à l'onctuosité de la mozzarella... Vous allez vous régaler ! En en plus, comme vous passerez la journée à battre le pavé romain, les kilos superflus n'auront même pas le temps de s'installer !

Petit précis d'histoire gastronomique. La cuisine romaine s'est très souvent inspirée d'influences extérieures, une pratique qui date de l'Empire romain et de ses nombreuses possessions, de l'Atlantique à l'Orient. Au fil des siècles, elle s'est affinée pour prendre une réelle personnalité. La cuisine romaine traditionnelle est connue comme *cucina povera*, « la cuisine du pauvre », simple mais savoureuse, basée sur les restes et les abats. Le succès de ses plats est assuré par des ingrédients de base dans les sauces et les accompagnements : huile d'olive, ail, oignons, romarin, basilic, persil, piment, menthe, origan, laurier, fenouil, sauge, roquette, mais aussi cannelle ou autres épices. La cuisine judéo-romaine est également de grande tradition, grâce à la présence d'une communauté juive pluriséculaire à Rome.

© AUTHOR'S IMAGE – PHILIPPE GUERSAN

Terrasses dans le centre historique.

Restaurant mode d'emploi. Le repas de midi (*pranzo*) était autrefois un véritable et complet déjeuner mais, de plus en plus, il s'est réduit à un panino, une part de pizza ou autre, pourvu que ce soit rapide et bon (eh oui, les rythmes de vie changent aussi dans l'Europe du Sud !). De fait, les Italiens fréquentent les restaurants surtout le soir. La tradition dans le sud de l'Italie est de manger assez tard, et vous verrez les Romains s'attabler plutôt vers 21h, voire 22h. Les restaurants, pizzerias, etc., ouvrent leurs portes vers 12h pour le déjeuner (*pranzo*), ils font une pause de 15h à 18h et ils terminent le service vers 23h. Certains restaurants ouvrent seulement le soir, beaucoup ferment le dimanche et le lundi et au mois d'août (*chiuso per ferie*). Un cauchemar pour les touristes ! *Prenotazione* (réservation) quasi indispensable.

Le menu italien classique se compose de plusieurs étapes pour des festins souvent pantagruéliques : *antipasti* (l'entrée), *primo piatto*

Où déguster les meilleures glaces ?

© AUTHOR'S IMAGE – PHILIPPE GUERSAN

Les glaces artisanales italiennes qui n'ont, rappelons-le, rien à voir avec les glaces italiennes telles que nous les connaissons en France sont tout simplement succulentes. Dans les quartiers touristiques, on trouve un glacier (*gelateria*) pratiquement à chaque coin de rue. Chacun a sa spécialité. On ressort rarement déçu, mais certaines adresses sont incontournables. Voici la liste des meilleurs établissements qui se disputent dans le cœur des Romains le titre très convoité de meilleur glacier de la ville. La plupart se trouvent dans le quartier du Panthéon.

■ **GIOLITTI**
Via Uffici del Vicario, 40 ✆ +39 06 699 1243

(pâtes ou risotto), *secondo piatto* (viande ou poisson) et dessert. Les établissements se sont toutefois adaptés aux goûts touristiques et vous pourrez composer le repas à votre gré, ou opter pour la formule œnothèque, ces bars à vins extrêment populaires où la dégustation des meilleurs crus s'accompagne d'assiettes de charcuterie, de fromages, parfois d'assiettes de pâtes ou de salades.

Parmi les spécialiés culinaires citons du côté des antipasti les *suppli alla romana* (boulettes de riz plongés dans la friture), les beignets de fleur de courgette, les légumes (poivrons, courgettes) grillés et marinés à l'huile d'olive, la charcuterie (coppa, bresaola, pancetta) et les recettes typiques de la cuisine juive à base d'artichaut ; du côté des pâtes, les *bucatini all'amatriciana* (sauce tomate pimentée agrémentée de petits dés de lard, avec beaucoup de fromage de brebis râpé), les *gnocchi* (à la farine de pomme de terre), les *linguine* aux fruits de mer ; pour les plats la *coda alla vaccinara* (queue de bœuf), les tripes à la romaine et les *saltimbocca* (escalopes de veau roulées dans une tranche de jambon cru avec de la sauge ciselée et cuites dans du vin blanc) ; en dessert enfin, l'incontournable tiramisu bien sûr.

© AUTHOR'S IMAGE – PHILIPPE GUERSAN

Tous les ingrédients pour réaliser une bonne pizza.

Et la pizza dans tout ça ? Bien que née à Naples, la pizza romaine mérite un paragraphe. Elle se distingue de son aînée napolitaine par une pâte beaucoup plus fine et légère. Elle est bien sûr servie dans des pizzerias (les puristes ne la mangent que le soir), mais nous vous conseillons plutôt de la déguster comme en-cas dans une pizzeria *al taglio*, la vraie spécialité romaine en la matière. Les pizzas, que l'on peut déguster sur place ou à emporter, y sont présentées en version extra-longue et découpées en part à la demande avec un prix calculé en fonction du poids. Pizzas aux anchois, aux champignons, aux artichauts, au jambon, aux courgettes, aux aubergines... toutes sont délicieuses, surtout lorsqu'elles viennent de sortir du four.

Comment s'y retrouver ? Rome est remplie de restaurants, pizzerias, *trattorie*, *osterie*, *tavole calde*, il n'est pas facile de s'y repérer avec tout ce choix... En général, un restaurant présente une ambiance et un décor plus soignés et un menu plus ample, ce qui peut se répercuter sur l'addition finale... En revanche, la *trattoria* ou *osteria* a une ambiance plus familiale, un décor plus spartiate, et offre souvent un menu avec cuisine typique et plats du jour (parfois sans même une carte, c'est le gérant qui l'annonce de vive voix !) et des prix plus abordables. Un repas (primo + secondo + contorno + bouteille de vin) peut aller de 20 à 30 € dans une *trattoria* typique et jusqu'à plus de 60 € dans un bon restaurant. Pour manger de façon plus économique, il vous suffit d'entrer dans un café, ou une tavola calda, pour commander un panino ou vous régaler d'une part de pizza *al taglio*. Le soir, les fêtards pourront aussi profiter des formules apéritives offertes dans certains bars, avec accès à volonté à un buffet pour toute consommation.

SHOPPING

Que vous rêviez du kitchissime Colisée sous la neige, d'un bel objet ancien ou d'une très chic petite robe de créateur à ramener de votre séjour, Rome se révèle une excellente destination shopping. Outre ses nombreux étals et magasins improvisés à proximité des grands sites touristiques, on trouvera dans la capitale tous les grands noms de couturiers, italiens et étrangers, de nombreux antiquaires, librairies, épiceries fines, sans oublier les marchés, chaque quartier ayant plus ou moins sa spécialité. Pour l'artisanat, rendez-vous aux alentours du Panthéon, du Campo dei Fiori et de la place d'Espagne. Les boutiques sont nombreuses sur la via dei Sediari, via del Teatro Valle et via dei Cestari, spécialisées dans la fabrication de corbeilles et de chaises en osier et qui proposent un vaste choix de produits en lin et d'autres tissus. Si vous aimez flâner dans

© STÉPHANE SAVIGNARD

Souvenirs romains.

les magasins rétro et les boutiques traditionnelles romaines, les lieux tels que la via della Maddalena, via della Stelletta, piazza Argentina et via delle Botteghe Oscure sauront aussi vous contenter tandis qu'en décembre le fameux marché de Noël près de la place Navona s'impose (pour peu que vous ne soyez pas claustrophobe).

Bons plans, mode d'emploi

En dehors de la période des soldes (janvier et juillet), si vous vous voulez faire de bonnes affaires, privilégiez les marchés. Celui de la via Sannio (quartier de San Giovanni in Laterano) pour les fripes, chaussures et vêtements bon marché, manteaux de seconde main, vestes en cuir... Dans le même genre, le marché aux puces de Porta Portese (le dimanche matin dans le quartier du Trastevere), l'un des plus grands marchés aux puces d'Europe. Pour les chaussures, faites un tour au marché du matin dans le quartier de Testaccio près de Piramide. Il s'agit d'un marché extérieur de fruits et légumes frais à Piazza dell'Emporio où plusieurs étalages sont toutefois réservés à la vente de chaussures pour femme à très bon prix. Autre piste très intéressante, celle des outlets, ces magasins qui déstockent les invendus des collections de grandes marques des années précédentes. Les gros outlets se trouvent à l'extérieur de la ville, mais on en trouve aussi quelques-uns dans le centre.

Quelques magnifiques (mais onéreuses) boutiques d'antiquaires se trouvent sur la via Giulia, derrière le palais Farnèse (plus connu comme le siège de l'ambassade de France). Cette rue, riche en boutiques, avec d'abondantes sélections d'objets antiques et artistiques, est l'une des rues les plus fascinantes de Rome. On trouve également de belles pièces dans les ruelles autour de la piazza Navona tandis que la via del Babuino et la via Margutta (près de la place d'Espagne) sont considérées comme les rues du quartier des peintres qui, jusqu'en 1960, y tenaient leurs ateliers et boutiques. Il s'agit aujourd'hui du lieu de rendez-vous des amateurs d'expositions d'art, dont les nombreux et réputés magasins débordent de merveilles.
Rome, c'est aussi bien sûr un temple de la mode. Le quadrilatère délimité par la via del Corso, la via del Balbuino, la via della Vite et la place du Peuple offre les principales boutiques de luxe et de prêt-à-porter du centre. Un mélange de styles (et de prix !) se côtoie harmonieusement, et le point de rassemblement se trouve être les fameux escaliers de la place d'Espagne, qui abrite d'ailleurs les boutiques de luxe de renom international comme Missoni, Dolce & Gabbana, Sergio Rossi, Genny, Rocco Barocco, Krizia. Via Condotti, on retrouve d'autres grands noms de la couture italienne comme Armani, Valentino, Cartier, Bulgari, Hermès, Gucci, Ferragamo, Prada, Alberta Ferretti, Iceberg, Max Mara. La Via Borgogno abrite, quant à elle, Gianfranco Ferrè, Moschino, Calvin Klein, Givenchy, Gay Mattiolo, Laura Biagiotti, Fendi, Diego Della Valle.
Non loin de la via Veneto, un autre itinéraire shopping peut commencer à la piazza Fiume (avec le grand magasin Rinascente, ouvert de 9h à 22h) d'où il est possible de poursuivre par la via Salaria et la via Po. On y trouve de nombreux magasins de vêtements,

Vacances romaines, *hommage à la ville de Rome, signé William Wyler.*

© AUTHOR'S IMAGE – PHILIPPE GUERSAN

Rome est le temple du shopping.

de chaussures, alimentaires, ainsi que des articles pour la maison, à des prix plus intéressants que dans le centre historique.

La via del Corso, qui s'étend de la place du Peuple à la piazza Venezia, est caractérisée par une suite de magasins de mode et d'accessoires bon marché très appréciée de la jeunesse romaine, de même que la via Cola di Rienzo du côté du Vatican. Pour des vêtements de créateurs, cherchez votre bonheur dans les rues adjacentes au Campo dei Fiori et à la piazza Navona, ou mieux encore dans le quartier de Monti. Dans les environs de la basilique Saint-Jean-de-Latran (piazzale Appio), on trouve le grand magasin Coin. C'est là que débute la via Appia Nuova, une rue commerçante riche en magasins en tout genre de Sabbatini à Teichner et Leam, qui vendent des marques prestigieuses, comme Prada et Gucci, ou encore Benetton et Cisalfa. Les magasins de chaussures sont tout particulièrement remarquables. En Italie, tailles et pointures sont équivalentes aux tailles françaises. Enfin, les marchés de Rome valent le détour. Que vous logiez dans le centre ou en périphérie, ne manquez pas d'aller faire un petit tour dans le marché de votre quartier. Ils sont ouverts tous les jours, jusqu'en début d'après-midi (sauf le dimanche), et deux ou trois fois par semaine, toute la journée. En effet, le commerce de proximité est encore très présent, et la plupart des ménages se fournissent au marché. Les poissons sont fantastiques, la charcuterie et les fromages appétissants, les légumes de saison et les fruits tout juste cueillis.

SORTIR

Comme toutes les grandes capitales, Rome s'enorgueillit d'être le moteur des nuits italiennes. La ville dispose d'un grand nombre de bars, de discothèques et de pubs, d'une foule de lieux accueillant les événements culturels, sans compter les manifestations estivales et l'animation bon enfant qui règne autour des places lorsque les températures sont douces. Rome peut donc très bien s'envisager comme destination noctambule.

L'offre de lieux de sortie étant immense, il faut savoir dénicher les bonnes adresses. D'abord, le Campo Marzio, entre les places Navona et Campo dei Fiori, concentre de nombreux bars, pubs et cafés où jeunesse romaine et touristes se mêlent. Dans ce coin, nos coups de cœur sont allés au très bohème Antico Caffé della Pace et au très électro Fluid, tout deux du côté de la piazza Navona.

Si vous vous trouvez du côté du Colisée, dirigez-vous plutôt du côté d'un pub irlandais, très apprécié des jeunes Romains comme des expatriés. Ensuite, le Trastevere rassemble des établissements plus originaux, peut-être moins touristiques, avec pas mal de concerts proposés et une clientèle de Romains des plus simples aux plus branchés, encore des touristes (mais moins nombreux) et les résidents étrangers (qui ont fait de ce quartier leur lieu de résidence et d'activité préféré). Un bon exemple de ce type de lieu est le bar Frene y Frizzioni. Fréquentez enfin les quartiers du Testaccio et d'Ostiense pour les boîtes et les bars les plus originaux ou branchés, car c'est là que s'affiche la densité la plus forte de discothèques. N'oubliez pas non plus de passer une soirée dans le quartier alternatif, tendance contestataire, de San Lorenzo, le fief étudiant de la ville. Si vous tenez absolument à ne pas vous tromper, achetez *La Repubblica* le jeudi, vous y trouverez l'excellent supplément hebdomadaire *Trova Roma*, qui publie le programme des festivités pour toute la semaine à venir, ou encore le *Roma c'è* (www.romace.it), équivalent de *L'Officiel des spectacles* ou du *Pariscope*, qui paraît tous les vendredis au prix de 1 €. Vous pouvez également consulter le site www.2night.it

Terrasse dans le centre historique.
© AUTHOR'S IMAGE – PHILIPPE GUERSAN

La soirée romaine commence à l'heure de l'apéritif que vous pourrez souvent prendre en terrasse. La pratique est assez récente à Rome, venue du nord de l'Italie depuis quelques années seulement. Aujourd'hui, de nombreux bars de Rome proposent même une formule « aperitivo », sorte d'happy hour à la mode milanaise, qui consiste à accéder à un buffet à volonté pour toute boisson consommée. Le contenu et la qualité de ces buffets sont assez variables, mais la formule est imparable pour séduire les budgets les plus serrés qui économisent ainsi le coup d'un repas au restaurant. L'autre alternative consiste à passer le début de soirée dans une œnothèque, autrement dit un bar à vins, où l'ambiance est souvent un peu plus chic et plus cosy que dans les bars classiques. Le concept est un choix intéressant de bonnes étiquettes que vous pouvez prendre au verre (plus cher et moins de choix) ou en bouteille. La plupart proposent aussi des petits plats qui se résument en général à de la charcuterie et du fromage. Après dîner, les options sont multiples. Boire un verre dans un bar branché avant d'aller se trémousser en discothèque (dans le Testaccio ou à Ostiense), sur des beats techno, des rythmes rock ou latino, des douze coups de minuit jusqu'au petit matin, dénicher un petit concert (ou un plus gros au Villagio Globale du Testaccio) ou assister à un set de jazz à l'excellent Alexanderplatz (du côté du Vatican), ou, plus chic encore, profiter d'une pièce de théâtre ou d'un opéra dans l'une des nombreuses salles de la ville (pour un spectacle de qualité optimale, offrez-vous une place au superbe auditorim Parco della Musica conçu par Renzo Piano. La période estivale y ajoute festivals et spectacles en plein air dont vous trouverez le programme sur le site www.estateromana.comune.roma.it La plupart des bars et des pubs ferment à minuit durant l'hiver et 2h du matin l'été. Plus que pour l'alcool, on sort à Rome pour voir et être vu. Le code vestimentaire est à l'élégance (moins toutefois qu'à Milan ou Florence) et il serait déplacé de sortir en short et en baskets. Toutefois, l'ambiance reste à la décontraction, à la bonne humeur, et forcément à la drague. Notez que, comme dans beaucoup de villes du sud, les grandes discothèques prennent souvent leur quartier d'été sur la plage (celle du Lido d'Ostia en l'occurence).

Profiter de la nuit sans se ruiner

Le budget qu'il faut prévoir pour une sortie est à peu près similaire à celui qui est nécessaire en France : une bière coûte de 3 à 6 € dans un pub, un cocktail ou un alcool-soda entre 5 et 10 €, le prix de l'entrée des boîtes de nuit ou des clubs est variable selon l'endroit, mais généralement il faut compter 10 €. Pour un spectacle, l'échelle de tarif peut aller de 15 € à 60 €. Il est toutefois possible de profiter des nuits romaines à moindre coût. Tout d'abord en commençant la soirée dans un lieu proposant une formule « aperitivo » avec buffet à volonté, ce qui comme déjà signalé vous permettra d'économiser le coût d'un dîner. Ce concept remplace l'happy hour telle que nous la connaissons en France (peu répandue à Rome) et est généralement proposé entre 18h et 20h, parfois plus tard. Ensuite, en se connectant sur le site www.romacheap.it qui indique quelques événements et lieux gratuits. Les personnes qui se trouvent à Rome début septembre pourront profiter des manifestations de la Notte Bianca (équivalent romain des Nuits blanches parisiennes) avec des expositions et des concerts gratuits toute la nuit. Enfin, pour des nuits plus sages mais tout aussi merveilleuses, on peut se contenter de marcher dans la Cité éternelle pour profiter de quelques-uns des beaux monuments du monde. Quoi de plus romantique en effet que de déguster une glace devant la fontaine de Trevi à la lueur des réverbères, loin des cohortes de touristes qui s'y pressent dans la journée.

© AUTHOR'S IMAGE – PHILIPPE GUERSAN

Idées de séjour

ROME POUR LA PREMIÈRE FOIS

De même qu'elle ne s'est pas construite en un jour, Rome demande que l'on s'attarde pour la visiter. Trois jours sont un minimum pour découvrir ses plus grands chef-d'œuvres. Mais pour pouvoir aussi profiter de l'ambiance romaine, il faudra savoir faire l'impasse sur quelques musées.

» Jour 1 : le Colisée et autres chef-d'œuvres antiques

Matinée : commencez votre visite par le symbole de la ville, le Colisée. Tâchez d'arriver un peu avant l'ouverture pour éviter la foule matinale. Ensuite, attelez-vous à la découverte des Forums romains et impériaux, ainsi que du mont Palatin. Une promenade sur ce site grandiose vous plongera au cœur des origines de Rome (Romulus et Rémus auraient fondé la ville sur le Palatin) et de sa grandeur antique. Un billet combiné vous permet de visiter le Colisée, les forums et le Palatin.

Pour déjeuner, choisissez une adresse du côté de la via Cavour. Vous pourrez vous attablez dans une *trattoria* où vous contenter d'une part de pizza *al taglio* et autres délices à emporter que vous pourrez si le temps le permet aller grignoter dans les jardins de la Domus Aurea, démesure mégalomaniaque de Néron.

En début d'après-midi, direction la place du Capitole et ses musées où vous pourrez voir, comme en écho à vos visites matinales, la statue de la louve capitoline et les impressionnants fragments de la statue d'Auguste retrouvés sur le Forum. Après la visite, ne manquez pas de vous offrir un capuccino au café situé en terrasse. La vue sur Rome y est splendide. Quittez le Capitole en prenant la direction du Tibre pour rejoindre l'église Santa Maria in Cosmedin où vous pourrez mettre la main dans la Bocca della Verità, non sans avoir jeter un œil aux émouvantes mosaïques qui ornent l'intérieur de l'église. Remontez ensuite vers le théâtre Marcello, lieu hautement poétique. Face à vous, la silhouette de la synagogue signale que vous arrivez dans le quartier juif de Rome, le Ghetto. Suivez la jolie via del Portico d'Ottavia. En poursuivant toujours tout droit par la rue Giobbonari bordée de nombreuses boutiques, vous parviendrez bientôt sur le Campo dei Fiori.

Soirée : en fonction de l'heure, vous pourrez d'abord vous installer pour profiter de l'apéritif ou directement choisir l'endroit où vous irez dîner, les options ne manquent pas dans le quartier, que vous optiez pour un bar à vins, une *trattoria* ou un bon restaurant. Après dîner, s'il vous reste encore un peu d'énergie, traversez le Corso Vittorio Emmanuelle II pour aller prendre le pouls de la piazza Navona, éblouissante sous les réverbères. Pour un dernier verre, optez pour le Caffè della Pace.

Intérieur du Panthéon.

» Jour 2 : le centre historique et le Trastevere

Matinée : après une première journée bien remplie, permettez-vous de démarrer un peu plus tard si vous le souhaitez. Commencez la journée où vous l'avez terminée la veille pour goûter aux joies du marché du Campo dei Fiori. A deux pas, dirigez-vous vers la piazza Farnese et son imposant palais qui abrite l'ambassade de France. Derrière l'ambassade, empruntez vers le nord la via Giulia, l'une des plus belles de Rome, où se trouvent quelques boutiques d'antiquaires. Puis cap sur la piazza Navona et les ruelles alentour où vous aimerez flâner sans but précis, si ce n'est peut-être décider d'un endroit où déjeuner.

Pour le déjeuner, arrêtez-vous dans le coin, ou dirigez-vous vers le Panthéon, quartier qui offre pas mal de possibilités gastronomiques et, pour le dessert, regroupe quelques-uns des meilleurs glaciers de la ville.

Après-midi : vous ne manquerez pas de pénétrer dans le Panthéon pour admirer sa superbe coupole (en plus, c'est gratuit !) avant de vous offrir une délicieuse glace que vous pourrez déguster en remontant vers la fontaine de Trevi. Posez-vous un moment avant de pousser jusqu'à la place du Quirinale, dont le palais abrite la présidence italienne, et l'église Sant'Andrea al Quirinale, chef-d'œuvre de Bernin. Puis sautez dans le bus 60 pour rejoindre le quartier de Trastevere.

Soirée : il n'y a que l'embarras du choix pour trouver où boire un verre et où dîner le long des placettes et des charmantes ruelles du Trastevere, et c'est un réel bonheur que de s'y promener le soir pour profiter d'une joyeuse ambiance où se mêlent touristes et Romains. Pour un moment romantique, grimpez sur la colline du Janicule d'où la vue sur Rome illuminée est superbe.

» Jour 3 : le Vatican et la piazza di Spagna

Cette troisième matinée sera consacrée à la visite du Vatican. Démarrez de bonne heure pour visiter la basilique Saint-Pierre, monter à la Coupole et vous rendre dans la foulée aux musées du Vatican pour l'ouverture de la chapelle Sixtine. Cela devrait vous prendre quelques heures et il faudra peut-être songer à manger un morceau en sortant.

Pour le déjeuner, si le soleil est au rendez-vous, nous suggérons une collation à emporter pour un pique-nique improvisé au bord du Tibre

Les musées du Capitole.

© AUTHOR'S IMAGE – PHILIPPE GUERSAN

Piazza di Spagna.

que vous rejoindrez par le Castel Sant'Angelo et son célèbre pont.

Après le déjeuner, longez le Tibre jusqu'au Ponte Cavour pour accéder au quartier de la place d'Espagne, ses célèbres marches et ses boutiques de luxe. Là, deux options s'offrent à vous. Les adeptes de shopping et de lèche-vitrines se contenteront de flâner le long de la via Condotti et remonteront en serpentant d'une rue à l'autre jusqu'à la piazza del Popolo. Les fous de culture en revanche se dirigeront vers la villa Borghèse pour visiter (à condition d'avoir préalablement réservé) sa célèbre galerie, considérée comme l'un des plus beaux musées du monde.

Soirée : le quartier de la place d'Espagne est riche en restaurants. Vous pourrez sinon retourner dîner du côté du Panthéon ou de la piazza Navona avant de vous offrir un extra pour votre dernière soirée dans la Cité éternelle. Selon vos goûts, optez pour le club de jazz Alexanderplatz ou une boîte du Testaccio. Vous serez aussi peut-être tenté par un dernier passage devant le Colisée illuminé et, si ce n'est déjà fait, retournez à la fontaine de Trevi jeter une pièce pour être certain de revenir à Rome...

ROME EN AMOUREUX

Au même titre que Paris ou Venise, Rome est une ville qui, entre places, terrasses, venelles et fontaines, se prête à merveille aux déambulations romantiques. Voici une suggestion de parcours tout spécialement adapté à l'expression de vos élans amoureux pour un séjour placé sous le signe de la *dolce vita*.

© STÉPHANE SAVIGNARD

Vue panoramique de Rome depuis le Janicule.

» Jour 1

Matinée : commencez votre journée par la visite du Colisée, du Forum romain et de la colline du Palatin dont les ruines constituent un décor très romantique. Redescendez par la via di San Teodoro jusqu'à la place du Capitole. Même si vous ne souhaitez pas visiter ses musées, ne manquez pas d'aller déjeuner ou boire un cappuccino sur la terrasse du café Caffarelli qui offre l'une des plus belles vues panoramiques sur la ville.

Après-midi : dirigez-vous ensuite vers le Tibre pour aller tester la force de votre amour dans la Bocca della Verità devant l'église Santa Maria in Cosmedin. Puis allez vous promener sur la colline de l'Aventino ponctuée de parcs et de jardins, dont le parc Savello et son jardin des Orangers qui offre encore une superbe vue sur la ville. En fin d'après-midi, longez le Tibre vers le nord et ne manquez pas de faire halte sur le site du théâtre de Marcello dont les ruines encaissées au milieu des maisons sont d'une poésie incomparable à la lumière d'un soleil déclinant.

Au coucher de soleil, traversez le Tibre par l'île Tibérine, et bras dessus, bras dessous enfoncez-vous dans les ruelles du Trastevere pour dénicher une jolie terrasse pour l'apéro. Après dîner, attardez-vous simplement autour de place principale pour observer le va-et-vient mêlant joyeusement touristes et Romains.

» Jour 2

Pour débuter la journée, un petit tour au marché de la place Campo dei Fiori s'impose : les messieurs pourront y acheter un petit bouquet à leur dulcinée... Passez ensuite par la piazza Farnese et la très belle via Giulia bordée de beaux magasins d'antiquaires, et traversez le Corso Vittorio Emanuele II pour rejoindre le secteur de la piazza Navona. S'il fait beau, attablez-vous pour un café ou un rafraîchissement à la terrasse du Caffè della Pace qui a un charme fou avec sa façade couverte de lierre, puis allez vous faire photographier comme il se doit devant la fontaine des Quatres Fleuves.

Déjeuner du côté du Panthéon, puis offrez-vous une glace (les glaciers du coin sont les meilleurs de la ville) et déambulez tranquillement jusqu'à la fontaine de Trevi, site romantique s'il en est, qui saura vous séduire même s'il est envahi de touristes. Remontez ensuite vers la piazza di Spagna et pénétrez dans la villa Borghèse. Si le cœur vous en dit, vous pourrez faire un petit tour de barque près du temple d'Esculape. A l'heure de l'apéro, impressionnez votre moitié en l'invitant à boire un cocktail sur la terrasse du Sofitel. La vue est inoubliable !

Passez la soirée dans le quartier qui regorge d'adresses plus romantiques les unes que les autres pour dîner. S'il vous reste des forces, une petite balade digestive vous ramènera à la fontaine de Trevi qui offre le soir un visage encore plus féerique. N'oubliez pas d'y jeter une pièce, vous serez assuré de revenir à Rome.

Fontaine de Trevi.

© AUTHOR'S IMAGE – PHILIPPE GUERSAN

» Jour 3

Rendez-vous matinal sur la place Saint-Pierre. Depuis la coupole, vous aurez une vue fantastique sur Rome, et des frissons garantis lorsque sonneront les cloches. Filez ensuite vers les musées du Vatican et armez-vous d'un peu de patience pour aller vous perdre dans le bleu du plafond de la chapelle Sixtine. Direction ensuite le château Sant'Angelo, son pont et ses anges et rendez-vous dans le Trastevere.

Déjeuner un peu tardivement dans le quartier et grimpez sur la colline du Janicule, un havre de paix en pleine ville. Son vaste parc abrite notamment un beau jardin botanique et la promenade offre une succession de points de vue époustouflants, particulièrement au coucher de soleil.

Dernière soirée en ville. Choisissez un restaurant du côté de Campo dei Fiori ou de la piazza Navona avant d'aller danser au Testaccio ou écouter de jazz à l'Alexanderplatz, excellent club du côté du Vatican.

ROME AVEC LES ENFANTS

Un terrain d'aventures à ciel ouvert ! A condition de prévoir un programme un peu allégé pour ne pas trop les fatiguer, vos *bambini* ne s'ennuieront pas dans la capitale romaine. Voici une suggestion d'itinéraire pour un week-end en famille qui réjouira petits et grands.

» Jour 1

Commencez la journée par une visite du Colisée et un petit cours d'histoire romaine illustrée par les faux gladiateurs en costume avec lesquels toute la famille pourra se faire prendre en photo (moyennant finances). Ne vous privez pas ensuite d'une petite visite du Forum romain où vous aborderez quelques détails politiques.

Après déjeuner, dirigez-vous vers le Tibre et l'église Santa Maria in Cosmedin où vos chérubins pourront tester leur audace en plongeant leur main dans la Bocca della Verità. L'après-midi, offrez-vous un petit tour sur l'Appia Antica, une longue rue pleine de ruines antiques, à bord de l'Archeobus. Mieux, louez un vélo et filez sur les pavés entre pins et cyprès, une partie de la rue est fermée à la circulation automobile. Ne manquez pas d'y visiter les catacombes, frissons garantis !

Pour la soirée, installez-vous devant un bon plats de pâtes dans une trattoria du Trastevere, puis faites une balade nocturne dans ce charmant quartier.

© AUTHOR'S IMAGE – PHILIPPE GUERSAN

Bocca della Verità (Santa Maria in Cosmedin).

» Jour 2

Après un copieux petit déjeuner, rendez-vous sur le marché Campo dei Fiori et faites le plein de provisions pour un petit pique-nique. Prenez à droite vers le Largo di Torre Argentina pour essayer de trouver les chats au milieu des ruines, puis remontez les ruelles vers le Panthéon. Entrez-y pour admirer sa coupole et réviser vos divinités romaines en faisant deviner aux enfants qui sont Mars, Vénus, Jupiter et compagnie. Si une petite pause s'impose, autorisez vous une glace car c'est dans ce quartier que se trouvent les plus fameux glaciers de la ville. Passez ensuite par la piazza di Minerva pour voir une étonnante statue d'éléphant portant un obélisque, puis continuez vers la fontaine de Trevi. Là, toute la famille jettera une pièce par-dessous son épaule en faisant un vœu.

Direction maintenant la piazza di Spagna, autre superbe décor du théâtre de la vie romaine, et les jardins de la villa Borghèse où vous ne tarderez pas à sortir fromage, fruits et charcuterie pour un déjeuner sur l'herbe au bord du lac. Là, diverses options : pour les plus jeunes, il y a une petite aire de jeux près du champ de courses, si le temps le permet vous pourrez louer une barque ou offrir un tour de poney aux enfants. Sinon, le Museo dei Bambini, situé près de la piazza del Popolo propose de nombreuses activités ludiques.

Pour dîner, rendez-vous du côté de la place Campo dei Fiori (utilisez les transports en commun).

» Jour 3

Commencez par vous rendre sur la piazza Navona pour regarder les peintres et les artistes mimes qui animent les lieux. Si vous êtes à Rome pendant la période des fêtes, vous pourrez en plus profiter du grand marché traditionnel. Ensuite, allez rendre visite à la statue parlante de Pasquino, à deux pas sur la place du même nom, et exercez vos talents de traducteurs pour relater les différents messages laissés par les Romains. Empruntez ensuite le corso Vittorio Emanuele II et rejoignez le pont Sant'Angelo et ses belles sculptures. Traversez le Tibre et bifurquez vers le Vatican. Même si vous n'imposez pas aux enfants la longue file d'attente pour entrer à la chapelle Sixtine, la vue de l'immense place Saint-Pierre et de sa basilique saura les émerveiller.

L'après-midi, retournez profiter des nombreuses activités de la villa Borghèse dont le parc zoologique. Si le temps est mauvais, le musée de la Préhistoire dans le quartier de l'EUR est une option éducative. Terminez le séjour romain par un tour de la ville sur un bus touristique, ou même un tour de calèche, qui vous permettra d'apprécier une dernière fois les merveilles de la Cité éternelle sans vous fatiguer.

Dîner, dans le quartier de votre choix.

Pont Sant'Angelo et château Saint-Ange.

ROME BRANCHÉE

Pour qui connaît déjà la ville, ses merveilles antiques et baroques, Rome, si elle ne saurait concurrencer Londres ou Berlin, a toutefois quelques atouts pour séduire les amateurs d'architecture moderne, d'art contemporain et de créations graphiques.

» Jour 1

Rendez-vous matinal du côté de la villa Borghèse pour une visite de la très belle galerie d'Art moderne où vous pourrez voir des œuvres de Cézanne, Monet, Modigliani... puis descendez près de la place d'Espagne pour aller à la galerie Il Narciso, sur la via Laurina, dédiée au pop art. Déjeunez dans le quartier, par exemple à Il Margutta, qui organise des expos d'art contemporain. Allez ensuite dans le quartier Flaminio pour découvrir l'auditorium Parco della Musica, vaste structure moderne conçue par le génial architecte Renzo Piano et visitez le nouveau MAXXI.

L'incontournable glace italienne.

A pied ou en métro, passez du côté est de la villa Borghèse, dans le quartier Nomentano, pour vous rendre au musée d'art contemporain fondé en 2002 sur le site des anciennes usines de bière Peroni, le MACRO. Rendez-vous ensuite dans le quartier San Lorenzo, ancien quartier ouvrier dont la majeure partie des constructions date des années 1930. Fief de la contestation étudiante, les murs sont couverts de graffitis, et l'atmosphère stimulante du quartier a attiré des créateurs de tous poils qui ont installé leur atelier dans d'anciens entrepôts.

Passez la soirée à San Lorenzo qui réserve quelques perles gastronomiques et plein de petits bars pour prolonger agréablement la soirée.

» Jour 2

Commencez la journée dans le centre historique, via Monserrato, à la galerie Il Ponte Contemporanea qui ravira les amateurs d'installations. Vous trouverez encore d'autres lieux d'exposition de jeunes artistes et créateurs en déambulant du côté du Campo dei Fiori et de la piazza Navona, comme l'excellent Studio Trisorio dédié à la photographie contemporaine (viccolo della Vacche). Déjeunez dans le quartier.

Consacrez votre après-midi à la visite du Trastevere, le quartier bobo où vous saurez dénicher quelques bonnes adresses. Vous pouvez par exemple aller boire un verre au Nuevo Sacher, cinéma multiculturel de Nani Moretti. Pour le coucher de soleil, grimpez sur la colline du Janicule d'où vous aurez une très belle vue sur Rome. C'est un classique de la ville, mais on ne se lasse pas de ces vues romantiques sur la Cité éternelle.

Vous pouvez rester dans le quartier pour le début de soirée car les adresses branchées ne manquent pas. Pour boire un verre à l'heure de l'apéro, essayez Freni e Frizioni ou Rafaello, puis dînez dans une *trattoria* avant d'aller boire un dernier cocktail au Fluid, près de piazza Navona.

» Jour 3

Le matin, prenez le métro pour partir à la découverte de l'EUR (pour Esposizione Universale di Roma), ce quartier qui a vu le jour au milieu des années 1930 et qui est la vitrine architecturale de l'Italie fasciste avec des monuments imposants censés rappeler la grandeur de la Rome antique. Remontez ensuite à la station Ostiense pour un brunch au Caffè Letterario.

Après déjeuner, offrez-vous si vous le souhaitez un livre d'art à la librairie du café et partez en direction du Testaccio et sa célèbre colline constituée d'amphores romaines, la huitième de Rome ! Là, dirigez-vous vers les anciens abattoirs (*mattatoio*) qui abrite un centre social alternatif proposant de nombreux événements. Au même endroit se trouve le MACRO Future, annexe du musée d'art moderne qui offre 2 000 m^2 d'espaces d'expositions pour de jeunes artistes internationaux.

Passez votre dernière soirée dans le Testaccio, en commençant par un *aperitivo* au Macro Future, avant de découvrir les restaurants, bars et boîtes de nuit les plus branchés de la ville. Parmi les options, le Villagio Globale, une salle qui propose toutes sortes de concerts (rock, rap, reggae) et, du côté des discothèques, Radio Londra ou l'Akab-Cave pour ne citer qu'elles.

VISITES GUIDÉES

Dans une ville offrant une telle profusion de chefs-d'œuvres, il est intéressant de demander l'aide d'un guide professionnel. L'offre en la matière est importante avec bien sûr nombre de propositions autour des musées et de l'art. En vogue actuellement, le tour « Anges et démons » autour du film à succès adapté du roman de Dan Brown et des pérégrinations du héros Robert Langdon. Dans tous les cas, veillez à vous offrir les services d'un guide officiel.

Bons plans

Roma Pass – www.Romapass.it – Valable 3 jours pour un coût de 30 €. Il permet de rentrer dans la plupart des sites archéologiques et des musées de Rome. Il correspond à deux entrées gratuites pour les deux premiers endroits visités puis à des tarifs réduits pour les visites suivantes. Plus de la carte : gratuité des transports publics romains durant les 3 jours ! Un must pour découvrir les trésors de Rome.

Des découvertes plus insolites sont également possibles, à deux-roues, en Fiat 500 vintage, en calèche, en bateau ou à bord d'un petit avion. Voici quelques prestataires qui vous permettront d'optimiser votre découverte de la Cité éternelle.

110 OPEN

(gare Termini)
Piazza dei Cinquecento
✆ +39 800 281 281
www.trambusopen.com
Billetterie et informations tous les jours de 9h à 20h.

La ligne 110 Open propose un tour de ville panoramique en car à double étage. Le circuit se déroule à l'intérieur du centre historique romain en passant ainsi par tous les sites historiques et archéologiques du plus grand intérêt. Le 110 part dès 8h30 de Termini, puis toutes les 15 minutes jusqu'à 20h30. Vous pouvez descendre et le reprendre tant que vous le voulez, pour 20 € pendant 48h. Billet combiné avec archeobus pour 72h à 25€.

BATTELLI DI ROMA

Battelli di Roma
✆ +39 06 9774 5498
www.battellidiroma.it
Embarquement au Ponte Nenni, Ponte Sant'Angelo ou sur l'île Tibérine. Du 1er avril au 31 octobre.

Un moyen original pour découvrir Rome est d'emprunter le Tibre qui traverse la ville suivant un axe nord-sud. La compagnie Battelli di Roma propose des croisières de 6 km allant du ponte Nenni à l'île Tibérine, via le ponte Sant'Angelo. La formule « hop-on hop-off » est une croisière commentée d'une heure, mais le billet est valable 24 heures, durant lesquelles on peut descendre et remonter sur le bateau. Les premiers départs ont lieu vers 10h, les derniers vers 19h30 selon les arrêts.

Marché de la Piazza Campo dei Fiori.

Le prix du billet est de 16 € (11 € pour les moins de 13 ans et les plus de 65 ans).

BICI & BACI
Via del Viminale,5
✆ +39 06 4828443 /
+39 06 94539240
www.bicibaci.com
M° Piazza della Repubblica ou Stazione Termini.
Ouvert de 8h à 19h. Prix par jour : 11 € pour un vélo, de 19 à 40 € pour un scooter 50 cc, de 50 à 70 € pour un 125 cc, 80 € pour un 150 cc ou un 250 cc. 70 € pour une Vespa 125 cc
A deux pas de Termini, ou dans le nouveau siège de la Via Cavour, un sympathique loueur de scooters et de vélos. En effet, près de 200 vélos y sont à disposition, ainsi que de très beaux scooters et de tout nouveaux Vespa. Ne ratez pas les tours guidés Vintage, pour les amateurs, en Vespa Vintage, Fiat '500 ou encore en Ape Calessino (sorte de tuk tuk) ! Le service est très attentionné et des plus sympas ! Amusez-vous bien et impressionnez votre chérie... en faisant toujours attention à la circulation !

Autre adresse : Via Cavour, 302, M° Cavour.

GUIDEROME
✆ +39 34 889 625 50
www.guiderome.com
Réservation une semaine à l'avance. De 4 à 6 personnes, 30 € par personne. A partir de 6 personnes, 20 €. Entrées de musées non comprises. Rome illuminée 35 €, par personne.
Elles sont archéologues, historiennes de l'art ou architectes. Elles sont passionnées par leur ville et parlent français. Elles, ce sont les huit guides officielles de cette association qui, en plus des parcours traditionnels, vous proposent des itinéraires personnalisés, orientés bien sûr sur les merveilles artistiques de la ville.

MIRAROMA
✆ 338 2347917 de 18h à 22h
www.miraroma.it
De 20 à 35 € par personne selon le nombre de participants (min 4 - max 8). Enfants : 10 €. Possibilité de visites individuelles avec programmes et devis personnalisés sur demande. Visites le matin, l'après-midi ou le soir. Chaque visite dure trois heures environ.
Un groupe de guides touristiques officiels qui aiment leur ville et proposent une façon différente et originale de faire connaître Rome, ses quartiers, son histoire, ses monuments, musées et œuvres d'art...

PROMENADES DANS ROME
www.promenadesdansrome.com
130 € en visite privée pour un groupe de 6 personnes ; tarif dégressif en visites collectives selon le nombre de participants de 35 € par personne pour 2 participants à 20 € par personne à partir de 5 participants, maximum 10 personnes.
Les deux guides officielles de Rome, Françoise et Graziella, archéologues, historiennes de l'art et philologues de formation vous proposent des promenades à la découverte de la Rome antique et moderne à travers la visite des monuments, des musées et des églises de cette ville unique.

© STÉPHANE SAVIGNARD

Festivités

Février

CARNAVAL

Il n'a bien sûr rien de comparable à celui de Venise, mais le carnaval de Rome, qui fut aux XVIIIe et XIXe siècles l'un des plus grandioses du monde, reprend des couleurs ces dernières années. Chars, parades déguisées et spectacles équestres animent les rues de la ville dans une ambiance bon enfant avec dégustation de beignets et fritures.

Mars

FESTIVAL DU FILM INDÉPENDANT

www.riff.it

Du 4 au 12 avril 2013.

En mars 2010, le Festival du fim indépendant de Rome a fêté ses 10 ans. Chaque année, au mois de mars, une sélection de plus de quatre-vingt films (longs, courts-métrages et films documentaires) venus du monde entier (avec tout de même beaucoup d'œuvres européennes) est présentée au public dans les grands cinémas de la ville et soumise à l'appréciation du jury.

FÊTE SAINT-JOSEPH

Le 19 mars, les Romains célèbrent San Giuseppe dans le quartier de Trionfale (entre le Vatican et le Tibre). L'occasion de déguster beignets et crêpes traditionnels dans une ambiance très chaleureuse.

Avril

ANNIVERSAIRE DE LA FONDATION DE ROME

Le 21 avril.

Concerts et feux d'artifices sur la place du Capitole et le long du Tibre permettent aux Romains de célébrer la légende de Rémus et Romulus et de la louve qui les a sauvés.

■ **SEMAINE SAINTE**
Avril.
Chaque année, pour le Vendredi saint, le pape conduit une procession aux flambeaux qui, du Colisée au mont Palatin, reconstitue les 14 étapes du chemin de croix du Christ. Le dimanche de Pâques à midi, la bénédiction urbi et orbi réunit des milliers de pèlerins regroupés sur la place Saint-Pierre. Le pape y célèbre Pâques en des dizaines de langues. Un événement majeur pour le monde catholique.

» Mai

■ **FESTIVAL DE MUSIQUE PRIMO MAGGIO**
www.primomaggio.com
Le 1er mai.
Sur la place San Giovanni in Laterano, des milliers d'Italiens se rassemblent pour ce grand festival rock organisé gratuitement par la municipalté depuis 1990. La programmation est dévoilée au dernier moment. Y participent essentiellement des artistes italiens. Ambiance électrique garantie !

» Juin

■ **FESTIVAL ISOLA DEL CINEMA**
www.isoladelcinema.com
De mi-juin à la fin août.
En avant-première ou en rétrospective, du petit film d'auteur à la superproduction, tous les amateurs de cinéma se donnent rendez-vous sur l'île Tibérine pour ce grand festival en plein air qui se déroule de la mi-juin à la fin août.

» Juillet

■ **ALTAROMALTAMODA**
www.altaroma.it
En juillet.
La mode est à l'honneur avec ce salon AltaRomAltaModa qui présente les dernières tendances de la haute couture. Aux défilés traditionnels est associée une série d'événements qui fusionnent la mode avec les arts et le spectacle, le point d'orgue de la semaine étant le défilé qui se tient sur les escaliers de la piazza di Spagna.

■ **ESTATE ROMANA**
www.estateromana.comune.roma.it
De juin à septembre.
Durant tout l'été, Rome devient une scène ouverte avec de multiples événements organisés.

■ **FESTA DE NOANTRI**
Fin juillet.
La fête du quartier de Trastevere est un événement populaire à ne pas manquer. Entre la procession de la Madonna del Carmine, qui marque le début des festivités, et le feu d'artifice qui les clôt huit jours plus tard, tout le quartier prend des airs de théâtre à ciel ouvert.

■ **VILLA CELIMONTANA JAZZ FESTIVAL**
www.villacelimontanajazz.com
De début juillet à fin septembre.
Un festival de plein air, sur trois mois, pour écouter des concerts de jazz tout l'été.

» Septembre

FESTIVAL INTERNATIONAL DE PHOTOGRAPHIE

www.fotografiafestival.it/

De fin septembre à fin octobre.

La ville met la photographie à l'honneur au palais des Expositions et dans une vingtaine de musées et galeries. Artistes de renom, talents à découvrir ou présentation des lauréats du World Presse Photo agrémenteront le séjour romain des amoureux de l'image.

» Octobre

FESTIVAL INTERNATIONAL DU CINÉMA

www.romacinemafest.it

Depuis 2007, Rome fait son cinéma sur la scène internationale du 7e art. Sélection de films en compétition, soirées de galas et défilés de stars sur le tapis rouge de l'auditorium Parco della Musica, rien ne manque à cet événement très glamour. Le public n'est pas en reste puisqu'il est possible de voir de nombreux films en avant-première.

ROMA EUROPA

romaeuropa.net

En octobre et novembre.

Evénement culturel majeur de la capitale italienne, ce festival qui se déroule de fin octobre à fin novembre en divers lieux de la ville (auditorium Parcol della Musica, Teatro Olimpico, Palladium, Teatro Eliseo...) propose des dizaines de représentations théâtrales, de concerts et de spectacles de danse.

ROMA JAZZ FESTIVAL

www.romajazzfestival.it

Trois dernières semaines de novembre.

Durant trois semaines, l'auditorium Parco della Musica met le jazz à l'honneur.

» Novembre

FESTIVAL DE MUSIQUE ET D'ART SACRÉ

www.festivalmusicaeartesacra.net

Novembre.

Fin novembre, les plus belles basiliques de la Cité éternelle accueillent durant quelques jours de grands concerts de musique sacrée.

» Décembre

MARCHÉ DE NOËL

De début décembre au 6 janvier.

Le plus grand marché de Noël de la ville se tient durant tout le mois de décembre sur la piazza Navona.

NOËL À L'AUDITORIUM

www.auditorium.com

Décembre.

L'auditorium Parco della Musica de Rome célèbre les fêtes de fin d'année en accueillant le festival Noël à l'auditorium. Le site, conçu par le célèbre architecte Renzo Piano, prend des allures de village de Noël avec de nombreuses animations, des stands gastronomiques et une patinoire.

Campo dei Fiori, Panthéon et fontaine de Trevi

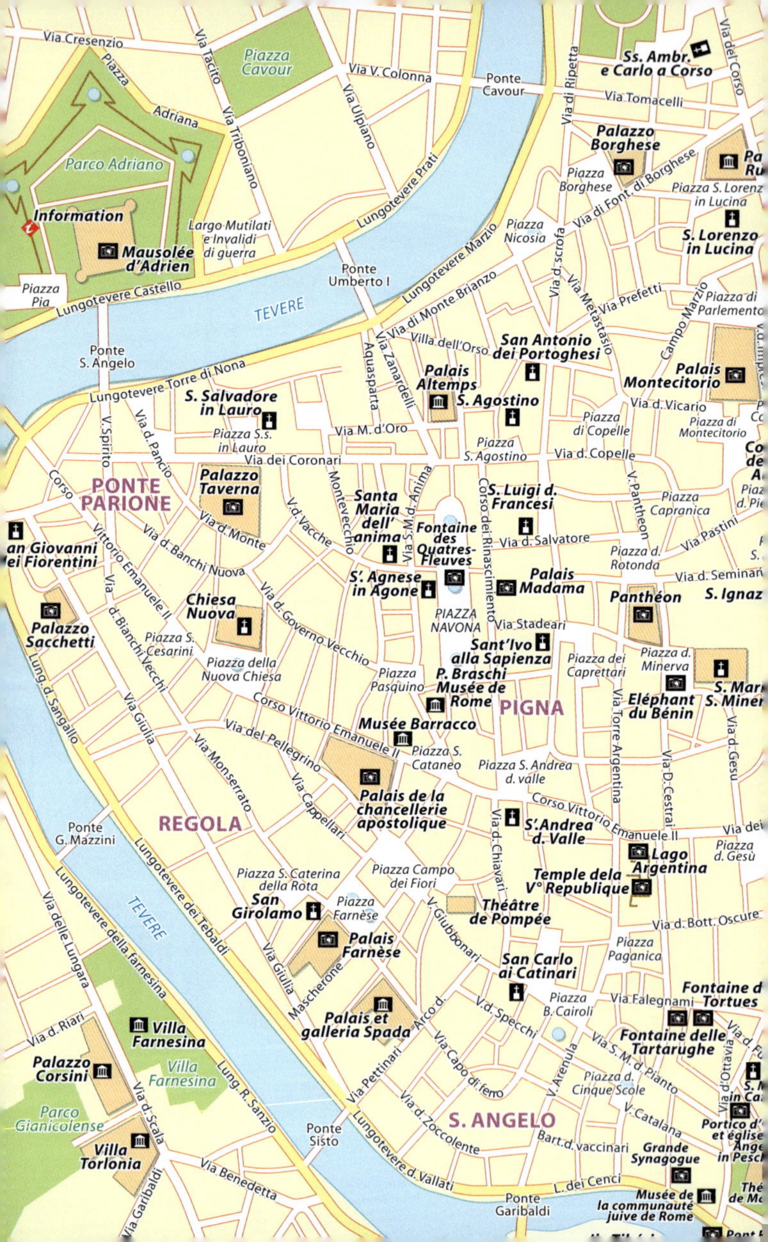

Via Crescenzio
Piazza Cavour
Via Tacito
Piazza Adriana
Via Triboniano
Via V. Colonna
Via Ulpiano
Ponte Cavour
Via di Ripetta
Ss. Ambr. e Carlo a Corso
Via del Corso
Via Tomacelli
Parco Adriano
Palazzo Borghese
Piazza Borghese
Via di Font. di Borghese
Piazza S. Lorenzo in Lucina
S. Lorenzo in Lucina
Information
Mausolée d'Adrien
Largo Mutilati e Invalidi di guerra
Lungotevere Prati
Lungotevere Marzio
Piazza Nicosia
Via d. Scrofa
Piazza Pia
Lungotevere Castello
Ponte Umberto I
TEVERE
Via di Monte Brianzo
Via Metastasio
Via Prefetti
Campo Marzio
Piazza di Parlemento
Ponte S. Angelo
Aquasparta
Via Zanardelli
Villa dell'Orso
San Antonio dei Portoghesi
Palais Montecitorio
Lungotevere Torre di Nona
Palais Altemps
S. Agostino
S. Salvadore in Lauro
Via d. Vicario
Piazza di Copelle
Piazza di Montecitorio
Via M. d'Oro
Piazza S.s. in Lauro
Piazza S. Agostino
Via d. Copelle
V. Spirito
Via d. Pancio
Via dei Coronari
Montevecchio
Corso dei Rinascimento
V. Pantheon
Corso
PONTE
PARIONE
Palazzo Taverna
Via d. Monte
V.d. Vacche
Santa Maria dell' anima
Via S.M.d. Anima
S. Luigi d. Francesi
Piazza Capranica
Fontaine des Quatres-Fleuves
Via d. Salvatore
Via Pastini
Piazza d. Rotonda
San Giovanni dei Fiorentini
Vittorio Emanuele II
Via d. Banchi Nuova
S'. Agnese in Agone
Palais Madama
Via d. Seminario
Palazzo Sacchetti
Chiesa Nuova
Via d. Governo Vecchio
PIAZZA NAVONA
Panthéon
S. Ignazio
Via Stadeari
Via d. Bianchi Vecchi
Piazza S. Cesarini
Piazza della Nuova Chiesa
Sant'Ivo alla Sapienza
Piazza dei Caprettari
Piazza d. Minerva
Piazza Pasquino
P. Braschi Musée de Rome
Eléphant du Bénin
S. Maria S. Minerva
Lung. d. Sangallo
Via Giulia
Corso Vittorio Emanuele II
PIGNA
Via Torre Argentina
Via D. Cestrari
Via d. Gesù
Via del Pellegrino
Musée Barracco
Via Monserrato
Piazza S. Cataneo
Piazza S. Andrea d. valle
Via Cappellari
Palais de la chancellerie apostolique
Corso Vittorio Emanuele II
Via dei
Ponte G. Mazzini
REGOLA
V.d. Chiavari
S'.Andrea d. Valle
Lago Argentina
Piazza d. Gesù
Lungotevere dei Tebaldi
Piazza S. Caterina della Rota
Piazza Campo dei Fiori
Temple dela V° Republique
Lungotevere della Farnesina
Via delle Lungara
TEVERE
San Girolamo
Piazza Farnese
V. Giubbonari
Théâtre de Pompée
Via d. Bott. Oscure
Palais Farnèse
Piazza Paganica
Via Giulia
Mascherone
San Carlo ai Catinari
Fontaine des Tortues
Palais et galleria Spada
Arco d.
Piazza B. Cairoli
Via Falegnami
Via d. Riari
Villa Farnesina
V.d. Specchi
Fontaine delle Tartarughe
Palazzo Corsini
Villa Farnesina
Via Capo di ferro
Via Pettinari
V. Arenula
Via S. M. d. Pianto
Piazza d. Cinque Scole
Via d'Ottavia
Lung. R. Sanzio
Via d. Scala
Parco Gianicolense
Villa Torlonia
Ponte Sisto
Via d. Zoccolente
S. ANGELO
V. Catalana
Bart.d. vaccinari
Grande Synagogue
Portico d'Ottavia et église S. Angelo in Pescheria
Lungotevere d. Vallati
Via Benedetta
Via Garibaldi
Ponte Garibaldi
L. dei Cenci
Musée de la communauté juive de Rome

CAMPO DEI FIORI, PANTHÉON ET FONTAINE DE TREVI
Musée
Curiosité
Information touristique
Edifice religieux
Station de métro
Casa d. Chirico
Piazza Mignanelli
Via Gregoriana
Via M. de Fiori
Via due Macelli
V. delle Mercede
COLONNA
Piazza S. Silvestro
Piazza S. Claudio
Via F. Crispi
Via Sistina
Purificazione
Via Nicola de To
Via Barbe
Barberini
Piazza Barberini
Palazza Barberini
TREVI
Via Barberini
Via d.
Largo d. Tritone
Via Rasella
Via d. Quattro Fontane
Via XX Settembre
Via Torino
Via d. Tritone
Institut national des arts graphiques
Giardino del Quirinale
Via d. Quirinale
Eglise de Sant'Andrea Al Quirinale
Via Modena
Via Nazionale
Via Napoli
Galerie del Corso
Fontaine de Trévi
Via in Arcione
V. Crociferi
Via D. Muratte
M. QUIRINALE
Musée national des pâtes alimentaires
Palais du Quirinal
San Carlo alle Quattro Fontane
Via Piacenza
Via Genova
Via A. Depretis
Piazza d. Viminale
Via Vincenzo Lucchesi
Via dell'Umiltà
Piazza d. Quirinale
Via Palermo
Piazza d. Pilota
Via d. Consulta
Via Parma
Villa Colonna
Via XXIV Maggio
Via d. Pilotta
Via dei Boschetto
Via Milano
Via Cesare Balbo
Plaozzo Odesclachi
Galleria Colonna
Galleria Doria Pamphili
Battisti
Via
Via Mazzarino
Via S. M. Maggiore
Via Panisperna
Piazza Venezia
Palazzo Venezia
Largo Magnanapoli
Via Cimarra
0
200 m
Piazza Mad. d. Loreto
Forum d'Auguste
Monument V. Emanuele II
Via dei Serpenti
Via degli Zingari
Via Urbana
Via Cavour
Cavour
Via Torre de Conti
Viad. Garofano
Via Baccina
Piazza d'Ara Coeli
S. Maria d'Aracoeli
S. P. in Carcere
Forum de César
Via dei Fiori Imperiali
Via Alessandrina
Via Cardello
Via dei Colosseo
Piazza S. Pietro in Vincoli
Via degli Annibaldi
MONTE ESQUILINO
Parco di Traiano
Piazza d. Campidoglio
Via Tulliano
Musée du Capitol
Forum romain
Monte Capitolino
Via d. Consolazione
Basilique de Massenzio
Colosseo

© AUTHOR'S IMAGE – PHILIPPE GUERSAN

Campo dei Fiori, Panthéon et fontaine de Trevi

Vous voilà dans un décor mythique, au cœur de la Rome historique. Une grande partie du centre avec ses ruelles tortueuses, ses palais et monuments ornés des œuvres des plus prestigieux artistes de l'époque, est classée au Patrimoine mondial de l'Unesco depuis 1980. La circulation automobile y est contrôlée et de nombreuses portions sont entièrement piétonnes ce qui le rend propice à la flânerie.

La zone est délimitée par la piazza Venezia au sud, le palais du Quirinal au nord et s'étend à l'ouest jusqu'au Tibre. A l'exception de la Rome antique, elle réunit la plus importante concentration de monuments, palais et sites d'intérêt touristique de la ville. On y trouve ainsi la fontaine de Trevi et le Panthéon, mais aussi le populaire Campo dei Fiori et la piazza Navona dont les rues alentour regorgent de bars, de restaurants et de boutiques tout autant fréquentés par les Romains que par les touristes. La colline du Quirinal (la plus haute de Rome, culminant à 61 m), avec le palais présidentiel, sépare le centre de l'est de Rome. Lieu de résidence des riches Romains de l'Antiquité, elle sombra dans l'oubli après les invasions barbares puis connut, grâce aux papes, un nouvel essor. C'est aujourd'hui le centre politique de l'Italie moderne. Si la spéculation immobilière a fait disparaître les champs et les jardins, elle n'est pas allée jusqu'à détruire les églises et bon nombre datent du XVIIe siècle. Partant de la piazza Venezia, la via del Corso est une avenue rectiligne qui monte jusqu'à la piazza del Popolo en empruntant le tracé de l'antique via

Flaminia. Jadis, des courses de chevaux y étaient organisées, d'où son nom. Long de 1 500 m, le Corso peut être considéré comme l'axe central de Rome. On y trouve de nombreuses boutiques plutôt bon marché.
Plus à l'ouest, le Campo Marzio (le Champ de Mars) forme une corne délimitée par le Tibre. Camp militaire durant l'Antiquité, puis incorporée à la ville au Moyen Age, la zone, régulièrement inondée, perd de son importance à l'époque impériale. Elle change de visage à la Renaissance lorsque les papes s'installent au Vatican, de l'autre côté du fleuve. Les grandes lignées romaines s'établissent sur le Campo Marzio qui devient le quartier aristocratique de Rome, son centre financier et commercial avec de nombreux artisans. Palais et monuments y sont construits du XVe au XVIIe siècle. La piazza Navona et le Campo dei Fiori forment l'axe majeur du Campo Marzio, traversé par le corso Vittorio Emanuele II (perpendiculaire à la via del Corso). Tout le secteur mêle les palais aux maisons plus modestes.

Rome en calèche

Envie de romantisme ? Il est possible de visiter le centre historique à bord de fiacres, appelés ici *carrozzelle.* Vous ne pourrez pas les louper aux alentours des grands sites touristiques : villa Borghèse, piazza Venezia, via Veneto, piazza San Pietro, piazza di Spagna, piazza Navona, piazza del Colosseo et piazza di Trevi. Il vous en coûtera environ 100 € pour un circuit d'une demi-heure.

© AUTHOR'S IMAGE

© AUTHOR'S IMAGE – PHILIPPE GUERSAN

Fontaine de la Piazza Colonna.

Il est riche en magasins, bars, restaurants et discothèques, il y a donc autant d'intérêt à y aller de jour que de nuit. Derrière le Campo dei Fiori, en direction du Tibre, le palazzo Farnèse, siège de l'ambassade de France, dévoile son harmonieuse façade Renaissance. Et de l'autre côté de la place Farnèse, la via Giulia avec ses antiquaires et ses galeries d'art moderne ne manque pas d'allure. L'extrême sud du centre de Rome comprend le Ghetto, le quartier juif (le plus vieux d'Europe !) qui s'étend en direction de la Rome antique jusqu'au théâtre Marcello. On peut encore y respirer l'ancienne atmosphère dans les boutiques et restaurants casher où la tradition juive se mélange à la romaine. Ses façades décaties et son décor intemporel séduiront les amateurs de poésie urbaine, tandis qu'à deux pas l'île Tibérine vous charmera avec ses ponts et son ambiance presque villageoise.

Accès depuis Termini, bus 40 et 64, depuis la station de métro Barberini, bus 116.

VISITER

Que de merveilles ! Le Panthéon, la fontaine de Trevi, le palais du Quirinal, la place Navona, le Campo dei Fiori, le Ghetto se découvrent le long de ruelles tortueuses avec une émotion toujours renouvelée.

BASILIQUE SAN AGOSTINO

Piazza S. Agostino
Accès : bus n° 87 du Colisée ou n° 492 de la piazza Barberini, et n° 70 de Termini.
Ouverte de 7h à 13h et de 16h30 à 19h30, le dimanche de 15h30 à 19h30. Les plafonds et l'autel principal sont en rénovation.
Construite en 1420. L'intérieur présente une série de colonnes recouvertes de marbres polychromes. Dans la nef centrale, on découvre une toile de Raphaël, le *Prophète Isaïe* ; dans la nef de droite, la cinquième chapelle fut décorée par le Guerchin. L'autel majeur est un projet de Bernin, à sa gauche se trouve la tombe de sainte Monique, mère de saint Augustin. Ne manquez pas non plus la *Vierge des pèlerins,* œuvre du Caravage.

COLONNE DE MARC-AURÈLE

Piazza Colonna
M° Barberini. Bus 62, 63, 81, 85, 95, 117, 119, 160, 175, 492...

C'est au dire des Romains le centre géographique de la ville. La piazza Colonna tient son nom de la colonne de Marc Aurèle dressée en son centre. Elle fut érigée en 180 apr. J.-C. après la mort de Marc Aurèle, pour célébrer ses victoires sur les Barbares. La statue de l'empereur qui trônait au sommet a été remplacée par une statue de saint Paul (ah, ces papes !), mais la colonne est toujours couverte de reliefs qui relatent les batailles. Une vraie BD antique !

ÉGLISE DEL GESÙ

Piazza del Gesu I
✆ +39 06 697 001

Colonne de Marc Aurèle sur la Piazza Colonna.

© AUTHOR'S IMAGE

M° Colosseo. Bus 46, 64, 916...
Ouvert de 7h à 12h30 et de 16h à 19h45.

Fondée par saint Ignace en 1540, la première église jésuite influença durant près d'un siècle l'architecture religieuse européenne. Le décor est sobre avec une immense nef unique et des matériaux simples. Ce n'est qu'au XVIIe siècle que l'Eglise de l'Inquisition l'enrichira d'œuvres baroques : fresques de Bacciccia dans la coupole et le chœur, ou d'Andrea Pozzo pour le tombeau de saint Ignace. En France, ce style est qualifié de « jésuite » avec une nuance de mépris. Au-delà du jugement esthétique, le qualificatif est incorrect, puisque les jésuites ne sont pour rien dans la création de ce style. Il est plus juste de parler de maniérisme, courant caractéristique de la Contre-Réforme.

ÉGLISE DE SANT'ANDREA AL QUIRINALE

Via del Quirinale 29
M° Barberini ou Republica
Ouvert en hiver de 8h30 à 12h et de 15h30 à 19h. En été, de 9h à 12h et de 16h à 19h.

Un chef-d'œuvre de Bernin, exemplaire de l'esthétique de son temps ! Commandée pour les jésuites en 1658, cette église fut construite sur un plan elliptique pour compenser l'exiguïté du lieu. Des murs concaves et une coupole laissant filtrer la lumière pour révéler les marbres polychromes donnent à l'édifice un air joyeux. Une merveille, vous dit-on !

ÉGLISE SAN CARLO ALLE QUATTRO FONTANE

Via del Quirinale 23
M° Barberini ou Repubblica
Ouvert du lundi au samedi de 9h à 13h, les lundi et vendredi de 16h à 18h.
Quatre fontaines et une église se trouvent sur cette placette imaginée par Sixte Quint, grand pape urbaniste de la fin du XVIe (1585-1590). Sa conception ingénieuse permet de voir, d'un côté, la Trinité-des-Monts et Sainte-Marie-Majeure et, de l'autre, la Porta Pia et le Quirinal. Sur chaque pan a été placée une fontaine. Mais le monument le plus important de cette place est l'église San Carlo alle Quattro Fontane, l'un des chefs-d'œuvre de Borromini. A contre-courant des réalisations monumentales de l'époque, c'est un minuscule joyau baroque à l'architecture très élaborée dont les jeux de courbes omniprésents créent une étonnante impression de mouvement. La coupole lumineuse entremêle les figures géométriques comme une démonstration mathématique.

Ne payez pas deux fois !

Les monuments et musées romains fonctionnent assez souvent de manière couplée. Pensez à conserver vos tickets d'entrée et vérifiez bien lors de toute nouvelle visite que vous n'avez pas déjà payé ! L'occasion aussi de préciser que la plupart des musées de Rome sont gratuits pour les moins de 18 ans et les plus de 65 ans.

ÉGLISE SAN LUIGI DEI FRANCESI

Piazza S. Luigi dei Francesi 20
✆ +39 06 688 271
Accès : bus n° 87 du Colisée ou n° 492 de la piazza Barberini, et n° 70 de Termini.
Ouvert de 10h à 12h30 et de 16h à 19h, sauf le jeudi de 10h à 12h30. Messes en français.
Commencée par Jules de Médicis, en 1512, l'église fut achevée en 1589 avec les fonds des rois de France et de leur mère Catherine de Médicis. C'est ainsi qu'elle devint l'église des Français de Rome. Elle est à voir pour les œuvres du Caravage consacrées à saint Matthieu et pour une *Légende de sainte Cécile* du Dominiquin. L'occasion d'apprécier la différence de style, baroque et maniériste, de ces deux peintres contemporains. Pour la petite histoire, Madame de Beaumont, l'une des maîtresses de Chateaubriand, est enterrée là.

ÉGLISE SANTA AGNESE IN AGONE

Piazza Navona
Accès : bus n° 87 du Colisée ou n° 492 de la piazza Barberini, et n° 70 de Termini.
Ouverte de 9h30 à 12h30 et de 16h à 19h, fermée le lundi. Pas de visites pendant les messes.
C'est l'église de la piazza Navona. Construite au XIIe siècle, elle est transformée au XVIIe siècle lorsque le pape Innocent X décide de remodeler la place pour en faire le joyau d'art baroque que nous connaissons aujourd'hui. Borromini a réalisé sa façade concave et les deux clochers jumeaux.

Rue du Quirinal.

Au sous-sol, on peut voir les vestiges de l'ancien stade de Dioclétien, une mosaïque romaine et des fresques médiévales.

ÉGLISE SANTA MARIA DELL'ANIMA

Via di Santa Maria dell'Anima
Accès : bus n° 87 du Colisée ou n° 492 de la piazza Barberini, et n° 70 de Termini.
Ouvert de 9h à 11h50, les lundi, mercredi et samedi.
C'est l'église nationale allemande. Réalisée entre 1441 et 1447 mais, refaite plusieurs fois, elle a été complètement restaurée en 1843. La façade Renaissance est attribuée à Sansovino. Sur le modèle des *hallenkirchen* allemandes, elle présente quatre chapelles par côté. Particulièrement intéressante, une *Sainte Famille* de Giulio Romano décore le presbytère ainsi que, dans la quatrième chapelle, une *Déposition du Christ* de Francesco Salviati.

ÉGLISE SANTA MARIA SOPRA MINERVA

Piazza della Minerva 42
Accès : bus 40 et 64, arrêt Largo di Torre Argentina.
Ouvert généralement de 7h à 19h, avec une interruption le dimanche entre 12h et 14h. Visite du cloître de 8h à 13h et de 15h30 à 19h30.
Dans le quartier du Panthéon, c'est l'une des seules églises gothiques de Rome, construite en 1208 sur un temple dédié à Minerve. Elle abrite un christ de Michel-Ange, des fresques de Filippino Lippi et la pierre tombale du peintre Fra Angelico. Sur la place devant l'église, on découvre la célèbre statue d'éléphant surmontée d'un obélisque imaginée par Bernin et sculptée par Ercole Ferata en 1667. Si vous vous penchez sur l'épitaphe, vous pourrez lire qu' « il faut une tête forte pour être capable de soutenir une solide intelligence ».

ÉGLISE SANT'ANDREA DELLA VALLE

Piazza Sant'Andrea della Valle
✆ +39 06 686 1339
Bus 62, 64.
Ouvert du lundi au samedi de 7h30 à 12h30 et de 16h30 à 19h30, et le dimanche de 7h30 à 12h45 et de 16h30 à 19h45.
Eglise mère de l'ordre des Théatins, elle est considérée comme l'archétype des églises maniéristes de la Contre-Réforme. Conçue par Carlo Maderno, sa construction dura de 1591 à 1640. Sa façade n'a plus la simplicité des façades Renaissance. Les colonnes, leurs chapiteaux corinthiens, les frontons y font saillie, créant des effets d'ombre et de lumière. Sa coupole est l'une des plus hautes de Rome. A l'intérieur, rappelant la disposition de l'église du Gésù, on y trouve en particulier la fresque de Lanfranco qui couvre tout l'intérieur de la coupole, et celles du Dominiquin sur les pendentifs et sur la voûte du chœur. En outre, elle abrite une copie de la *Pietà* de Michel-Ange, réalisée en 1616 par Gregorio De Rossi, et la tombe de Giovanni Della Casa, auteur du *Galatée*.

FONTAINE DE TREVI

Piazza di Trevi
Voir la rubrique Les immanquables / Points d'intérêt (p 15).

ÎLE TIBÉRINE

Isola Tiberina

Accès : bus 23, 63, 280, 630, 780. Pour une agréable promenade sur les berges du Tibre, traversez le ponte Fabricio au bout du Ghetto. Depuis le XVIe siècle, l'île est presque entièrement occupée par l'hôpital Fatebenefratelli. On y découvre aussi les restes du ponte Rotto qui s'effondra au XVIe siècle, emporté par le fleuve tumultueux.

LARGO DI TORRE ARGENTINA

Au sud du Panthéon

Cet endroit n'a rien à voir avec l'Argentine. Un certain Johannes Burckard, maître des cérémonies du pape, y construisit un palais et lui donna le nom de sa ville natale : Strasbourg, soit Argentoratum en latin ! La circulation y est infernale. On en oublie presque le champ de ruines antiques qui s'y trouvent et qui sont celles de quatre temples de l'époque républicaine (IIIe siècle av. J.-C.). Pour la petite histoire, c'est sur cette place que fut assassiné Jules César et c'est là que vit, sous protection, l'une des plus grandes communautés de chats de Rome. On peut même y laisser une petite donation, les dames qui y travaillent s'occupent seules et bénévolement de cette communauté féline !

MUSÉE BARRACCO

Corso Vittorio Emanuele II 166/a

✆ +39 06 688 068 48

www.museobarracco.it

Bus 62, 64.

Le musée est ouvert tous les jours, sauf le lundi, de 9h à 19h et de 9h à 14h du 24 au 31 décembre. Entrée : 5,50 €.

Une étape obligée pour les amateurs d'antiquités grecques, romaines, assyriennes et égyptiennes qui pourront notamment admirer une superbe tête d'Alexandre le Grand. La collection a été léguée à la ville par le baron Giovanni Barracco. Le palais qui l'abrite fut au XVIe siècle la résidence d'un prélat français, ce qui explique les lys sur la façade.

L'aire sacrée d'Argentine.

MUSÉE DE ROME (PALAIS BRASCHI)
Entrée au 2 de la Piazza di Navona
10 Via di San Pantaleo
Piazza Navona ✆ +39 06 06 08
www.museodiroma.it
Accès : bus n° 87 du Colisée ou n° 492 de la piazza Barberini, et n° 70 de Termini.
Ouvert du mardi au dimanche de 10h à 20h. Fermé le lundi. Entrée adulte 9 €, réduit 7 €. Audioguide en anglais ou en italien 3,50 €. Pour tout connaître de l'histoire de Rome du Moyen Age à la moitié du XXe siècle, c'est ici. Les Barberini, les Borghèse et toutes les grandes familles qui ont fait Rome n'auront plus de secret pour vous qui découvrirez tout des changements topographiques, culturels, sociaux et artistiques de la cité. Dans les collections du musée, vous aimerez les carrosses, les chaises à porteur, les mosaïques, les fresques et céramiques médiévales, la collection d'estampes du XVIe au XIXe siècle et celle de photographies anciennes.

MUSÉE HEBRAÏQUE DE ROME
Lungotevere dei Cenci 15
Ghetto ✆ +39 06 684 006 61
www.museoebraico.roma.it
Accès : bus 23, 63, 280, 630, 780.
Entrée : 10 €, ou 7,50 € en tarif réduit, pour une visite du musée et visite guidée de la grande synagogue et de la synagogue espagnole. Visites toutes les heures, en anglais et en italien. Ouvert du 16 septembre au 15 juin du dimanche au jeudi de 10h à 16h15 et le vendredi de 9h à 13h15. Et du 16 juin au 15 septembre du dimanche au jeudi de 10h à 18h15, et le vendredi de 10h à 15h15. Fermé les samedis et jours de fêtes juives et catholiques. A travers de nombreux documents, mais aussi d'objets de culte, de pièces d'orfèvrerie et de textiles, le musée évoque l'histoire de la communauté israélite à Rome, depuis la prise de Jérusalem jusqu'à la période fasciste. On apprend notamment qu'à partir de 1555 le Ghetto fut entouré d'une muraille qui ne tomba qu'en 1870.

PALAIS ALTEMPS – MUSÉE NATIONAL ROMAIN
Piazza Sant' Apollinare, 44
✆ +39 06 39 96 7700
www.archeoroma.beniculturali.it
Bus : C3 - 30 - 70 - 81 - 87 - 116 - 130 - 186 - 492 - 628.
Ouvert du mardi au dimanche de 9h à 19h45. Entrée adulte 7 €, réduit 3,50 €. Audioguide 5 €. Le billet est aussi valable pour le Palais Massimo, la crypte Balbi et les thermes de Dioclétien qui composent avec le Palais Altemps et le Musée national romain. Il est valable 3 jours. L'un des exemples les plus importants de l'architecture de la Renaissance à Rome. Commencé par Girolamo Riario en 1477, ce palais se trouve sur le site d'antiques ateliers de marbriers et probablement d'un temple consacré à Apollon. Aujourd'hui, il est le siège de l'un des quatre musées qui composent le Musée national romain (le Palazzo Massimo, les thermes de Dioclétien et la crypte Balbi sont les autres musées). Il conserve des sculptures gréco-romaines provenant de collections privées d'illustres familles romaines du XVIe et XVIIe siècle. A voir aussi la magnifique chapelle privée du palais qui conserve la dépouille de Sant'Aniceto, l'un des premiers papes de l'Eglise.

© AUTHOR'S IMAGE

Le palais du Quirinal (palazzo del Quirinale) et la fontaine représentant Castor et Pollux.

PALAIS CHIGI

Piazza Colonna

Sur la place Colonna, la façade du siège de la présidence du Conseil des ministres est un bel exemple de l'architecture du XVIe siècle due à Carlo Maderna. Vers 1660, ce beau palais avait attiré les convoitises de nombreuses familles romaines, dont les Chigi, qui en prirent possession par l'intermédiaire d'un de leurs membres, le pape Alexandre VII.

PALAIS DORIA PAMPHILJ

Via del Corso, 305

✆ +39 06 679 7323

www.doriapamphilj.it

Bus 62, 117, 160, 492...

Ouvert tous les jours de 10h à 18h. Fermé à Noël, le 1er janvier, à Pâques, le 1er mai et le 15 août. Entrée : 11 €.

Les œuvres de Titien, Raphaël, Véronèse, du Caravage, de Bruegel, Rubens, Guerchin, Correggio et d'autres donnent vie aux murs de cet immense palais. On ne manquera pas le portrait du pape Innocent X fait par Vélasquez lors de son voyage à Rome. La lecture psychologique en est subtile et profonde. « Trop vrai », avait même dit le pape en voyant l'œuvre de Vélasquez ! Les amateurs de sculpture ne seront pas en reste.

PALAIS DU QUIRINAL

Piazza del Quirinale

M° Barberini

Visite le dimanche de 8h30 à 12h. Vérifiez le site Internet, car les horaires peuvent changer. Entrée : 5 €. Gratuit pour les moins de 18 ans et les plus de 65 ans. Gratuit le dernier dimanche du mois.

Résidence d'été des papes de 1592 à 1870, demeure des rois d'Italie jusqu'en 1944, le palais du Quirinal est aujourd'hui le siège de la présidence de la République. Tous les grands architectes du XVIIe siècle ont travaillé à sa construction. Napoléon qui le choisit comme demeure impériale y a également laissé son empreinte.

Palazzo Farnèse, peinture d'Annibal Carrache.

Parmi les nombreux trésors de ce palais, une galerie richement décorée par Pietro Da Cortona, un magnifique escalier de Mascarino, de belles fresques du XVIe, ainsi qu'une petite église au doux nom de Paolina et au plafond orné de roses dorées. Restaurées, les écuries accueillent des expositions internationales d'intérêt majeur. Sur la place qui offre un très beau panorama sur la ville, la fontaine est ornée de grandes statues, vestiges des thermes de Constantin.

PALAIS FARNÈSE

Piazza Farnese

✆ +39 06 68 89 28 18

www.ambafrance-it.org

Bus 40, 64, 116. Visite gratuite (jardin, cour et étage noble) du lundi au jeudi à 15h, 16h et 17h. Papiers d'identité nécessaires. Attention : il faut réserver au moins 1 à 4 mois avant votre visite. Pas de visite du 24 juillet au 7 septembre.

Considéré comme l'exemple le plus achevé de l'architecture renaissante florentine à Rome, le palais Farnèse est depuis 1936 le siège de l'ambassade de France. Le « dé », comme il est depuis toujours appelé, fut commencé en 1514 par Sangallo le Jeune sur commande du cardinal Alexandre Farnèse, futur pape Paul III, continué par Michel-Ange en 1546 et achevé plus de 40 ans plus tard par Giacomo Della Porta. Sa façade imposante, sa somptueuse décoration intérieure et les œuvres d'art qu'il abrite (beaucoup sont tout de même parties à Naples) rappellent l'importance de la famille Farnèse à la Renaissance. Le palais domine totalement la place Farnèse (où l'on remarque tout de même les bassins des fontaines qui proviennent des thermes de Caracalla). Il est construit en travertin, pierre jaune et poreuse typiquement romaine. C'est au génie de Michel-Ange que l'on doit le splendide balcon en marbre au-dessus du portail d'entrée et la puissante corniche. Pour ceux qui auront la chance de visiter l'intérieur, la Grande Galerie avec ses stucs, ses dorures et ses peintures maniéristes, servit de modèle à l'Europe entière, à Versailles notamment. Elle fut commandée par le cardinal Odoardo Farnèse aux frères Carrache à la fin du XVIe siècle. Ses fresques sont consacrées à des thèmes mythologiques célébrant avec grande sensualité l'omnipotence de l'amour, ce qui créa scandale sous le pontificat du sévère Clément VIII. La salle d'Hercule présente un beau plafond en bois, œuvre de Vignola.

PALAIS SPADA ET GALLERIA SPADA

Piazza Capo di Ferro 13
✆ +39 06 683 2409 /
+39 0668 74896
Bus 271, 280, 116

Galerie Spada : Ouvert tous les jours, sauf le lundi, de 8h30 à 19h30. Entrée : 5 €. Palais Spada (siège du Conseil d'Etat) : les visiteurs sont admis au « piano nobile » du palais, le premier dimanche de chaque mois à 10h30, 11h30 et 12h30.

Edifié en 1540, le palais Spada fut acheté au cours du XVIIe siècle par le cardinal Bernardino Spada et remanié sous la direction de Borromini. Cet édifice, qui a gardé sa structure Renaissance, abrite aujourd'hui le Conseil d'Etat. On ne manquera pas d'admirer sur sa façade les intéressantes niches abritant des statues de rois et d'empereurs romains. Mais le palais Spada est surtout célèbre pour la perspective en semi-trompe l'œil de sa première cour, un passage voûté de 9 m de longueur mais qui paraît trois fois plus long. L'architecte a réussi à donner cette impression en réduisant les dimensions des colonnes et la largeur de l'espace selon un calcul géométrique précis. La majestueuse statue, au fond, contribue à accentuer le sens de profondeur de l'espace. En réalité, la statue ne fait que 50 cm de hauteur ! Par la seconde cour, on accède à la pinacothèque où l'on peut voir des œuvres de Titien, de Bruegel l'Ancien, de Rubens, du Guerchin, mais aussi des chefs-d'œuvre de peintres moins connus, comme *L'Allégorie du massacre des Innocents* de Testa

Dôme sur la place de Venise.

Piazza della Rotonda, la fontaine du Panthéon surmontée d'un obélisque.

PALAIS VENEZIA

Via del Plebiscito, 118
✆ +39 06 69994388 / 39 06 69994283
M° Colosseo. Bus : H, 30, 40, 60, 62, 63, 64, 70, 81, 85, 87, 95, 119, 160, 170, 175, 186, 271, 492, 571, 628, 630, 716, 810, 850.
Ouvert du mardi au dimanche de 8h30 à 19h30, fermé le lundi. Entrée 5 €.
Résidence papale, puis siège de l'ambassade de Venise jusqu'en 1797, et d'Autriche jusqu'en 1914. Après l'avénement du régime fasciste, Mussolini y installa son bureau, et le palais devint le symbole du pouvoir fasciste. C'est du balcon qui donne sur la place que le duce adressait ses fameuses harangues aux « foules océaniques » venues l'acclamer. On disait que la lumière du bureau du dictateur était allumée toute la nuit pour signifier combien le duce travaillait pour le pays. L'aspect extérieur est sévère et encore très gothique. L'intérieur, en particulier la cour et son portique, est Renaissance. Les salles que l'on visite sont de très vaste proportion. Elles présentent des tapisseries et des panoplies, ainsi que la bibliothèque de l'Institut d'archéologie et d'histoire de l'art. Des expositions temporaires y sont organisées.

PANTHÉON

Piazza de la Rotonda
Voir la rubrique Les immanquables / Points d'intérêt (p 16).

PIAZZA DELLA ROTONDA

Piazza della Rotonda
La piazza della Rotonda, avec sa vasque de Della Porta et son obélisque, est une belle place colorée et bruyante, entourée de cafés et de terrasses qui permet, tout en buvant un cappuccino, d'admirer la façade imposante du Panthéon au rythme de l'incessant va-et-vient des touristes.

PIAZZA VENEZIA

Piazza Venezia
C'est la place incontournable de Rome, un énorme carrefour routier qui, au centre de la ville, permet de rejoindre le Colisée, la gare Termini, la fontaine de Trevi... On y passe souvent, et on s'y arrête au moins une fois pour monter au Capitole. La place est dominée, ou plutôt même écrasée, par le Vittoriano, monument dédié à Victor-Emmanuel II qui, en 1861, avec la création de l'Etat italien, avait pris le titre de roi d'Italie. Cet édifice grandiloquent, qui subit

moult critiques, est affublé de divers surnoms : la machine à écrire, mais aussi le dentier ou la pièce montée. De nombreux éléments sont là pour symboliser l'Italie réunifiée comme les seize statues du fronton pour les régions et les fontaines pour les deux mers baignant la Botte. Autour de la place, on trouve le palais Venezia et en montant au Capitole l'église Santa Maria d'Aracoeli.

PORTIQUE D'OCTAVIE (PORTICO D'OTTAVIA)

Via Portico d'Ottavia

Accès : bus 23, 63, 280, 630, 780.

C'est une jolie promenade à travers les ruelles du Ghetto. Au bout de la rue du même nom se dresse ce portique de forme rectangulaire (119 m sur 132 m) que l'empereur Auguste dédia à sa sœur Octavie. Il était alors orné d'un double rang de colonnes et de nombreuses sculptures grecques. En partie intégré à la façade de l'église de Sant'Angelo, ce portique était considéré comme le centre du Ghetto, surtout parce que la zone était la seule utilisable pendant les crues du Tibre. Devant l'église, à l'intérieur du portique, se tenait un marché au poisson. Au Moyen Age, on y rajouta un arc, et la zone limitrophe fut l'objet d'une forte urbanisation avec la construction de tours, de forteresses et d'habitations, certaines s'appuyant directement sur le portique. En bas se trouve le théâtre de Marcello.

Piazza della Rotonda, entourée de cafés et de terrasses.

© AUTHOR'S IMAGE

THÉÂTRE DE MARCELLO

Derrière le Ghetto

Ouvert tous les jours de 9h au coucher du soleil. Accès libre.

Amis poètes, ne manquez pas ce lieu merveilleusement situé entre le Ghetto et le Capitole. Il s'agit là du plus important des théâtres romains, dédié à Marcel, le gendre de l'empereur Auguste. Il remonte à la fin du Ier siècle av. J.-C. et pouvait contenir plus de 10 000 spectateurs. Il fut fortifié au Moyen Age, puis transformé en palais par les Orsini au XVIe siècle. De la construction antique, il ne subsiste que deux étages, visibles sous le palais et, juste à côté, trois magnifiques colonnes en marbre blanc, vestiges d'un temple dédié à Apollon. Au milieu d'un parterre de coquelicots, dominé par la silhouette de la synaguogue et entouré de maisons populaires, le site ne manque pas de caractère. Coup de cœur assuré !

Restaurant Via del Corso.

THÉÂTRE DE POMPÉE

Largo del Pallaro, 8
Bus 62, 64
Derrière l'église Sant'Andrea, dans un dédale de petites rues, il n'est pas très facile de retrouver les traces de l'ancien théâtre de Pompée (mais l'enseigne d'un excellent petit hôtel vous y aidera). Le théâtre de Pompée est l'un des premiers théâtres de pierre construit entre 61 et 55 av. J.-C. Le théâtre, et le portique qui le précédait, arrivait jusqu'à Largo Argentina, où fut assassiné Jules César, non loin de là, le 15 mars en 44 av. J.-C.

VIA DEL CORSO

Via del Corso
La rue du shopping bon marché de Rome relie la piazza del Popolo à la piazza Venezia, en empruntant le tracé de l'antique via Flaminia. Le pape Paul II y organisa des courses de chevaux, d'où son nom. Long de 1 500 m, c'est l'axe central de Rome, et c'est bien ainsi que le percevaient les urbanistes de la Renaissance. Entre cette avenue et le Tibre s'étend l'ancien Champ-de-Mars. C'est ici que s'est développée la ville du Moyen Age et de la Renaissance, en un dédale de ruelles compliqué et tortueux.

VIA GIULIA

Via Giulia
Peut-être l'un de vos coups de cœur romain. La via Giulia est une longue voie rectiligne longeant le Tibre depuis la place Farnèse. Elle est bordée de palais Renaissance d'influence florentine, dont le plus remarquable est le palazzo Sacchetti, et d'églises, parmi lesquelles il faut voir Sant'Eligio degli Orefici, édifiée par Raphaël en 1509. Ses boutiques d'antiquaire en font un lieu de promenade agréable. Un arc qui franchit la via Giulia correspond à la façade postérieure du palais Farnèse.

SE RESTAURER

Des monuments d'intérêt hautement touristiques, attirent une foule très... touristique, et donc une multitude d'établissements à destination... des touristes. Pourtant, dans la multitude de restaurants, trattoria, osteria et pizzeria, certains trouvent aussi la faveur des Romains, peut-être davantage du côté du Panthéon que de la piazza Navona. Dans l'assiette comme dans le décor, la tendance du quartier est plutôt au traditionnel et au familial, avec quelques jolies exceptions.

» Sur le pouce

IL FORNAIO

Via dei Baullari 5/7
✆ +39 06 688 003 947
www.ilfornaio.com
Ouvert tous les jours de 7h30 à 21h.
Pour vos petits déjeuners, pique-niques et en-cas, cette boulangerie artisanale propose toutes sortes de pains, un choix gigantesque de petits biscuits (au citron, aux pignons...), de tartes (aux fruits, à la ricotta...), ainsi que des paninis et des parts de pizza.

MIMI COCO

88 Via Governo Vecchio
Ouvert tous les jours, toute la journée. De 3 € à 6 €.
On croirait pousser la porte d'une petite épicerie mais c'est bien une sandwicherie où l'on trouve des paninis, des pizzas et des pastas de toute fraîcheur ! A déguster au bar ou dans la rue. Mimi Coco, c'est aussi une vinothèque, juste en face, pour ceux qui préfèrent se poser tranquillement en terrasse...

PIZZA A TAGLIO

11-12 Via del Pellegrino
✆ +39 06 60667391
Ouvert toute la journée et jusqu'à 2h du matin. Prix : à partir de 2,30 €, selon la taille.
A deux pas de la célèbre place où la jeunesse s'éternise jusqu'au petit matin, cet endroit est idéal pour une petite faim à toute heure. Pizzas à la coupe, panini, sandwichs... d'une qualité et d'une fraîcheur irréprochables ! Etonnant dans un lieu si touristique.

ROSTICCERÌ

Corso del Rinascimento, 83-85
✆ +39 06 688 083 45
www.rosticceri.com
Ouvert tous les jours de 10h30 à 21h, sauf le dimanche. Compter 8 à 10 € par repas.

© AUTHOR'S IMAGE – PHILIPPE GUERSAN

Les glaces de Giolitti.

Pour un déjeuner sur le pouce, tout en saveur. Rosticceri s'est lancé dans la cuisine gastronomique... à emporter. Juché sur de hauts tabourets, on déjeune entre deux hommes d'affaires venus se restaurer à deux pas du Sénat.

» Pause gourmande

Le périmètre autour du Panthéon et de la fontaine de Trevi regroupe des glaciers célèbres qui se disputent la palme de l'excellence.

LA CANNOLERIA SICILIANA

Via di Monte Brianzo, 66-67
✆ +39 06 6880 6874
www.lacannoleriasiciliana.it
Ce glacier et pâtissier sicilien régale les palais de ses chocolats noirs et autres gâteaux à la pistache. Pour le plaisir des papilles et des yeux !

CONFETTERIA MORIONDO & GARIGLIO

Via del Pie di Marmo 21-22
✆ +39 06 699 0856
www.moriondoegariglio.com
Quel art de la mise en scène pour cette confiserie à l'ancienne ! Un magnifique voyage vous y attend, de saveurs, d'odeurs et de couleurs... La spécialité de la maison reste le chocolat, depuis 1850.

FLOR

Piazza Campo dei Fiori, 51
✆ +39 06 679 6995
www.gelatiflor.it
2,50 € la glace.
La nouvelle chaîne de glaciers romains possède déjà 4 boutiques dans Rome et compte bien ne pas s'arrêter là ! Son ambition semble justifiée aux vues du nombre de romains et de touristes qui se pressent chaque jour autour de sa devanture. Les litres de crèmes glacées aux saveurs multiples sont savamment travaillées, à la spatule, avant d'être servis, sur de petits cônes biscuités. Flor est également passé maître dans l'art du yaourt frais, au fruit ou nature.

Autres adresses : C.so d'Italia 104 • C.so Rinascimento 34 • Via cavour 337.

GIOLITTI

Via Uffici del Vicario, 40
✆ +39 06 699 1243
www.giolitti.it
Ouvert tous les jours de 7h à 2h.
Quoi de plus chic qu'une glace au champagne ? Peut-être une glace à la rose ? Ou aux macarons ? Le mieux est encore de toutes les goûter, ce qui prend le week-end. Une expérience tout à fait romaine donc !

I DOLCI DI NONNA VINCENZA

Via Arco del Monte 98A
✆ +39 06 925 94 322
www.dolcinonnavincenza.it
Le temple des douceurs sucrées à l'italienne ! Ses nombreux points de vente à travers Rome sont la conséquence de son succès. Près de Campo dei Fori, la boutique est divisée en deux. D'un côté, on déguste sur place un café cornetto à la crème ou autres pâtisseries traditionnelles. De l'autre, on choisit sur la grande table en bois ou dans les armoires, de petits paquets enrubannés pour rapporter chez soi, bonbons et petits gâteaux secs.

Obika, temple de la mozzarella

OBIKA MOZZARELLA BAR
(A l'angle de Via dei Preferiti)
Piazza di Firenze ✆ +39 06 683 2630
www.obika.it
Ouvert tous les jours de 10h à minuit. Aperitivo à 19h30. Un peu moins de 20 € pour un repas complet.
Le décor très design et les présentoirs évoquent les bars à sushis. Mais ici, point de poisson cru, c'est la mozzarella (*di bufala* comme il se doit pour respecter l'AOC) qui est à l'honneur. Si vous ne connaissez que la mozzarella en sachet, vous risquez d'être surpris par l'onctuosité et le goût très fin de ce fromage présenté en quatre déclinaisons d'affinage. La mozzarella peut être accompagnée de légumes grillés, de salades de pâtes et de charcuterie, souvent d'origine biologique. Les desserts sont excellents et les vins bien choisis. Le top : y venir pour un apéritif dînatoire (*aperitivo*) ou pour le brunch du dimanche.
Le concept fait fureur et les grandes villes d'Italie ainsi que Londres, New York, Tokyo et même Koweït City ont leur bar Mozzarella Obika.

Autre adresse : Piazza Campo dei Fiori, à l'angle de la Via Baullari.

LO SCIMMIOTTO
Piazza della Rotonda
Glaces 2 € -3 €. Ouvert toute la journée.
Des montagnes de crème glacée artisanale aux mille saveurs... juste en face du Panthéon. Ici, les meilleures sont celles aux fruits !

PASTICCERIA LA DELICIOSA
Vicolo Savelli, 48-50
✆ +39 06 6880 3155
Ouvert du lundi au samedi de 8h30 à 19h.
Si vous aimez les petites douceurs italiennes, c'est ici qu'il faut venir. La vitrine parle d'elle-même et c'est l'eau à la bouche qu'on entre dans la boutique pour acheter des profiteroles, une tarte au citron ou une merveille au chocolat.

» Bien et pas cher

CASAEBOTTEGA, IL RISTORANTE
Via di Tor Millina 34/a
✆ +39 06 686 4358
Ouvert midi et soir. 10 €-15 € par personne.
Voici une adresse charmante pour un café au petit matin ou un déjeuner en terrasse. A la fois chic et simple, il est à l'image de Rome telle qu'on la rêve ! Loin du bruit et de l'effervescence qui règnent dans les autres cafés de la ville, ici on prend son temps. Les recettes italiennes ont été revisitées et, dans l'assiette, cela change tout !

Autre adresse : Il Bar se trouve à deux pas au 183, via dei Coronari.

Où déguster de la cuisine judéo-romaine ?

Malgré sa triste histoire, le Ghetto sait aujourd'hui réjouir ses visiteurs, grâce à sa tradition culinaire inégalable. Les *carciofi alla giudia* (artichauts à la juive) font partie des incontournables du parcours gastronomique romain. Pour le reste, fritures de fleur de courgette, filet de morue, abats, agneau et queue de bœuf, sans oublier de fameuses pâtisseries. Voici les valeurs sûres pour y goûter :

BAGHETTO
Via Portico d'Ottavia, 57
✆ +39 06 6889 2868
www.baghetto.com
Ouvert du dimanche au jeudi de 11h30 à 15h et de 17h30 à 23h, vendredi de 11h30 à 15h, samedi de 18h30 à 23h. Comptez 50-60 € par repas.
Les nouveaux venus dans le Ghetto n'ont pas peur de se faire remarquer. Les quatre frères de Baghetto vous en mettent plein les papilles, à grand renfort de *carciofi alla giudia*, de salade de pignons et de viande séchée.

NONNA BETTA
Ghetto Juif, Via del Portico d'Ottavia, 16
✆ 06 68806263
www.nonnabetta.it
Fermé le vendredi soir et le samedi à midi
Restaurant casher, autorisé par le Tribunal rabbinique de Rome, Nonna Betta utilise des ingrédients simples, sans viande, bref un paradis pour les végétariens ! Le menu, accorde une grande place aux fritures comme les immanquables artichauts ou mozzarella frits. Parmi les *primi* : carbonara de courgettes, *cacio e pepe*, ou tagliolini à la chicorée. Parmi les *segundi* : morue sèche, *parmigiana* d'artichauts et l'omelette oignon et *pommodoro* ou celle de *cucuzzette*.

RISTORANTE GIGGETTO AL PORTICO D'OTTAVIA
Via del Portico d'Ottavia, 21a
✆ +39 06 686 1105
www.giggettoalportico.it
Ouvert tous les jours à partir de 19h, sauf le lundi et au mois d'août. Comptez 40 € par personne.
Gigetto mise sur l'authenticité pour se différencier de ses collègues du Ghetto. Avec ses allures rustiques, il campe sur ses positions d'institution. Toutes les spécialités judéo-romaines sont dans les assiettes. Goûtez en particulier le *filetto di baccalà* et les *carciofi alla Giudia* (artichauts frits).

DAR FILETTARO A SANTA BARBARA
Largo dei Librari, 88
✆ +39 06 686 4018
Ouvert midi et soir. Comptez 10 €-15 € par personne. 5 € le filet.
La célébrissime adresse pour déguster de délicieux filets de cabillaud panés et frits. A emporter enroulé dans sa serviette de papier ou à manger à table, sur la petite piazza, accompagné de petits hors d'oeuvre variés, le filetti di baccala en a conquis plus d'un. La file d'attente du samedi soir est un peu rédhibitoire, mais une fois servie, le jeu en vaut la chandelle. Sinon, allez-y en semaine, c'est beaucoup plus tranquille.

IL DESIDERIO PRESO PER LA CODA
Viccolo Palomba, 23
✆ +39 06 6830 7522
www.ildesideriopresoperlacoda.net
Ouvert du lundi au vendredi de 12h30 à 15h et de 20h à 23h30, samedi de 20h à 23h30. Compter 6 € à 10 € pour les primi.
« Le désir attrapé par la queue » intrigue, à l'instar de son nom. On y entre par curiosité, on y reste pour admirer les toiles d'artistes locaux et on finit toujours par s'y asseoir devant un plat de pâtes délicieux.

IL FICO
51 via di Monte Giordano
✆ +39 066875568
www.ilfico.com
Bus 40/62/64/916/492
Plats et entrées de 5 € à 18 €. Menus de 10 € à 15 € (pizza). Ouvert toute la journée.
Coincé dans sa minuscule ruelle, le restaurant Il Fico fait face à la Antica Taverna. Les petites tables et leurs nappes à carreaux rouges et blancs débordent sur le trottoir, et la terrasse ombragée. La cuisine d'Andrea est italienne et authentique, ne manquez pas ses spécialités.

MONTECARLO
Vicolo Savelli 13
✆ +39 06 6861877
www.lamontecarlo.it
Comptez 8 €-9 € le plat de pâtes.
Une taverne populaire auprès des Romains pour déjeuner rapide mais copieux le midi. Elle compte aujourd'hui plus de tablées de touristes que d'Italiens ! Ses pizzas et ses pâtes ont fait sa réputation, le service est rapide et jongle avec les plats d'une pièce à l'autre. Aux heures de pointe, on y est un peu serrés mais la pièce tout en longueur bourdonne de rires et de discussions animées.

Autre adresse : Via Alessandria 106.

» Bonnes tables

CANTINA E CUCINA
87 Via Governo Vecchio
✆ +39 06 6892574
www.cantinaecucina.com
Ouvert toute la journée. Comptez 20 € par personne.
Ambiance jeune et sympathique dans la ruelle piétonne et animée de Governo Vecchio, non loin de la Piazza Navona. Les petites tables en bois, prises d'assaut la plupart du temps, débordent sur le trottoir. Cuisine traditionnelle authentique, histoire de revisiter les classiques italiens : pizzas et pasta.

CRISPI 19

Via Francesco Crispi, 19
✆ +39 06 678 5904
www.ristorantecrispi19.com
M° Barberini.
Ouvert tous les jours de 12h30 à 15h et de 19h à 23h. Compter 30 € par repas. Menu dégustation 52 €.
A mi-chemin entre la piazza di Spagna et la fontaine de Trevi, ce très bon restaurant sert une cuisine traditionnelle à la présentation soignée et inventive. Deux cuisiniers, le chef sicilien et le second romain, déploient tout leur art dans nos assiettes. Ici, c'est toute la Méditerranée qui est à l'honneur, avec bien sûr de nombreuses références à Rome, à commencer par les pâtes *all'amatriciana*, préparées selon la plus pure tradition. On goûtera aussi au filet de bœuf au parmesan, au tartare de thon et d'une manière générale à tous les plats de poisson !

IL GIARDINO ROMANO

Ghetto Juif
Via del Portico d'Ottavia, 18
✆ +39 06 68809661
www.ilgiardinoromano.it
Fermé le mercredi
Pendant plus de 300 ans de vie derrière les portes du ghetto, les juifs romains ont été capables de garder leurs plus anciennes recettes. Le Giardino Romano (Jardin romain) est situé dans une vieille boutique du Ghetto dans un ancien palais du XVIIe siècle. Pâtes a l'amatriciana ou à la carbonara, queue de bœuf *a la vaccinara*, l'immanquable *abbacchio*, ou, encore, la *coratella* (tripes) sont des plats typiques proposés.

L'ANGOLETTO

Piazza Rondanini, 51
✆ +39 06 6868 019
www.ristorantelangoletto.it
Ouvert tous les jours midi et soir. Compter 30 € par repas.
Situé sur une adorable place, à quelques encablures du Panthéon, ce restaurant de poissons possède une belle terrasse feuillue. On y va bien sûr pour les fruits de mer et les poissons, déclinés sous toutes leurs formes, du carpaccio au tartare, en passant par les grillades et les pâtes.

Alfredo : les fettucine d'Hollywood (épisode 1)

ALFREDO ALLA SCROFA

Via della Scrofa, 104/A
✆ +39 06 688 061 63 – www.alfredoallascrofa.it
Ouvert du mercredi au dimanche de 12h30 à 15h et de 18h à 23h30. Environ 20 € le plat.
Mythique et ultra-touristique. Normal, les très hollywoodiens Douglas Fairbanks et Mary Pickford ont popularisé les *fettucine* d'Alfredo Di Lelio. Depuis, le Tout-Hollywood s'est bousculé ici, de Gary Cooper à Marylin Monroe, en passant par Sofia Loren. Aujourd'hui, Alfredo n'est plus, mais sa réputation demeure. Un coup de maître !

OSTERIA DEL PEGNO
Vicolo Montevecchio 8
✆ +39 668 807 025
info@osteriadelpegno.com
Ouvert tous les jours sauf mercredi. Pizzas de 6 à 9€. Plats jusqu'à 13€.
Tout près de la place Navona, ce restaurant, un peu vieillot, propose pâtes fraîches, pizzas au feu de bois (parmi les plus réputées de la ville) et plats traditionnels romains. Nous avons opté pour les raviolis et les pâtes aux fruits de mer, pour notre plus grand plaisir. On apprécie aussi l'accueil très chaleureux et le service attentionné.

OSTERIA LA QUERCIA
23-25 Piazza della Quercia
✆ +39 06 68 300 932
www.laquerciaosteria.com
Entrée et plats de 7 € à 12 €. Ouvert tous les jours de 12h à 15h puis à partir de 19h.
Une excellente surprise à deux pas de la place Campo De Fiori, sur une petite place tranquille. Dans un décor intimiste de boiseries modernes, le patron propose une carte raffinée et variée. Les vins sont aussi à l'honneur et le tiramisu en dessert est extra !

PESCI FRITTI
Via di Grotta Pinta 8
Piazza dei Satiri
✆ +39 0668806170
Ouvert tous les jours midi et soir. Fermé le lundi et le dimanche soir. Comptez 15 €-20 € par personne.
Voici une trattoria très prisée pour ses spécialités de fruits de mer. Sa terrasse sur le bord du trottoir pourrait être celle d'une taverne au bord de la mer, avec ses tables et chaises aux dégradés de bleu. Le service est très professionnel et l'assiette apétissante.

RISTORANTE CAMPO DE' FIORI
Piazza Campo dei Fiori, 28-29
✆ +39 06 6861 661
Ouvert tous les jours, midi et soir. Compter 30 € par repas.
Certes, il est difficile de faire plus touristique que ce restaurant. Mais, il reste une valeur sûre, expressément recommandée par des locaux. Pour les fruits de mer et les viandes en sauce. L'occasion de dîner sur la place sans trop de risques !

RISTORANTE DER PALLARO
15 Largo del Pallaro
✆ +39 06 688 01488
Ouvert midi et soir, tous les jours. Fermé le lundi. Menu à 25 €.
Paola prépare les meilleures spécialités culinaires de la capitale, et propose un menu fixe, tous les soirs. Chez elle, vous n'aurez pas le choix, c'est elle qui décide. Une fois assis, les plats s'enchaînent les uns après les autres, régalant petits et grands. Paola, en tablier et fichu, passe et repasse entre les tables, se fait prendre en photo, avec un petit mot gentil pour chacun. Depuis 50 ans qu'elle y cuisine, sa réputation a dépassé les frontières !

SORA LELLA
Via Ponte 4 Capi, 16
✆ +39 06 686 1601 /
+39 06 689 740 63
www.soralella.com
Ouvert de 12h30 à 14h30 et de 19h45 à 23h. Fermé le dimanche et le mardi midi. Menus 48, 50 ou 52 € par personne, plats entre 12 et 22 €. Glace 10 €.

Décorer le sapin

Si vous êtes à Rome au moment des fêtes ou durant la première semaine de janvier, ne manquez pas le très beau marché de Noël traditionnel qui se tient tous les ans sur la piazza Navona. Il y a foule, mais le décor est magique !

Quoi de plus romantique qu'une petite escapade sur l'île Tibérine dont le Sora Lella est l'unique restaurant ? Un cadre élégant, une cuisine romaine raffinée avec des plats comme le flan d'aubergine aux crevettes, les *tagliatelle al ragù* et une glace aux amandes nappée d'un sirop de cédrat qui vous garantissent une soirée réussie.

TAVERNA ANTONINA
Via della Colonna Antonina 48
✆ +39 06 678 3717
www.tavernaantonina.it
Ouvert tous les jours de 12h à 23h. Pizza de 7,50 € à 13,50 €. Plats de 5 € à 24 €. Salade de 5 € à 10 €.
Ne nous demandez pas pourquoi cette taverne de quartier fait le plein de romains, entre amis ou en famille, tous les soirs... La réponse est simple : buonissimo ! L'ambiance villageoise et la bonne humeur s'accordent parfaitement à la cuisine traditionnelle du lieu. Un arrivage de fruits de mer quotidien assure d'ailleurs la fraîcheur des plats.

THE LIBRARY
Vicolo della Cancelleria
Bistrot : N°13 - Romantic : N°7
✆ +39 342 5712456 /
+39 346 2138282 /
+39 0697275442
www.thelibrary.it
Ouvert de 18h jusque minuit et demi. Fermé le mardi. Comptez autour de 50 € par personne. Réservation conseillée. Et voilà une des meilleures découvertes de cette année. The Library, ce sont deux restaurants très charmants, l'un à côté de l'autre : Romantic et Bistrot. Les deux sont décorés selon les principes du feng shui pour assurer une énergie et des sensations positives et accueillantes dans les salles. Tous les deux sont gérés par Dana et Alex, un adorable couple, passionné et exigeant sur le plan de la qualité des produits, dont ils tirent leurs plats originaux. En effet, il partent chaque semaine en Toscane, et ailleurs, à la recherche des ingrédients les plus frais.

» Luxe

IL CONVIVIO TROIANI
Vicolo dei Soldati, 31
✆ +39 06 686 9432
www.ilconviviotroiani.com
Ouvert du lundi au samedi de 20h à 23h. Comptez 100 € pour un antipasto et deux plats.
L'une des tables les plus raffinées de la Cité éternelle, maintes fois distinguée dans la presse et les concours. Le chef, originaire de la région des Marches, vous propose des recettes audacieuses réinventant les plats traditionnels. Tous les ingrédients de la cuisine italienne sont là, savamment combinés, parfois détournés, souvent saupoudrés d'exotisme. A privilégier pour un dîner romantique.

IL PAGGLIACCIO

Vai dei Banchi Vecchi 129a
✆ +39 06 688 095 95
www.ristoranteilpagliaccio.it
Fermé le dimanche et les lundi. Mardi seulement le soir. Ouvert de 13h à 14h30 et de 20h à 22h30. Menu dégustation à partir de 120 € (12 plats).
Elle est alsacienne et excelle en pâtisserie. Il est italien et a exercé en France et dans de nombreux pays d'Asie. Marion Lichtle et Anthony Genovese ont uni leurs talents culinaires et leur créativité pour offrir à leurs hôtes un repas inoubliable. La salle est charmante, le service au top et les vins savamment sélectionnés.

RESTAURANTE ARCHIMEDE S. EUSTACHIO

Piazza dei Caprettari
✆ +39 06 686 1616
www.archimedesanteustachio.it
Comptez 30 € par personne.
Une terrasse tranquille, ombragée et bordée de plantations sur la typique place Caprettari. Les plats ne sont malheureusement pas à la hauteur de ce que l'on attend mais l'ensemble a le charme et la classe des vieux établissements romains. Vous y goûterez toutes les spécialités de la ville, ne râtez pas les tripes à la romaine, fondantes !

SHOPPING

Pas besoin de courir de tous les côtés de la ville pour un shopping réussi, le centre de Rome regroupe un grand choix de boutiques pour la mode, la déco et toutes sortes de souvenirs. En plus, la beauté des lieux est souvent une attraction en soi.

ALTROQUANDO

Via del Governo Vecchio, 80
✆ +39 06 6879 825
www.altroquando.com
Ouvert tous les jours de 10h à minuit.
Nino Manfredi, Vittorio Gassman, Nanni Moretti sont ici déclinés en livres, posters et autres cartes postales, pour tous les amoureux du septième art. Une mine d'or.

ARION MONTECITORIO

Piazza Montecitorio, 59
✆ +39 06 6781 103
www.libreriearion.it
Ouvert du lundi au samedi de 10h à 20h.
Politique, photographie, géographie, design, art, littérature, les librairies Arion sont une chaîne de magasins indépendants, répartis dans toute l'Italie. Piazza Montecitorio, on vous parle histoire et politique.

ARTE 5

Corso Vittorio Emanuele II, 5
✆ +39 06 69 92 12 98
www.arte5roma.com
Ouvert du lundi au samedi de 10h à 20h, en août de 13h à 21h.
Un très beau magasin d'affiches en tous genres, pour ramener un souvenir de Rome à placarder sur son mur. Cinéma, art, bande dessinée, de nombreux styles sont ici représentés, sous forme de posters, de cartes postales, de canevas, de cadres.

■ **BARTOLUCCI**
Via dei Pastini 96-98-99
✆ +39 06 6919 0894
www.bartolucci.com
Ouvert du lundi au samedi de 9h à 18h.
Approchez-vous de la vitrine et vous y verrez un Pinocchio en bois taille humaine, assis sur un banc. Ce qui provoque bien sûr de nombreuses sessions photo chez nos amis les touristes. A l'intérieur, des jouets en bois par centaines, de Pinocchio évidemment, à la petite voiture, en passant par l'avion ou la coccinelle. Une très jolie boutique, idéale pour ramener de petits cadeaux aux enfants.

■ **CARTOLERIA PANTHEON**
Via della Rotonda, 15
✆ +39 06 68 75 313
www.pantheon-roma.it
Ouvert du lundi au samedi de 10h à 18h.
A découvrir ici des produits de la région de Rome, dont de très beaux objets en cuir. Du protège-livre au portefeuille, en passant par le porte-carte, les sacs en cuir et les carnets de voyages, ce magasin regorge de trésors pour qui aime la papeterie.

■ **GALLERIA ALBERTO SORDI**
Piazza Colonna
✆ +39 06 691 907 69
www.galleriaalbertosordi.it
Ouvert tous les jours de 10h à 22h.
La superbe verrière de l'ancienne galerie Colonna, un petit bijou d'Art nouveau construit avant les années 1920, a été totalement rénovée et rouverte en 2003. Nommée d'après le célèbre acteur Alberto Sordi décédé la

© AUTHOR'S IMAGE – PHILIPPE GUERSAN

Coup de cœur

■ **CAFFÈ DELLA PACE**
Via della Pace, 5-7
✆ +39 06 686 1216
www.caffedellapace.it
Ouvert tous les jours de 9h à 2h.
Ce café plus que centenaire a conservé un look de bistrot rétro avec sa façade couverte de vigne et de jasmin, ses boiseries, son comptoir et ses guéridons en marbre, ses vieilles caisses enregistreuses et son ventilateur à palmes. Jadis repaire des gauchistes contestataires, le lieu s'est un peu embourgeoisé mais l'ambiance reste bon enfant. Aux beaux jours, on s'installe sur la superbe terrasse qui donne sur une place confidentielle avec, comme il se doit, vue sur la petite église.

même année. Idéale pour une session shopping chic et une pause cappuccino dans une élégance tout italienne.

GIUNCART
Via del Pellegrino 93
✆ +39 6880 6204
umberto.giovagnoli@libero.it
Une caverne d'Ali Baba remplie de paniers tressés, en osier, de toutes formes, toutes couleurs et toutes tailles ! Egalement, un grand choix de chapeaux et sacs très féminins. Le propriétaire restaure aussi à l'ancienne tout ce qui touche à ces matériaux de prédilection.

IBIZ
Via dei Chiavari, 39
✆ +39 06 683 072 97
Ouvert du lundi au samedi de 9h30 à 19h30.
Du très bel artisanat qui honore le savoir-faire des tanneurs italiens. A dénicher : des sacs en cuir, des chaussures, des protège-livres, des porte-clés, des ceintures... le tout très coloré.

LA LIBRERIA DEL VIAGGIATORE
Via del Pellegrino, 78
✆ +39 06 688 010 48
Ouvert de 10h à 14h et de 16h à 20h. Fermé le dimanche et le lundi matin.
Cette librairie est le temple des voyageurs. Sur ses étagères, s'alignent toutes sortes d'ouvrages sur Rome, l'Italie et le monde entier. Pour élargir son horizon.

MARCHÉ DE LA PIAZZA CAMPO DEI FIORI
Voir la rubrique Les immanquables / Points d'intérêt (p 17).

ROSCIOLI
21 Via dei Giubbonari
✆ +39 06 687 5287
www.salumeriaroscioli.com
Ouvert du lundi au samedi de 7h à 19h30, fermé le dimanche.
Cette épicerie fine (annexe de la boulangerie du même nom, située à côté) a ouvert un coin bar à vins et dégustation de petits plats. Vous y trouverez de nombreuses spécialités de fromages et de charcuteries, et les meilleurs vins italiens.

T-NOBILE
Via dei Pettinari 47
✆ +39 0668392205
t_nobile@tiscali.it
Près du petit pont Sisto, cette boutique couvre deux grandes salles, et propose une multitude de créations originales en cuir coloré. Modernes et pratiques, il y en a pour tous les goûts et tous les style : sacs, portefeuilles, sacoches, porte-monnaie, sac ordinateur ou à tablette... la gamme est large. Et si vous n'avez besoin de rien, vous craquerez au moins sûrement pour ces petites fleurs réalisées en cuir à accrocher à votre sac ou à votre poche !

WONDERFOOL
Via dei Banchi Nuovi, 39
✆ +39 06 6889 2315
www.wonderfool.it
Un concept-store dédié à la mode bien sûr, homme et femme, et au bien-être. Sur place, un rayon de vêtements pointu, un barbier, un salon de massage et bien d'autres activités. Des thermes à la romaine, version 2011 en quelque sorte.

SORTIR

Le quartier du Campo dei Fiori et de la piazza Navona abrite un grand nombre de cafés, bars et bars à vins. Enfoncez-vous dans les petites rues adjacentes pour trouver les adresses fréquentées par les Romains.
Pause cappucino en journée ou apéro prolongé, les bons lieux ne manquent pas. Périmètre historique oblige, la plupart doivent fermer à 2h du matin.

» Cafés - Bars

BAR DEL FICO

Piazza del Fico, 26
✆ +39 06 686 52 05 / +39 06 688 084 13
www.bardelfico.it
Ouvert du lundi au samedi de 8h à 2h. Brunch 15 €, plats entre 5 et 6 €.
Dans un lieu si touristique, on se demande comment la piazza del Fico et son bar ont pu ainsi préserver leurs allures de village. C'est bien simple : c'est notre bar préféré dans les environs. On y va pour un café, un sandwich, un dîner... Et on y passe la journée, tellement l'endroit est paisible et sympathique.

CAFE BAR CAMERINO

30 Largo Arenula et via di S. Anna
Ouvert toute la journée.
Face à la station de tram Argentina, on fait ici comme les italiens : on avale son expresso au comptoir en deux ou trois gorgées rapprochées ! Un large choix de viennoiseries fraîches pour le petit déjeuner, une ambiance sympathique et un service efficace, tout pour plaire.

CAFFÈ PASQUINO

Via del Governo Vecchio 79
✆ +39 06 680 2529
Ouvert tous les jours de 6h30 (8h le week-end) à 2h.
Un café qui fonctionne à toute heure de la journée, pour le petit déjeuner en salle, ou l'apéritif en terrasse. L'ambiance est décontractée et le service *gay friendly*.

CIRCUS ART CAFE

15 via della vetrina
✆ +39 697 619 258
Ouvert tous les jours, toute la journée. Café 1,50 € à 3 €. Plats 8 € à 9 €.
A quelques pas de la Place del Fico et de la Palazzo Taverna, ce petit café coloré s'étend tout en longueur. Pas de terrasse mais un intérieur mélant moderne et vintage. Journaux et livres d'arts sont à disposition sur les tables et étagères. Possibilité de se restaurer.

CUL-DE-SAC

Piazza Pasquino, 73
✆ +39 665 410 94
www.enotecaculdesac.com
Ouvert tous les jours de 12h30 à 15h et à partir de 19h30, sauf le lundi ; fermé au mois de mai. Repas autour de 25 €.
Plus de 3 000 étiquettes de vins italiens, ça donne soif ! Pour savourer le vin dans les règles de l'art, on l'accompagnera d'une assiette de jambon ou de fromage, sur le pouce. Une œnothèque branchée et bien achalandée.

THE DRUNKEN SHIP

Piazza Campo dei Fiori 20-21
✆ +39 06 683 005 35
www.drunkenship.com
Ouvert tous les jours de 10h à 2h. Happy hour de 17h à 20h.

Ce pub est extrêmement populaire auprès des jeunes Romains qui aiment se mêler aux Anglo-Saxons de passage. Certains soirs, l'ambiance déborde largement sur le trottoir. La bière coule à flots et, lorsque le bateau ivre ferme, la soirée se prolonge souvent sur le Campo dei Fiori.

L'ETABLI

Vicolo delle Vacche, 9/9a
✆ +39 06 976 166 94
www.etabli.it
Ouvert tous les jours de 12h30 à 2h du matin.

Le style industriel est à la mode. Voici ce que dit ce bar branché, qui vous sert un verre de vin entre deux caisses de bois et un bar en ciment. On peut aussi dîner sur place, à l'étage.

OPEN BALADIN

Via Degli Specchi 6
✆ +39 06 68 38 989
www.baladin.it
A partir de 18h.

Le temple de la bière italienne.... Cette brasserie sert toutes les variétés italiennes, possibles et imaginables, dans le quartier Campo dei Fiori, c'est une adresse de locaux !

TAZZA D'ORO

Via degli Orfani, 84
✆ +39 06 678 9792
www.tazzadorocoffeeshop.com

Après de multiples sondages parmi nos amis les Romains, Tazza d'Oro se détache parmi les meilleurs endroits pour déguster la subtile boisson chaude, si prisée des Italiens, le café. A boire au comptoir, dans une ambiance un peu chic.

THE SMALL BAR

Piazza Monte d'Oro
Ouvert le matin et jusqu'à la fin du marché. Cappuccino : 1€.

Parmi les étals du minuscule marché de la place Monte d'Oro, cette petite paillote est tenue par un sympathique italien. Dégustez votre café au bar, parmi les italiens qui font leurs courses ou derrière, sur la petite terrasse tranquille. Loin de l'afflux touristique, cette adresse est toute simple mais charmante.

Teatro Argentina.

© FABIO PERRONI

Teatro Valle.

CLUBS ET DISCOTHÈQUES

ANIMA
Via Santa Maria dell'Anima, 57
✆ +39 06 686 4021
Ouvert tous les jours de 18h à 3h30. Entrée libre. Bar et club.
Fermé pour rénovation, ce club réouvre à l'automne 2012. Une exception dans le quartier, ce club ferme après 2h du matin. Une déco post-moderne, des sièges pour s'affaler, des sushis pour grignoter et une musique de pointe entre soul, funk et house. Ou quand la jeunesse dorée rencontre les touristes branchés...

LA MAISON
Vicolo dei Granari, 4
✆ +39 06 68 33312
www.lamaisonroma.it
Un club niché au fin fond d'une ruelle du quartier historique, difficile à trouver et donc plutôt chic. La clientèle internationale, jeune et fortunée, s'y presse tous les week-ends pour se déhancher sur des rythmes hip-hop, pop et R&B.

» Spectacles

TEATRO ARGENTINA
Largo di Torre Argentina 52
✆ +39 06 684 000 311
www.teatrodiroma.net
Places de 12 à 27 €.
En 1816 y fut donnée la première représentation du *Barbier de Séville*. Ce grand et beau théâtre accueille encore les représentations des plus grandes pièces du répertoire dramatique classique, ainsi que des adaptations plus modernes.

TEATRO VALLE
Via del Teatro Valle 21
www.teatrovalleoccupato.it
Participation libre.
Ce bel édifice du XVIIIe siècle, est un théâtre occupé depuis juin 2011. Il propose des rencontres théâtrales, des débats,...

© AUTHOR'S IMAGE

Colisée, Forum et Capitole

COLISÉE, FORUM ET CAPITOLE
Musée
Curiosité
Gare ferroviaire
Edifice religieux
Station de métro
M. VIMINALE
MONTE ESQUILINO
MONTE PALATINO
Palais de Venezia, musée central du Risorgimento
Musée des Cires
Basilica San Marco
Col. de Trajan et Forum
Marché de Trajan
Forum d'Auguste
Monument V. Emanuele II
Forum de César
S. Maria in Aracoeli
Carcere Mamertino
Forum de Nerva
Santa Francesca Romana
Forum romain
Musée du Capitole
Monte Capitolino
Teatro di Marcello
San Nicola in Carcere
Antiquarium Forense
Jardins Farnèse
Arc de Constantin
Colisée
Temple de Cybèle
Domus Augustana
Musée Palatino Loggia Mattei
Eglise Santa Maria in Cosmedin
Circo Massimo
Parco di San Alessio
S. Pietro in Vincoli
Cisterna delle Sette Sale
DOMUS AUREA
Thermes de Trajan
Jardins de Colle Oppio
Temple du Divin Claude
Casa Romane
Cavour
Colosseo
Tibérine
TEVERE
Via del Corso
Via d. Muratte
Piazza Grazioli
V. Battisti
Via d. Plebiscito
Piazza Venezia
Via IV
Nov.
Piazza S. Marco
Piazza Mad. di Loreta
Largo Magnanapoli
Via
Via Nazionale
Mazzarino
Via dei Serpenti
Via de Boshetto
Via Panisperna
Via Cavour
Via 4 Cantoni
Piazza d'Esquilino
Via Alessandrina
V. Tor de Conti
Via Baccina
Via M. dei Monti
Via Leonina
Via Giovanni Lanza
Via Merulana
V. di Statuto
Via Leopardi
Via dei Delfini
Piazza d'Aracoeli
Via dei Fiori Imperiali
Piazza S. Pietro in Vincoli
Viale di Sette Sale
Via Frangipane
Via degli Annibaldi
Via dei Colosseo
Piazza di Campidoglio
Via Teatro di Marcello
Via di Consolazione
Piazza di Consolazione
Via di Foraggi
Via di S. Teodoro
Lungo di Pierleoni
Via Petroselli
Ponte Palatino
Piazza Bocca della Verità
Lungotevere Ripa
Aventino
Parco
Via del Circo Massimo
Via Dei Cerchi
Via di San
Gregorio
Piazza di
V. N. Salvi
Viale del Monte Oppio
Viale delle Domus Aurea
Viale Mecenate
Via A. Poliziano
Via Rug. Bonghi
Via P. Villari
Viale Manzoni
Via Labicana
Via di San Giovanni in Laterano
Via Francesco Giambullari
Via Celio
Venna
Via di Ss. Quattro
Via di Capo
d'Africa
Via Claudia
Via Annia
Via Celimontana
Via S. Paolo di Croce
Via di San Stefano Rotondo
Via della

Circo Massimo
Arrigo VII
Via di terme dec
Antequario del Celio
MONTE CELIO
AVENTINO
Piazza di Tempio di Diana
Fronte di Fauno
Viale Aventino
Via G. Bacelli
Via di Terme di Caravalla
Pizza di Porta Metronia
Via della Ferratella
Piazzale Ipponio
Via Galia
Viale Pannonia
Viale Metronio
S. Cisto Vecchio
Via Druso
Parco di Porta Capena
Via Antonina
Via Aventina
Via B. Peruzzi
Via San Alessio
Via San Anselmo
Via Porta Lavemale
Via Marmorata
Viale L. Gelsomini
Largo Manlio Gelsomini
V. Marmorata
Parco della Resistenza dell'8 Sett.
Viale di Piramide Cestia
Piazzale Numa Pompilio
Parco Egero
Thermes de Caracalla
Largo E. Fioritto
Via Ponzio
Via Salv. Rosa
Via Palladio
Via Annia Faustina
Via Pontelli
Via Giotto
Viale Guido Bacelli
Viale Antoniniana
Viale di terme di Caracalla
Via di Porta S. Sebastiano
Via di Porta Latina
Via Latina
Parco degli Scipioni
Tombeau des Scipions
Via Appia Antica
Piazza di Porta San Paolo
Pyramide de Caio Cestio
Porta S. Paolo
Viale di Porta Adreatina
Via Lucio Fabio Cilone
Viale di Porta Ardeatina
San Saba
Monte Testaccio
Piramide
Station Roma-Lido di Osta
Viale del Campo Boario
Via G. Mani
Viale O. Beccari
Via Girolamo Dandini
Viale Marco Polo
0
300 m
Via Ostiense
Via B. Bossi
Piazzale dei Partigiani
Largo terme di Caracalla
Station Roma-Ostiense
APPIO LATINO
Via Pell. Matteucci
Via Marco Polo
Via Cilicia

Colisée, Forum et Capitole

Ça y est, vous y êtes, la Cité éternelle dans toute sa splendeur. Ici se joue le miracle romain, le retour au pays des empereurs et des gladiateurs, soit un bond dans le temps de plus de 2 000 ans en plein centre de la modernité d'une capitale européenne. Ce quartier de visite comprend l'essentiel de la Rome antique. Le Colisée, et les sites prestigieux qui l'entourent, représente le cœur de cette zone qui s'étend de la colline du Capitole jusqu'à la via San Giovanni in Laterano et englobe la colline du Palatin, l'ouest du Celio et, plus au sud vers le Tibre, celle de l'Aventin. La colline du Capitole est la plus petite des sept collines de Rome. Elle fut habitée dès l'âge du bronze, donc bien avant la fondation de la ville. Elle comprenait à l'origine deux sommets (le Capitolium et l'Arx) dont la cuvette centrale a été comblée par l'actuelle place du Capitole (le Campidoglio). La colline, par sa position surplombant le Forum, était de la plus haute importance pour les Romains qui y avaient construit de nombreux temples. Aujourd'hui, elle est occupée par la mairie de Rome, les magnifiques musées capitoliens et l'église Santa Maria d'Arcoeli. En bas se trouvent la piazza Venezia et la via dei Fori Imperiali qui mène au Colisée.

Au-dessus des Forums impériaux, le quartier de Monti (avec la commerçante via Cavour qui grimpe vers la gare Termini) est le plus ancien de la ville. C'est un quartier à l'ambiance familiale avec beaucoup de trattorias, de bars et de boutiques, délimité par la via Panisperna au nord. Il se situe sur le versant sud de l'Esquilin. Son relief plutôt vallonné lui a donné son nom.

Surplombant également le Forum au sud-est du Capitole, la colline du Palatin est le véritable berceau de la Cité éternelle puisque c'est là que Rémus et Romulus fondèrent la ville après avoir été nourris par la louve dans l'une de ses grottes. Plus tard, les empereurs y établirent leur résidence. On peut aujourd'hui faire d'émouvantes promenades au milieu des ruines et des jardins.

Au sud du Colisée, le verdoyant Circus Maximus et les thermes de Caracalla bordent le mur d'enceinte d'Auré-lien jusqu'au tombeau des Scipions alors que, derrière la belle porte San Sebastiano, la via Appia Antica file vers la campagne romaine. Cette partie de la Rome antique est bien sûr un des quartiers les plus touristiques, sinon le plus touristique, en raison de la présence massive de monuments et sites archéologiques pour lesquels il faut prévoir au moins une journée de visite. Le Colisée, le Forum romain, le Palatin sont absolument incontour-nables, tout comme les musées du Capitole et l'élégante place dessinée par Michel-Ange. Ajoutez-y l'église Santa Maria d'Aracoeli, celle de Santa Maria in Cosmedin (avec sa célèbre « bouche de la vérité ») ou encore les thermes de Caracalla et le tombeau des Scipions. En revanche, et même si la vue du Colisée illuminée est un moment inoubliable, ce n'est a priori pas là que vous passerez vos soirées, le quartier n'étant pas l'épicentre de la fête romaine. Cela dit, on trouve de bonnes adresses pour déjeuner ou boire un verre dans le quartier de Monti, d'autres également entre le Colisée et l'église San Giovanni (*ce quartier est traité dans la partie « Termini, Celi, Esquilin »*). Dans tous les cas, il est bon de s'attarder dans le coin jusqu'en fin de journée pour profiter de la douce lumière du soleil couchant sur les ruines antiques. Pas grand-chose à signaler non plus côté shopping (mais qu'importe, vous n'êtes pas là pour ça !) en dehors des souvenirs un peu kitsch type Colisée sous la neige et porte-clés. Dans le même genre, notez que d'authentiques faux gladiateurs vous proposent de prendre la pose (mais ils demandent ensuite une dizaine d'euros !).

Aucun souci pour rejoindre la ville antique d'où que vous logiez. Pratiquement tous les bus de la ville passent par la piazza Venezia, et une station de métro (ligne B) se trouve juste en face du Colisée et rejoint le Circo Massimo. Pour rejoindre directement le quartier de Monti : métro Cavour.

© AUTHOR'S IMAGE

La colonne Trajane au forum de Trajan.

Les ruines du Palatin

La colline est le berceau de Rome. Le nom vient de Pales, déesse des pâturages. C'est là que Romulus aurait fondé la ville en 753 av. J.-C. Sur le flanc ouest de la colline en direction du Tibre, les archéologues ont trouvé les traces d'un village primitif (cabanes Romulus) qui remonte à l'âge du bronze. Le Palatin deviendra la résidence des empereurs. D'abord Auguste, le premier empereur romain qui habita à côté des cabanes primitives, puis Néron qui bâtit sa Domus Transitoire et, vers la fin du Ier siècle de notre ère, Domitien qui fit construire un palais grandiose, la Domus Flavia, qui devint par la suite la résidence officielle de tous les empereurs. La colline sera abandonnée au VIe siècle après les invasions barbares.

Au Moyen Age, on trouve sur le Palatin quelques couvents, mais c'est à la Renaissance que les Farnèse, puis les Barberini lui redonnent vie. A propos du jardin Farnèse, réalisé par l'architecte Vignole et où vous pourrez vous promener en admirant les vues magnifiques sur la ville, on dit que c'est le premier jardin botanique du monde.

A partir du XVIIIe siècle, on entreprend des fouilles qui continuent encore aujourd'hui et qui conduisent sans cesse à de nouvelles découvertes. La visite est aujourd'hui combinée avec celle du Colisée, les horaires sont identiques. On y accède par la via Nova (dans le Forum) ou par la via San Gregorio.

Les plus beaux vestiges du Palatin sont :

■ DOMUS AUGUSTANA OU PALAIS DE DOMITIEN

Palatin

Un palais majestueux, il s'agissait de bien signifier au voyageur venu d'Orient

Mont Palatino, berceau de Rome.

qui était le maître du monde, en l'occurrence l'empereur Domitien. Derrière la domus se trouvaient une basilique, dans laquelle siégeait le tribunal de l'empereur, et un palais d'apparat, le palais Flavien (Domus Flavia) destiné aux réceptions. La conception de Versailles n'était pas très différente. Visible à côté de la domus, à l'est, le stade était réservé aux exercices de l'empereur et de sa cour. Plus loin se trouvent les thermes construits sous Septime Sévère.

© STÉPHANE SAVIGNARD

Les fouilles entreprises dès le XVIIIe siècle continuent aujourd'hui.

JARDINS FARNÈSE

Palatin

Les pavillons et les jardins furent érigés par le cardinal Alexandre Farnèse sur les ruines du palais de Tibère au XVIIe siècle. Il s'agit du premier jardin botanique qui ait jamais existé. Très belle vue sur le Forum depuis les terrasses.

MAISON D'AUGUSTE

Palatin

Dès l'an 30 av. J.-C., Auguste établit sa résidence sur le Palatin, à côté des cabanes de Romulus car l'empereur tenait à marquer sa filiation avec le fondateur légendaire.

Un bâtiment moderne et sans grâce domine le paysage. Il s'agit de l'Antiquarium, qui rassemble les objets mis au jour au cours des fouilles. Ce bâtiment est au centre du palais construit par Domitien (81-96 apr. J.-C.) et qui devint la résidence officielle des empereurs pendant trois siècles, jusqu'à ce que Constantin transfère la capitale à Byzance. La résidence impériale était orientée au sud, tournant le dos au Forum, qui avait perdu son importance, et dominant le Circus Maximus.

TEMPLE DE CYBÈLE

Palatin

Le culte de Cybèle, déesse de la fertilité venue d'Orient, fut introduit à Rome en 200 av. J.-C.

VILLAGE HISTORIQUE

Palatin

Il s'agit des quelques restes d'un village datant du IXe siècle av. J.-C. qui correspondrait, selon la tradition, au village fondé par Romulus.

VISITER

Pas de quoi s'ennuyer au milieu des ruines antiques, des musées et des églises qui vous occuperont durant une bonne journée. Essayez de vous promener sur la colline du Palatin en fin d'après-midi pour vivre des instants magiques lorsque le soleil décline et éclaire de sa lumière dorée les vestiges des villas impériales.

3D REWIND ROME

Via Capo d'Africa, 5
✆ +39 06 770 76627
Fax : +39 06 772 01458
www.3drewind.com
A 2 minutes à pied du Colisée.
M° Colosseo – Tram : n°3 – Bus : 60-75-81-117-175-271-673
Ouvert tous les jours de 9h à 19h. Les visites commencent chaque 15/20 min. Réservation obligatoire seulement pour les groupes de plus de 20 personnes. Durée de la visite : 1 heure environ. Adultes : 15 €, 6-12 ans : 8 €, moins de 5 ans : gratuit. Audioguides en français. Avec ce billet, évitez l'attente au Colisée en demandant le voucher « skip the line ».
Découvrez la Rome Antique grâce à cette visite interactive en 3D. Sous vos yeux, les gladiateurs s'animent, les monuments se construisent et la vie quotidienne de Rome devient réelle. Rien de tel que cette expérience pour découvrir les secrets de la civilisation éternelle.

ARC DE CONSTANTIN

Via di San Gregorio
Forum romain
A côté de l'entrée du Colisée se trouve l'un des monuments antiques les mieux conservés de la Ville éternelle. Haut de 21 m et large de 26 m, il célèbre la victoire de l'empereur Constantin sur Maxence à la bataille du pont Milvius en 312 apr. J.-C. A l'époque, l'Empire est appauvri et, pour construire de nouveaux monuments, on récupère les

L'arc de Constantin au Forum.

matériaux sur les anciens. Ainsi, les statues de la face nord de l'arc représentant des prisonniers daces proviennent du forum de Trajan, les bas-reliefs qui les entourent viennent d'un monument à Marc Aurèle et les médaillons ronds illustrent la passion d'Hadrien pour la chasse. Idem sur la face sud, les bas-reliefs sont des scènes de chasse de Marc Aurèle. Du coup, ce monument du IVe siècle offre un bel échantillon de l'art du IIe siècle, et son influence sur l'art de la Renaissance fut aussi grande que celle du Colisée.

AVENTIN

M° Circo Massimo

L'Aventin est la colline de la Rome antique qui fait suite au Palatin, le long du Tibre vers le sud. Cette colline est constituée par deux sommets, l'Aventin majeur et l'Aventin mineur, mieux connu sous le nom de San Saba. Zone plébéienne à l'époque républicaine, l'Aventin fut le théâtre de la première grève avérée de l'Histoire. De nos jours, l'Aventin est un quartier résidentiel élégant et boisé, silencieux et très peu fréquenté, où la jet set habite dans de splendides villas au milieu de nombreux couvents paléochrétiens sur le sommet de la colline (S. Sabina, S. Saba, S. Prisca).

Allez-y de nuit et remontez la via Santa Sabina, jusqu'en haut. Au sommet, se tient le prieuré des Chevaliers de Malte, sur la piazza dei Cavallieri di Malta. Dirigez-vous vers la porte qui ferme le domaine et regardez à travers le trou de la serrure... Magie garantie ! Parfois, quelques touristes ou Romains y font la queue.

BASILIQUE SAN MARCO EVANGELISTA AL CAMPIDOGLIO

Piazza San Marco 48

www.sanmarcoevangelista.it/

Bus 46, 64, 916. M° Colosseo.

Ouvert mardi au samedi de 8h30 à 12h et de 16h à 18h30, dimanche de 9h à 13h et de 16h à 20h.

C'est Jean-Paul II qui l'annexa au palais de la piazza Venezia adjacente. Elle date du pape Marc, qui la fit construire en 336 apr. J.-C. Remaniée au IXe siècle, elle fut dotée d'un clocher au XIIe. La façade date de la Renaissance. L'intérieur est la partie la plus intéressante, car le plan basilical (IVe et IXe siècles) est l'un des mieux conservés de Rome.

BASILIQUE SAN PIETRO IN VINCOLI

Piazza San Pietro in Vincoli, 4a

M° Cavour.

Ouverte tous les jours de 8h à 12h30 et de 15h30 à 19h (en hiver jusqu'à 18h).

Il ne reste pas grand-chose de la structure d'origine fondée en 442. Mais cette basilique est très célèbre pour deux raisons. La première : elle conserve sous l'autel principal une précieuse relique, celle des chaînes (*vincoli*) qu'aurait portées saint Pierre dans sa prison de Jérusalem. La seconde : elle abrite le célèbre *Moïse* de Michel-Ange qui orne le tombeau du pape Jules II dans la nef de droite. Selon la légende, le sculpteur qui ne parvenait pas à terminer son œuvre aurait interpellé Moïse : « Mais parle donc ! »

Les forums impériaux

Ils se trouvent en face du Forum romain, de l'autre côté de la via dei Fori Imperiali. Il n'en reste pas grand-chose, mais voici les quelques vestiges épargnés par les siècles :

FORUM DE CÉSAR

Forums impériaux

Trois colonnes et un podium sont les seuls vestiges de ce temple dédié à Venus Genitrix, mère d'Enée, que César comptait parmi ses ancêtres.

FORUM DE NERVA

Forums impériaux

Peu de choses encore subsistent de ce forum entrepris par l'empereur Nerva à la fin du Ier siècle. Au centre se dressait un temple dédié à la déesse Minerva. Malheureusement, dès le XVIe siècle, le forum servit de carrière pour alimenter les nombreux chantiers princiers alors en cours.

FORUM DE TRAJAN

Forums impériaux

Sa colonne est célèbre. Haute de 10 pieds romains, correspondant à 30 m, elle relate sur 17 anneaux de marbre les campagnes victorieuses de Trajan contre la Dacie, la Roumanie actuelle. Les 2 500 scènes qui ornent la colonne donnent de très précieuses indications sur les techniques et équipements militaires de l'époque. Des moulages exposés à l'EUR-musée de la Civilisation romaine permettent d'en analyser les détails. Le socle de la colonne abritait l'urne funéraire de l'empereur Trajan.

MARCHÉS DE TRAJAN ET MUSÉE DES FORUMS IMPÉRIAUX

94 Via 4 Novembre, 94
Forums impériaux
✆ +39 06 060 608
www.mercatiditraiano.it
M° Cavour ou Colosseo. Bus 40, 60, 64, 70, 117, 170.
Ouvert du mardi au dimanche de 9h à 19h. Entrée 11 € (marché et expo), réduit 9 €.

Ici se tenait ce que l'on pourrait appeler le grand centre commercial de la Rome antique. On peut imaginer les boutiques, les rues et voir les ruines de la basilique Ulpia et le seul vestige resté en bon état : la colonne de Trajan. Le tout évoque un peu les bazars orientaux. Les marchés de Trajan abritent aujourd'hui le musée des Forums impériaux, c'est-à-dire les vestiges des divers forums impériaux (statues, chapiteaux, colonnes...). En sortant du marché, on suit le forum d'Auguste, on passe devant la maison des chevaliers de Rhodes et l'arc de Pantani.

© AUTHOR'S IMAGE

Les marchés de Trajan.

BASILIQUE SANTA MARIA D'ARACOELI

Piazza Campidoglio, 55
✆ +39 06 6976 3839
Bus 46, 64, 916. M° Colosseo.
Ouvert de 9h à 12h30 et de 16h à 18h.
C'est l'une des églises les plus célèbres de Rome, une petite merveille du patrimoine historique et culturel. Selon la légende, l'empereur Auguste aurait construit là un autel après qu'une sybille lui eut prédit l'avénement du Christ. Au VIe siècle, au même emplacement fut construit un monastère, puis une église. On y accède par un escalier de 124 marches de marbre, offert en ex-voto à la Vierge pour la remercier d'avoir sauvé la ville de la peste en 1346. De la terrasse de l'église, une très belle vue s'offre sur la ville et la place du Capitole. On entre dans l'église par une porte latérale surmontée d'une mosaïque représentant la Vierge et l'Enfant. C'est l'œuvre des Cosmates, célèbre famille de marbriers, actifs du XIIe au XIVe siècle, dont les mosaïques ornent les églises romaines du Moyen Age. L'intérieur de l'église est richement décoré avec notamment au plafond, un ex-voto illustrant la bataille de Lépante gagnée contre les Turcs. Dernière église à adopter le plan basilical, sa nef est bordée de 22 colonnes antiques provenant du Forum et du Palatin. Plusieurs tombeaux, dont celui du pape Grégoire XIII, se trouvent là, ainsi que de nombreuses fresques et sculptures de diverses époques.

BASILIQUE SANTA SABINA
Piazza Pietro d'Illiria
L'Aventin
Ouverte de 6h30 à 12h45 et de 15h à 19h.
Santa Sabina est une église très particulière. Elle fut bâtie au Ve siècle sur le lieu où aurait vécu sainte Sabine. Elle fut donnée à saint Dominique qui la transforma en couvent. Pendant la Renaissance et la Contre-Réforme, on recouvrit l'église d'origine de décors à la mode. Les travaux effectués récemment ont rendu à Santa Sabina son aspect premier. Cependant, il n'a pas été possible de recréer les mosaïques datant du Ve siècle. L'intérieur, qui se présente comme l'archétype d'une basilique à trois nefs, fait le bonheur des spécialistes. Mais on n'y éprouve pas l'émotion que procure San Clemente. La porte en bois sculpté du Ve siècle représente des épisodes de l'Ancien et du Nouveau Testament. Au-dessus de la porte d'entrée se trouvent quelques restes d'une intéressante mosaïque représentant les deux sources de l'Eglise, l'une juive, l'autre païenne.

CAPITOLE
Piazza del Campidoglio
Bus 40, 64 et 70. A pied, monter depuis le Forum romain.
Voir la rubrique Les immanquables / Points d'intérêt (p 11).

CASE ROMANE DEL CELIO (FONDATIONS DE LA BASILIQUE SAN GIOVANNI E PAOLO)
Clivo di Scauro
✆ +39 06 704 545 44
www.caseromane.it
M° Circo Massimo
Ouvert du jeudi au lundi de 10h à 13h et de 15h à 18h. Fermé le mardi et mercredi. L'entrée se fait toutes les 30 minutes. Tarif : 6 €.

La Louve du Capitole.

© DR

Attelage devant la basilique Giovanni e Paolo.

San Giovanni e Paolo est une église romane dont l'origine remonte au Ve siècle et qui, curieusement, s'apparente plus au style roman lombard qu'au type basilical romain classique. C'est particulièrement visible au niveau de l'abside et du campanile. L'intérieur a été entièrement décoré au XVIIIe siècle et ne présente pas grand intérêt. Ce sont en fait les sous-sols de la basilique (auxquels on accède par la rue antique Clivo di Scauro) qu'il faut visiter. Il s'y trouve une zone archéologique (découverte en 1887 seulement, par le recteur de la basilique), deux maisons patriciennes datant des IIIe et IVe siècles, construites sur deux étages et séparées par une sorte de patio orné de fresques païennes très intéressantes (voir *Proserpine revenant des enfers*). A l'étage inférieur, une procession d'hommes portant des brebis et des attitudes de prière marquent le tournant chrétien. Enfin, dans une sorte de réduit se trouve la « confession », la sépulture où sont représentés les martyrs. L'ensemble est un témoignage direct des derniers soubresauts du monde païen.

CIRCO MASSIMO

Via del Circo Massimo

M° B Circo Massimo – Bus 81, 160, 628, 715, 810.

C'était le plus grand édifice du monde antique, devant l'hippodrome de Byzance. Installé dans le Val Murcia qui sépare le Palatin de l'Aventin, il fut réalisé par les Tarquins au VIIe siècle av. J.-C. pour les fêtes religieuses et les courses de chars. Long de 700 m et large de 200 m, il pouvait accueillir près de 250 000 Romains, tribuns du côté du Tibre, peuple en face. Le soutien sportif était semblable à celui d'aujourd'hui. Des bagarres et des altercations naissaient souvent parmi les supporters des diverses factions. Au centre se trouvait l'obélisque que l'on voit aujourd'hui sur la place Saint-Jean-de-Latran. Le dernier spectacle fut offert aux Romains par Totila en 549.

■ **COLISÉE**
Piazza del Colosseo
✆ +39 639 967 700
Voir la rubrique Les immanquables / Points d'intérêt (p 7).

■ **DOMUS AUREA**
Viale della Domus Aurea (jardins de Colle Oppio)
✆ +39 06 853 027 58
Fermé au public pour une durée indéterminée suite à l'effondrement partiel du plafond le 30 mars 2010.
Le grand œuvre de Néron, imaginé après le grand incendie de l'an 64, où s'exprime toute la démesure d'un empereur mégalomane. La demeure était colossale, près de 300 m de longueur avec tout autour un parc de plus de 80 ha et un lac qui sera plus tard occupé par le Colisée. En 104, sous Trajan, la Domus Aurea fut complètement détruite suite à un autre incendie. On construisit par-dessus les thermes de Trajan, dont on peut voir de nombreux restes. A la Renaissance, une partie de la Domus Aurea fut découverte et visitée par des artistes qui reprendront les motifs décoratifs. La formule du stuc fut alors redécouverte. De cette mode est inspirée par exemple la loggia de Raphaël, au Vatican. Quelques vestiges subsistent de cette splendide demeure : des pans de murs peints, une nymphe, mais surtout la salle octogonale où Néron organisait ses banquets et qui fut décrite par Pétrone (écrivain latin de l'entourage de Néron) dans son fameux *Satyricon*.

■ **DOMUS ROMANE DI PALAZZO VALENTINI**
Via IV Novembre, 119/A
✆ +39 06 32 810
www.palazzovalentini.it
M° Cavour. Bus 60, 64, 70, 170, 117
Ouvert tous les jours, sauf le mardi, de 9h30 à 17h30. Entrée 10 €.
Des ruines d'anciennes maisons romaines ont été découvertes sous le Palais Valentini. Après avoir été mises au jour et préservées, elles sont

Santa Maria in Cosmedin.

Statue de Vittoriano du monument dédié à Victor-Emmanuel II.

désormais accessibles. Elles réservent au visiteur un passionnant voyage de l'Antiquité au Moyen Age. On présume que ces maisons appartenaient à des sénateurs, qui les avaient faites décorer de mosaïques et moulures encore visibles.

ÉGLISE SANTA MARIA IN COSMEDIN

Piazza Bocca della Verità 18
L'Aventin
Ouverte de 9h à 13h et de 15h à 18h.
De loin déjà, on est charmé par son élégant campanile élancé vers le ciel. Cette petite église dont l'origine remonte au VIe siècle – mais dont la forme actuelle date du XIIe siècle – est l'une des plus émouvantes de la ville. Les trois nefs de plan basilical abritent des colonnes antiques et de très belles mosaïques qui restituent bien l'atmosphère des églises médiévales.
Mais ce qui attire les foules, c'est une plaque ronde sculptée, représentant sans doute la face de Neptune et percée en son milieu d'une bouche béante, la Bocca della Verità, censée mordre les menteurs qui présenteraient leur main. Vous pourrez donc tester votre sincérité et votre courage.

FORUM ROMAIN

Via dei Fori Imperiali
✆ +39 639 967 700
Voir la rubrique Les immanquables / Points d'intérêt (p 9).

IL VITTORIANO / MUSÉE DE LA RENAISSANCE ITALIENNE

Piazza Venezia, entrée par Via San Pietro in carcere
✆ +39 06 6793 598
www.risorgimento.it
Monument : ouvert tous les jours de 9h30 à 18h30. Entrée gratuite. Ascenseurs panoramiques (7 €). Musée ouvert de 9h30 à 18h30 sauf chaque premier lundi du mois. Entrée 5 €.
C'est d'abord le monument, dédié au roi Vittorio Emanuele II que l'on aperçoit. Cet imposant autel, construit entre 1885 et 1888, rend hommage aux conquêtes du roi Vittorio Emanuele II, que l'on peut voir représenté devant le bâtiment, juché sur son cheval. Le monument est plus couramment appelé Altare della Patria ou simplement Vittoriano. En son sein, le musée de l'histoire moderne italienne présente une multitude de documents qui retracent les événements aboutissant à l'unification et à la naissance de la République. Une installation vidéo illustre aussi les performances de l'armée italienne durant la Première Guerre mondiale.

Le Forum romain, le Palatin et le Colisée.

MUSÉES DU CAPITOLE

Piazza del Campidoglio 1
✆ +39 06 06 08
Voir la rubrique Les immanquables / Points d'intérêt (p 11).

PALATIN

53 Piazza Santa Maria Nova
A droite de l'arc de Titus) et par le n° 30 de la via San Gregorio (près du Colisée). M° ligne B Colisée. Bus : 30, 44, 60, 81, 87, 186, 673.
Ouvert tous les jours de 8h30 à 1h avant le coucher de soleil, fermé les 1er janvier et 25 décembre. Entrée : 12 € (comprise avec le billet pour le Colisée et le Forum romain).
Berceau de Rome, cette colline a vu naître la Cité éternelle, sous l'impulsion de Romulus, qui y aurait en 753 av. J.-C., posé les premières fondations.

THERMES DE CARACALLA

Viale delle Terme di Caracalla 52
L'Aventin
✆ +39 06 399 677 00
www.archeorm.arti.beniculturali.it
M° Circo Massimo. Bus 60, 75, 271, 118, 160, 628, 673.
Ouvert tous les jours de 9h à env. 19h15, sauf le lundi de 9h à 14h. Entrée 6 €. Gratuit pour les moins de 18 ans et demi-tarif pour les 18-24 ans + cartes et réductions.
Des thermes ont été construits un peu partout dans la Rome impériale, mais aucun n'a été aussi préservé que ceux-ci. Bien que dépouillés de leurs marbres et de leurs mosaïques, ils offrent un exemple important de l'architecture romaine : plan axial, symétrie et fonctionnalisme. Avec une superficie de 120 000 m², les thermes de Caracalla pouvaient recevoir simultanément 1 500 personnes. Ils comprenaient gymnase, bibliothèque, salle de spectacles et de musique, ainsi que de grands jardins. L'enceinte en forme de portique a disparu (il fallait bien trouver quelque part les forêts de colonnes antiques qui ornent les églises de Rome), on entre donc aujourd'hui par ce qui fut le frigidarium. Sur la droite se trouvaient les vestiaires et un gymnase. De là, on passait dans une salle sèche, très chaude, puis dans le caldarium où l'on prenait un bain chaud pour se laver, ensuite au tepidarium, piscine d'eau tiède, et au frigidarium, grande piscine froide. L'eau était chauffée grâce à un système de tuyauterie en terre cuite qui se trouvait sous le pavage ou sous les marbres des murs

et dans lequel circulait l'air chaud provenant des grands fours situés sous les thermes. Ces fours étaient continuellement alimentés en bois par de nombreux esclaves.
Construits sous le règne de Caracalla, de 212 à 217 apr. J.-C., les thermes restèrent en service jusqu'au VIe siècle, époque durant laquelle les Goths détruisirent l'aqueduc qui les alimentait. On a trouvé dans ces thermes de nombreuses œuvres d'art, dont certaines très célèbres : l'*Hercule Farnèse*, les deux vasques de porphyre de la place Farnèse, la plupart des mosaïques exposées au Vatican... Récemment, on y a mis au jour un temple de Mithra.

TOMBEAU DES SCIPIONS
Via di Porta San Sebastiano
L'Aventin

On y accède par la via di Porta San Sebastiano. Le tombeau des Scipions, des Cornelia, grande famille patricienne, se trouvait hors de la ville à l'époque de la Rome républicaine (IIe siècle av. J.-C.). Au IIIe siècle apr. J.-C., l'empereur Aurélien fait rebâtir de nouveaux remparts à Rome. Entre temps, la ville s'était étendue, et c'est ainsi que le tombeau des Scipions est dans l'enceinte alors que la tradition romaine était plutôt d'enterrer les morts en dehors des remparts.
Cette nécropole familiale, découverte au XVIIe siècle, a fourni de précieux documents sur l'époque républicaine. On peut y voir divers sarcophages et inscriptions latines qui enchanteront les connaisseurs. Derrière le tombeau des Scipions et les remparts commence l'Appia Antica.

Thermes de Caracalla.

SE RESTAURER

Entre les monuments et les voies de circulation, le quartier n'est pas le plus propice pour se restaurer. Vous trouverez néanmoins quelques adresses, en particulier dans le rione Monti et derrière le Colisée (voir aussi, pour les ruelles allant vers San Giovanni, le quartier du Celio). Quelques établissements assez chics offrent une vue spectaculaire sur les ruines, mais, côté gastronomique, on trouve mieux dans d'autres quartiers.

» Sur le pouce

CAFFÈ CAPITOLINO

Piazza Caffarelli 4
✆ +39 06 691 905 64
Fermé le lundi. Ouvert de 9h à 20h.
Boire un café sur la terrasse d'un palais, en l'occurrence celui de Cafarelli, seule Rome peut vous offrir ce plaisir. La vue sur la ville y est exceptionnelle, le café délicieusement italien. *Perfetto* !

GAUDEO

112 via Boschetto
✆ +39 0698183689
www.gaudeo.it
M° Cavour
Ouvert tous les jours, sauf dimanche, de 11h à 13h et de 17h30 à 21h. Prix : 6 €-9 €.
Nouveau venu sous le ciel de la restauration rapide à l'italienne, avec de vrais paninis ! Le pain est traditionnel et les garnitures, très originales, se déclinent selon les envies. Excellent !

THEATRE CAFE

157a Via 4 Novembre
✆ +39 0669941462
www.theatrecaferoma.it
M° Colosseo
Autour de 5 €-15 €. Ouvert tous les jours midi et soir.
Pour une petite faim, tout près du Vittoriano mais à distance des hordes de touristes, ce petit café du théâtre est une excellente adresse. En salle, l'ambiance est un peu celle d'un café viennois. La terrasse, en retrait de la route, permet de profiter de la vue sur le Foro Traiano. La cuisine est simple, juste ce qu'il faut. En été, dévorez-y une belle tranche de pastèque !

» Pause gourmande

CIURI CIURI

Via Leonina, 18/20
✆ +39 06 454 445 48
www.ciuri-ciuri.it
M° Cavour
Ouvert tous les jours de 9h à minuit.
A Monti, on ne jure que par lui. Le glacier Ciuri Ciuri ravive le palais de ses saveurs siciliennes. Des glaces sont à déguster bien sûr, mais aussi des petits gâteaux, aux noms doucereux, *cassata siciliana, cioccolato di Modica, pasticini di mandorla*... à base d'amandes, de ricotta...

Autres adresses : Via Labicana, 126-128 (Celio) • Piazza San Cosimato, 49b (Trastevere).

IL GELATONE

Via dei Serpenti, 28
Monti
M° Cavour
Un glacier de haut vol, pour finir la soirée en beauté dans Monti !

» Bien et pas cher

ANTI LUZZI CAFE
8 Via Celimontana
✆ +39 06 70 49 29 53
www.antiluzzicafe.it
M° Colosseo
Ouvert tous les jours, toute la journée. Menu à 12 €.
En face du Naumachia, ce petit café bistrot attire une clientèle italienne et étrangère. Pas de chichis mais un service rapide et sympathique. La petite terrasse sur la rue fait l'affaire pour déjeuner. Au menu, sandwichs, cannellonis, salades, pizzas et dessert. A moins que l'on ne souhaite prendre son repas à emporter.

LA BOTTEGA DEL CAFFÈ
Piazza Madonna dei Monti, 5
✆ +39 06 47 41 578
M° Cavour
Ouvert tous les jours à partir de 10h. Compter 8 € pour une salade, pâtes ou une pizza. 10 € l'antipasti.
Un café au cœur du quartier Monti, sur la place principale, face à l'église. On y vient pour un déjeuner léger, de carpaccio ou de salade, ou pour un *aperitivo* de fin de journée.

IL BOCCONCINO
Via Ostilia, 23
✆ +39 06 7707 9175
www.ilbocconcino.com
M° Colosseo.
Ouvert tous les jours de 11h à 23h, sauf le mercredi. Hors-d'œuvre de 5 € à 10 €. Plats de 7 € à 19 €.
Une excellente *trattoria*, à quelques pas du Colisée, en retrait de la via San Giovanni Laterano. Elle est dotée d'une petite terrasse et d'une agréable salle climatisée, au décor rustique et simple. On aime cette cuisine typique, qui s'adapte aux saisons et respecte les traditions culinaires romaines.

LA TAVERNA DEI FORI IMPERIALI
Via della Madonna dei Monti, 9
✆ +39 06 679 8643
www.latavernadeiforiimperiali.com
M° Cavour
Ouvert du mercredi au lundi de 12h30 à 15h et de 19h à 22h30, fermé le mardi. Antipasti de 8 € à 12 €. Plats de 12 € à 16 €. Pâtes : autour de 9 €.
Nous l'avons dit, dans cette zone c'est à Monti qu'il faut déjeuner. A vérifier dans cette excellente *trattoria*, où *prosciutto* avec du melon ou *mozzarella di bufala* sont à la carte. A faire suivre par des *papardelle a la carbonara* ou des crevettes sautées au citron. En accompagnement, on ne manquera pas les courgettes (*zucchine*) et les artichauts (*carciofi alla romana*).

LA TAVERNA DEI MONTI
Via del Boschetto, 41
✆ +39 06 481 7724
www.tavernadeimonti.com
M° Cavour
Ouvert tous les jours midi et soir, de 12h à 15h et de 18h à 23h. Comptez 6 € à 10 € pour les antipasti, de 7 € à 12 € pour les primi, de 10 € à 18 € pour les secondi. Pizzas de 6 € à 12 €.
Le quartier général des habitants de Monti, qui viennent ici manger en famille. Un petit tour par le buffet d'antipasti vous met en appétit, avant d'attquer les pâtes *cacio e pepe* (fromage de brebis et poivre), *all'amatriciana* (lardons et tomates) ou *al vongole* (palourdes). Comme tout Romain qui se respecte.

URBANA 47
Via Urbana, 47
✆ +39 06 478 840 06
www.urbana47.it
M° Cavour.
Ouvert tous les jours de 9h à minuit. Comptez environ 15 € par personne.
En terrasse ou salle, on expérimente ici le principe du kilomètre 0, qui signifie que tous les produits utilisés viennent des alentours, afin de limiter les émissions de gaz liées au transport de nourriture. Tout est sain, goûteux et traditionnellement romain.

» Bonnes tables

LA CARBONARA
Via Panisperna, 214
Monti
✆ +39 06 482 5176
www.lacarbonara.it
M° Cavour
Fermé le dimanche. Ouvert de 12h30 à 14h30 et de 19h à 23h. Pâtes : de 6 € à 9 €. Compter 20 € à 40 € pour une bouteille de vin.
Les fans de spaghettis à la carbonara se doivent absolument de goûter ceux de Donna Teresa, la patronne aux fourneaux de ce restaurant fréquenté par les VIP du quartier de Monti. Attention, ne pas confondre cette adresse avec La Carbonara qui se trouve sur le Campo dei Fiori. Ici, l'ambiance est familiale et les Romains bien présents dans la salle à la fois élégante et chaleureuse.

LE NAUMACHIA
Via Celimontana 7
✆ +39 06 702 764
M° Piramide ou Circo Massimo
Ouvert tous les jours. Repas complet environ 20 €.
Des spécialités typiquement romaines dont les généreuses *fettuccine al sugo di luganega*. Une bonne adresse si l'on considère le petit jardin, la toute proche villa Celimontana, les plats plutôt économiques et les portions abondantes.

RISTORANTE TEMA
Via Panisperna, 96/98
✆ +39 06 486484
www.ristorantetema.com
M° Cavour
Fermé généralement en août. Menu à 22 €, 28 € et 35 €. Primi : environ 12 €, anti : de 10 € à 15 €. Fruits de mer et poissons au kg. Compter 20 € à 40 € par repas.
Un restaurant de poissons, qui s'illustre étonnamment par ses plats de pâtes, aux câpres, à la carbonara, all'arrabiata. Evidemment, la carte propose aussi de nombreux poissons au four, ainsi que des fruits de mer en sauce. Un bon point pour le service chaleureux.

LE TAVERNELLE
Via Panisperna, 48
✆ +39 06 474 0724
www.letavernelle.it
M° Cavour
Fermé le lundi et les trois dernières semaines d'août. Comptez 30 € par personne.
Vous êtes dans l'un des plus anciens restaurants de Rome, dont la réputation n'a jamais failli. Federico Felllini avait ici sa place réservée (en témoigne son authentique chaise

de metteur en scène accrochée au mur). Le chef Nicola Ambrosini a aussi reçu Robert De Niro et même le pape Jean-Paul II, comme en attestent les photos sur le mur. Le poisson est à l'honneur sur la carte. En dessert, le gâteau Dolce Vita, est réalisé par le chef en hommage à Fellini.

» Luxe

■ VECCHIA ROMA

Piazza Campitelli, 18
✆ +39 06 686 4604
www.ristorantevecchiaroma.com
M° Colosseo.
Ouvert tous les jours, sauf le mercredi, de 12h30 à 14h30 et de 19h à 23h. Fermeture annuelle en août. Compter 50 € par personne.
Une situation charmante, doublée d'un décor élégant, caractérisent ce restaurant traditionnel, connu pour ses fruits de mer d'exception. On y mange superbement bien depuis 1870, allez-y les yeux fermés !

SHOPPING

Ne nous voilons pas la face, la Rome antique n'est pas (plus) le centre du shopping. Parmi les Colisée en plastique et les accessoires de gladiateurs vendus à l'entrée des sites, on peine à dénicher de jolis bibelots. Exception faite du quartier de Monti (encore !) où en flânant à travers les ruelles, on rencontre des boutiques originales et tendance, délaissées des touristes. Sachez toutefois qu'à Monti, les loyers sont les plus chers de la capitale et les boutiques suivent le pas.

© FABRIZIO DI MAURO

Ai Tre Scalini Bottilgliera dal 1895

B
Piazza Madonna dei Monti 1
✆ +39 06 478 263 35
M° Cavour ou Piramide.
Ouvert du lundi au samedi de 10h à 20h.
Coco Chanel ne jurait que par le blanc et le noir. B en fait de même. Pour être au summum du chic, il vous faudra donc une adorable petite robe noire, vendue ici, à un prix quelque peu glaçant. Coco n'aurait pas hésité.

Autre adresse : Outlet : via dei Serpenti, 161.

LOL
Piazza degli Zingari, 11
✆ +39 06 4814160
Ouvert du lundi au samedi de 10h à 20h.
Le jumeau de B, dans le quartier de Monti. Les propriétaires jouent sur le chic qui se paie à prix d'or. Une fois qu'on est au courant, il ne nous reste plus qu'à entrer, pour nous ruiner avec l'un de ces beaux bijoux argentés.

Autre adresse : Via Urbana 89.

SUPER
Via Leonina 42
✆ +39 06 9826 6450
www.super-space.com
Ouvert le lundi, de 15h30 à 20h, du mardi au samedi de 10h30 à 13h30 et de 15h30 à 20h. Fermé le dimanche.
Super, un magasin ultra-snob. On finissait par croire que Rome était en retrait, mais grâce à Super, elle rattrape Milan et impose un style contemporain, alternant pièces vintage et créations originales. Vêtements, accessoires et meubles.

SORTIR

Encore une fois, à l'exception du quartier Monti, rien à signaler parmi les ruines antiques de la zone.

» Cafés - Bars

AI TRE SCALINI BOTTIGLIERIA DAL 1895
Via Panisperna 251
✆ +39 06 489 074 95
www.aitrescalini.org
Ouvert du lundi au vendredi de 12h à 1h et le week-end de 18h à 1h.
On croit venir ici pour un seul verre et on finit par faire la fermeture de ce bar à vins, qui a la bonne idée de vous nourrir en même temps qu'il vous abreuve. Les rencontres sont presques incluses dans le prix, car ici, c'est aux vrais Romains que l'on se frotte.

LA BARRIQUE
Via Del Boschetto 41
✆ +39 06 4782 5953
M° Cavour.
Ouvert tous les soirs de 18h à 2h du matin, sauf le dimanche.
Monti ne cesse de nous séduire par ses petits bars traditionnels qui attirent pourtant une clientèle plutôt à la pointe. Dans un décor minimaliste en bois brut, on sirote une production du Latium, en *aperitivo* très prolongé ou un plat de pâtes.

CHARITY CAFÉ JAZZ CLUB
Via Panisperna, 68
✆ +39 06 478 258 81
www.charitycafe.it
Ouvert tous les jours de 15h à 1h.
Besoin de se détendre après une longue journée de visite ? Essayez donc ce café dédié au jazz qui propose des concerts à partir de 22h ou plus tôt, pendant l'apéro le dimanche. Une ambiance chaleureuse, une centaine d'étiquettes de vins et une bonne sélection de cocktails à accompagner comme il se doit de charcuterie et fromage.

FAFIUCHÉ
Via Madonna dei Monti, 28
✆ +39 06 699 0968
Ouvert du lundi au samedi dès 18h.
On n'a pas réussi à déterminer ce que voulait dire Fafiuché, mais, une chose est sûre, ce bar à la mode cultive une ambiance venue du Piémont, de la Toscane et des Pouilles, notamment grâce à ses vins. De quoi prendre un grand bol d'air de toute l'Italie, en une gorgée.

OS CLUB
Via delle Terme di Traiano, 4A
✆ +39 06 48.93.03.79
www.osclub.it
Ouvert tous les jours, sauf le lundi, jusqu'à 2h. Dîner de 20h à 00h30. Thé et café à partir de 16h. Lounge bar à partir de 19h. Plats de 9 € à 22 €.
Voici un espace singulier au cœur de Rome. Dédié à la culture contemporaine, ce majestueux domaine en plein air invite à la détente pour un verre, un dîner ou un brunch, le dimanche. Chaque soir, un DJ set est programmé.

» Spectacles

ALL OMBRA DEL COLOSSEO – VISTA CLUB
Via di San Gregorio
Parco del Celio
www.allombradelcolosseo.it
M° Colosseo ou Circo Massimo.
Bus C3, 60, 75, 81,175, 217, 673, 3, 85, 87, 571, 850, 810
Dans un cadre exceptionnel, ce club propose des soirées spectacles ou danse. Il est aussi possible d'y prendre juste un verre ou un dîner. Vérifier le programme sur le site internet et réservez.

Un opéra sous les étoiles

Les amateurs d'art lyrique (et même les autres) qui se rendent à Rome en plein été auront la chance de vivre une soirée inoubliable, comme seule la Cité éternelle peut en offrir. En effet, depuis 1937, l'Opéra de Rome se délocalise sur le site antique des thermes de Caracalla pour des représentations en plein air des plus grands chefs-d'œuvre du répertoire classique. Un événement cher au cœur des Romains. Quand *Carmen* ou *La Tosca* entonnent leurs plus grands airs devant les ruines éclairées, on touche à la perfection. On se souvient notamment du sublime spectacle, intitulé *Les Trois Ténors*, joué en 1990, où José Carreras, Luciano Pavarotti et Placido Domingo ont rivalisé de voix pendant plusieurs heures au cœur des thermes.

Piazza di Spagna et villa Borghèse

PIAZZA DI SPAGNA ET VILLA BORGHÈSE
PINCIANO
VILLA BORGHESE
VILLA BORGHÈSE
VILLA STROHL-FERN
Villa Szezia
Piazza della Marina
S. Andrea
S. Eugenio
Musée zoologique et africain
Jardin Zoologique
Galerie nationale d'art moderne
Musée nat. étrusque de la Villa Giulia
Musée Canonica
Musée & galerie Borghèse et maison du cinéma
Musée Carlo Bilotti
Museo dei Bambini
Stazione Ferr. Roma-Viterbo
Flaminio
Piazza Ungheria
Piazzale Don Minzoni
Piazzale Thorvaldsen
Piazzale J. de S. Martin
Piazzale Firdusi
Piazzle del Fiocco
Piazzale V. Hugo
Piazzale del Giardino zoologico
Piazzale dei Daini
Via S. Conca
Via P. Bartolini
Via J. da Ponte
Via B. Ammannati
Via dei Monti Parioli
Antonio Gramsci
Via L. Luci
Via Michele Mercati
Via Villa Sacchetti
Via de Notaris
Via G. Mangli
Via de T. Madonne
Aldrovanti
Via Ulisse
Viale dell Belle Arti
Viale delle belle Arti
Viale Bruno Buozzi
Via P. Tacchini
Via F. Sacchi
Via Stoppani
Via Rossini
Via Antonio Bertolini
Viale Giacchino
Via Carissimi
Viale S. Mercadante
Viale Pietro Raimondi
Viale del Giardino Zool.
Viale dell' Uccelliera
Viale dei Mascheroni
Viale delle Cavalli Marini
Viale delle
Via Princiana
Viale Mad. Letizia
Viale Bernadotte
Viale David Lubin
Viale G. Washington
Viale del Muro Torto
Via di Villa Giulia
Via del Ghirlandaio
Lungotevere Flaminio
Viale Canina
Via Flaminia
Viale Tiziano
Ponte Risorgimiento
Via V. Gravina
Via G. Filangeri
Via Dom. A. Azuni
Via Scialoia
C. Beccaria
Via G. V
Lungotevere delle Navi
Lungotevere

PINCIO
Jardins du Pincio
Galoppatoio
Villa Medicis
Villa Médicis
CAMPO MARZIO
LUDOVICI
TREVI
COLONNA
TEVERE
S. Maria del Popolo
Piazza di Popolo
S. Maria d. Mirac
Ara Pacis
Le mausolée d'Auguste
Spagna
Piazza di Spagna
Eglise de la Trinité-des-Monts
La scalinata (l'escalier) de la Trinité-des-Monts
Piazza Trinità dei Monti
Piazza Mignanelli
Mus. d. Padri Cap.
Santa Maria della Concezione dei Cappuccini
Galerie municipale d'art moderne
Barberini
Piazza Barberini
Palazzo Barberini
Palazzo Borghese
Piazza Borghese
Pal. Ruspoli
Piazza S. Lorenzo in Lucina
Piazza Nicosia
Piazza dei Parlamento
Piazza S. Silvestro
Piazza S. Claudio
Largo dei Tritone
Largo dei Lombardia
Piazza Aug. Imp.
Piazza ferro di Cavallo
Piazzale Brasile
Porta Principiana
Piazza E. Sienkiewicz
Piazza della Libertà
Pte. Reg. Margherita
Giardino del Quirinale
Via Piemonte
Via Princiana
Corso d'Italia
Via Campania
Via Sardegna
Via Toscana
Via Sicilia
Via Boncompagni
Via Vittorio Veneto
Via Emilia
Via Aurora Cadore
Via di Porta Princiana
Via Ludovisi
Via V. Veneto
Via Leonita Bissolati
Via degli Artisti
Via S. Basilio
Via S. Nicola da Solento
Via Barberini
Via Sistina
Via Due Macelli
Via di Quattro Fontane
Via Nazionale
V. di Avignonesi
Via Rassella
Via del Tritone
Via In Arcione
Viale del Muro Torto
Viale Trinità dei Monti
Viale G. d'Annunzio
Via Margutta
Via del Babuino
Via Alibert
Via Vittoria
Via della Croce
Via delle Carozze
Via dei Condotti
Via Borgognona
Via M. de Fiori
Via Frattina
Via delle Vite
Via della Mercede
Via del Corso
Via Tomacelli
Via dell'Arancio
V. font. di Borghese
Via Prefetti
Via di Scrofa
V. Mont. Brianzo
Lungomare Marzio
Via di Repetta
Via d. Frezza
Via Ara Pacis
Via del Vantaggio
Via A. Brunetti
Via Pr. Clothilde
Via F. di savoia
Lungotevere in Augusta
Lungotevere dei Mellini
L. Michelangelo
Via Valladier
Via Federico Cesi
Via G. Belli
Via P. Cossa
Musée
Curiosité
Edifice religieux
Station de métro
0
200 m
N

Piazza di Spagna et villa Borghèse

La zone s'étend au nord du quartier historique, après la fontaine de Trevi et le Quirinal. Elle forme un rectangle bordé à l'ouest par le Tibre et englobant tout le périmètre de la villa Borghèse. Elle comprend le quartier très vivant qui s'étend entre la piazza di Spagna et la piazza del Popolo (et un peu au nord vers le quartier de Flaminio) et forme un contraste saisissant avec le calme des jardins de la villa. C'est en quelque sorte une ville idéale où l'on peut dans la même journée faire du vélo au vert, visiter l'un des plus beaux musées au monde, lécher les vitrines des plus grandes enseignes de mode, dîner dans une *trattoria* typique. Les bonnes adresses n'y manquent pas.

▶ **Au nord, la piazza del Popolo** (Place du Peuple) a été conçue sous les Médicis comme la porte d'entrée monumentale de la ville. Le pélerin suivait la via Ripetta pour traverser le Tibre et se rendre au Vatican, le commerçant prenait la via del Corso pour aller faire son négoce dans le centre tandis que les nobles empruntaient la via del Babuino pour rejoindre la Place d'Espagne. Ces trois rues partant de la place dans des directions différentes sont communément appelées le Tridente, zone dans laquelle les ruelles abritent de nombreux cafés, restaurants, boutiques, magasins d'antiquaires et galeries d'art contemporain. De part et d'autre du Corso, deux églises apparemment identiques font fonction de portes. En réalité, leurs coupoles sont différentes, l'une octogonale, l'autre dodécagonale. Au centre de la place, l'obélisque Flaminio, venu d'Egypte au temps d'Auguste pour orner le Grand Cirque, fut érigé là, sous Sixte V (1589). Fermée par deux hémicycles, la place est désormais une zone piétonne, lieu d'événements publics (concerts en été) et de promenade.

Au sud de la piazza del Popolo, la piazza di Spagna est l'un des lieux les plus animés de Rome. Touristes et Romains s'y côtoient puisque sa station de métro dessert aussi bien le parc de la villa Borghèse que le quartier des boutiques les plus chics de la capitale. Donnant sur la place d'Espagne, la via Condotti avec ses enseignes de luxe est l'une des plus connues de Rome. Ne pas manquer de se promener dans la très arty via Margutta et de visiter l'Ara Pacis près du Tibre.

A l'est de la via del Babuino se trouve la célèbre villa Borghèse. Lieu de détente et de promenade, véritable poumon de la ville, c'est aussi un espace de grande importance culturelle qui abrite des musées majeurs : la galerie Borghèse, le musée Canonica, le Musée national étrusque, la Galerie nationale d'art moderne… Il occupe la hauteur du Pincio et s'étend jusqu'au balcon du même nom qui domine la piazza del Popolo. Il englobe les jardins de la villa Giulia au nord du Pincio. Ce parc faisait partie du vaste ensemble que constituaient les grands domaines d'agrément des nobles Romains, domaines qui pour la plupart n'ont pas résisté à l'explosion immobilière d'après 1870. Le parc est agrémenté de nombreuses statues, copies d'antiques pour la plupart, et d'innombrables petits édifices, comme ces temples dédiés à Adonis, à Faustina, à Diane ou encore la fontaine aux Hippocampes.

Au sud de la villa Borghèse, la via Vittorio Veneto part de la piazza Barberini puis monte, en faisant un large coude, jusqu'aux remparts d'Aurélien qui s'ouvrent par la porta Pinciana et le parc de la villa Borghèse. Ce sont les Champs-Elysées de Rome, en plus étroits et plus courts. Tout le quartier est élégant et aéré. Sur ce symbole de la *dolce vita* des années 1960, on trouve d'agréables terrasses de café à la française, des hôtels de luxe et certains cafés historiques.

Accès : *M° Spagna ou Flaminio. Nombreux bus également (117, 119…).*

Les jardins de la villa Médicis.

VISITER

ARA PACIS

Lungotevere in Augusta
A l'angle de la via Tomacelli
✆ +39 06 06 08
www.arapacis.it
M° : Spagna.
Ouvert du mardi au dimanche de 9h à 19h. Fermé le lundi. Entrée 7,50 € (tarif réduit 5,50 €).
Cet autel de la paix construit en 13 av. J.-C. en l'honneur de l'empereur Auguste célèbre la suprématie de Rome sur le monde civil. La construction se présente comme un grand rectangle de 11 m par 10 m décoré de bas-reliefs où l'on reconnaît l'histoire des jumeaux et de la louve, Enée sacrifiant les Pénates, une personnification de la Terre parmi l'Eau et l'Air, ainsi que des personnages de la famille impériale : Agrippa, Caïus César (fils de l'empereur), Livie (sa femme).
A l'origine situé près de la piazza San Lorenzo in Lucina, il formait avec le mausolée d'Auguste et l'obélisque situé aujourd'hui devant le Parlement italien un ensemble unique. Cette construction grandiose était pourvue d'une horloge solaire, laquelle, le 23 septembre, jour de l'anniversaire de l'empereur, projetait son ombre dans le mausolée. Au XVIe siècle, des fouilles permirent d'en retrouver les traces, perdues depuis des siècles. En 1937, on créa l'emplacement actuel sur les rives du Tibre. La reconstitution de ce chef-d'œuvre du « siècle d'or » a été possible après la récupération des marbres originaux exposés à Florence, au Louvre et aux musées du Vatican. Il est aujourd'hui abrité par un bâtiment moderne construit par l'architecte Richard Meier.

ÉGLISE DE LA TRINITÉ-DES-MONTS

Piazza Trinita dei Monti
Ouvert du mardi au vendredi de 7h à 18h30, samedi et dimanche de 8h à 18h30.
Le viale Trinità dei Monti conduit à la place de La Trinité-des-Monts, ornée d'un obélisque provenant des jardins de Salluste qui se trouvaient sur le Pincio. Avant de descendre le célèbre escalier, Scalinata della Trinita dei Monti, entrez dans l'église, que nous appelons ici de son nom français, car ce fut dès l'origine une fondation française, voulue par Charles VIII et commencée sous Louis XII en 1502. La façade, réalisée par Maderno, est surmontée de deux clochers singuliers que l'on doit, semble-t-il, à Giacomo Della Porta. A l'intérieur, l'intérêt principal réside dans la *Déposition de la Croix*, fresque de Daniele Da Volterra, d'après un dessin de Michel-Ange (deuxième chapelle de gauche).

Les escaliers : lorsque l'église est construite, seule des ruelles escarpées permettent de la rejoindre depuis la place. On décida donc de faire construire un grand escalier arpentant la colline. C'est ainsi qu'en 1660, grâce aux dons du diplomate français Stephan Gueffier, le projet fut confié à Francesco De Sanctis. La construction de la Scalinata dura seulement trois ans, mais l'œuvre est impressionnante : les 138 marches permettent d'avoir sur la place et les rues environnantes une vue exceptionnelle.

Le fait qu'il ne soit pas construit dans l'axe de la place ou de la via Condotti favorise la perspective libre et permet d'avoir une vue changeant en fonction de l'endroit où l'on se trouve.

ÉGLISE SANTA MARIA DEL POPOLO

Piazza del Popolo 12
✆ +39 06 361 0836
www.santamariadelpopolo.it
Ouvert tous les jours de 7h à 12h et de 16h à 19h.

Cette église, presque cachée au fond de la place et appuyée sur la colline du Pincio, fut commencée à la fin du XIe siècle grâce à la contribution financière du peuple romain. Achevée en 1477, sous le règne de Sixte IV Della Rovere, de nombreux artistes y travaillèrent. On retrouve à l'intérieur l'ordonnance Renaissance à trois nefs, troublée par les statues en stuc que Bernin y ajouta près de deux siècles plus tard. Dans la nef de droite, la première chapelle présente une *Nativité* du Pinturicchio. Dans le transept de droite, le chœur est un projet de Bernin, et sur les murs, le long de l'autel majeur, se trouvent des sculptures d'Andrea Sansovino. Les fresques de la voûte sont de Pinturicchio. La chapelle Cerasi, dans le transept de gauche, est un trésor avec son *Assomption* d'Annibal Carrache et, deux tableaux du Caravage, la *Conversion de saint Paul* et la *Crucifixion de saint Pierre.* Par le traitement de la lumière, le réalisme trivial des personnages sacrés, ils constituent une révolution dans l'art religieux. En continuant, la chapelle Chigi mérite aussi une halte.

Trinità dei Monti (Trinité-des-Monts), la scalinata et la fontaine de la Barcaccia depuis la Piazza di Spagna.

Les mosaïques de la coupole sont de Raphaël. Les tombes latérales, de forme pyramidale, sont aussi un projet de Raphaël, modifié par Bernin

GALERIE NATIONALE D'ART MODERNE ET CONTEMPORAIN

Viale delle Belle Arti, 131
Villa Borghese
✆ +39 06 322 98 221
www.gnam.beniculturali.it
Ouvert du mardi au dimanche de 8h30 à 19h30. Fermé à Noël, le 31 décembre et le 1er mai. Entrée galerie seulement 8 €, galerie + visite : 10 €.

La Galerie nationale d'art moderne siège dans un palais monumental d'inspiration néoclassique et elle est consacrée à la peinture et à la sculpture italienne et européenne des XIXe et XXe siècles.

La villa Borghèse et ses musées

La villa Borghèse est un lieu magique où les Romains se réfugient l'été pour trouver un peu de fraîcheur. Vous aimerez y pique-niquer, y louer une barque et glisser devant le petit temple d'Esculape, emmener les enfants au zoo, faire du vélo... et surtout visiter ses magnifiques musées. L'autre nom de la villa n'est-il pas le Parco dei Musei ?

Les différents sites de la villa sont reliés par un système de bus : la ligne électrique 116 et les bus 88, 95, 490, 495 et 49. Location de vélo à l'entrée (4 € de l'heure).

GALERIE BORGHÈSE

Piazzale del Museo Borghese
5 villa Borghese – Villa Borghese
✆ +39 06 328 10 – www.galleriaborghese.it
Ouvert du mardi au dimanche de 9h à 19h (dernière entrée à 16h30) avec système de rotation toutes les deux heures pour un maximum de 360 visiteurs. Réservation obligatoire. Fermé le lundi. Les billets réservés doivent être retirés 30 minutes avant la visite. Entrée : 11 € frais de réservation. Réservation sur www.ticketeria.it

JARDINS SECRETS

Viale dell'Uccelleria de Villa Borghèse – Villa Borghese
Accès autorisé uniquement avec visite guidée gratuite. Réservation au Giardini Segreti, entrée du Giardino dell'Uccelleria, Viale dei Mascheroni. Ouvert de 10h à 16h du 1er octobre au 31 mars et de 10h à 18h du 1er avril au 30 septembre.

© ALFREDO VENTURI – ICONOTEC

Alignement de statues à la Villa Médicis.

La villa Médicis, siège de l'Académie de France à Rome.

Pénétrez les merveilleux jardins secrets de la villa Borghèse : le Giardino Vecchio, le Giardino dell'Uccelleria, le Giardino della Meridiana et le Giardino della Coltivazione. Créés au XVIIe siècle, ces jardins étaient utilisés comme potagers durant la Seconde Guerre mondiale, ce qui a par la suite provoqué leur destruction. Ce n'est que récemment que les jardins ont retrouvé leur aspect d'origine, tant au niveau de la forme des parterres que du choix des fleurs.

JARDIN ZOOLOGIQUE OU BIOPARCO

Viale del Giardino Zoologico 1
Villa Borghese
✆ +39 06 360 8211
www.bioparco.it
Tram : N° 19 - « Bioparco » stopBus : 3 - 52 - 53 - 926 - 217 - 360 - 910– M° Piazzale Flaminio, Via Veneto, Spagna (ligne A)
Ouvert tous les jours de 9h30 à 18h en été et de 9h30 à 17h en hiver, les samedi, dimanche et jours fériés de 9h à 19h. Entrée : 13 €, enfant 11 €.
Un lieu à ne vraiment pas manquer si vous êtes à Rome avec vos enfants. Inauguré en 1911, le jardin zoologique situé au nord de la villa Borghèse a longtemps été considéré comme l'un des plus beaux beaux zoos d'Europe. Les constructions présentes sont d'une rare beauté et d'un grand intérêt historique. A voir absolument, la volière, réalisée en 1935 par l'architecte De Vico. Dans ce Bioparco vivent par ailleurs 200 espèces animales (mammifères, oiseaux, reptiles) au milieu de plantes des zones méditerranéennes et exotiques. A l'entrée, jetez un œil sur le portail avec ses statues en forme de lion et d'éléphant.

MUSÉE CANONICA

Viale P. Canonica 2 – Villa Borghese
✆ +39 06 06 08 – www.museocanonica.it
M° Flaminio

Entrée 5 € (ou Roma Pass à 30 €). Du mardi au dimanche, d'octobre à mai, ouvert de 10h à 16h (dernière entrée : 15h30) ; de juin à septembre : de 13h à 19h (dernière entrée : 18h30). Lundi : fermé.

Ce bâtiment du XVIIe siècle fut transformé au XVIIIe siècle en petit château d'inspiration médiévale. En 1927, le sculpteur piémontais Pietro Canonica (1869-1959) en fit sa maison et son atelier. Y est exposée une collection de ses sculptures, peintures et esquisses.

MUSÉE NATIONAL ÉTRUSQUE DE LA VILLA GIULIA

Piazzale di Villa Giulia 9 ✆ +39 06 322 6571
www.beniculturali.it – M° Flaminio

Ouvert du mardi au dimanche de 8h30 à 19h30. Fermé le lundi. Entrée 8 €.

Une merveille pour les amoureux des civilisations anciennes ! Cette très belle villa du XVIe siècle présente une collection d'archéologie étrusque et falisque provenant de fouilles effectuées dans la région du Latium. Les 33 salles abritent le plus riche patrimoine d'Italie sur la civilisation étrusque. On y admirera des objets de la vie quotidienne (amphores, assiettes, vases à parfum), mais aussi des bijoux et des statuettes en bronze ou en terre cuite.

VILLA MÉDICIS

1 Viale Trinità dei Monti – Villa Borghese
✆ +39 667 611 – www.villamedici.it
M° Spagna, ligne A. Bus 117, 119.

Entrée 9 € (entrée + visite des jardins). Visites guidées en français tous les jours à 11h, 12h, 15h et 16h30 et 18h, en été. Expositions de 10h45 à 13h et de 14h à 19h (ou 21h le jeudi sauf en août). Lundi fermé. Tarif : 6 €.

La villa Médicis est, comme on le sait, le siège de l'Académie de France à Rome. Occupant les anciens jardins du poète Lucullus, la première construction de style Renaissance fut érigée en 1570 à l'initiative d'un cardinal italien, avant de passer entre les mains des Médicis. L'Académie de France à Rome fut fondée par Louis XIV, mais c'est Napoléon qui l'installa dans la villa Médicis en 1803. C'est là que résidaient les fameux Prix de Rome. Ce titre a disparu de nos jours, mais des artistes de toutes disciplines sont toujours accueillis comme pensionnaires à la Villa. Ils y restent un an, deux ans ou six mois pour parfaire leur formation. Le poste de directeur de la villa Médicis est très convoité. En juin 2008, le journaliste et écrivain Frédéric Mitterrand avait été nommé directeur de la villa Médicis par Nicolas Sarkozy, avant de laisser le poste vacant un an plus tard pour prendre ses fonctions de ministre de la Culture. C'est aujourd'hui Eric de Chassey, docteur en histoire de l'art, qui la dirige.

Au rez-de-chaussée sont exposées les collections permanentes ; dans la cour et le corridor, on trouve des expositions temporaires ; le premier étage est dédié à la photographie. On salue l'approche didactique avec une présentation des œuvres par courants régionaux. Parmi les œuvres à ne pas rater, qui ne sont pas toutes italiennes, *Les Trois Ages* de Gustave Klimt et un buste de femme en bronze d'Auguste Rodin.

JARDINS DU PINCIO

Surplombant la piazza del Popolo, les jardins du Pincio permettent d'entrer dans la villa Borghèse. Aménagés sur la petite colline du même nom au temps de l'occupation napoléonienne d'après les plans de Giuseppe Valadier, ils sont couverts de chênes, de pins parasol et de palmiers. Ils offrent surtout depuis le belvédère une très belle vue sur la ville particulièrement appréciée en fin de journée. Mais attention, ça grimpe !

MAUSOLÉE D'AUGUSTE

Piazza Augusto Imperatore

Fermé pour restauration.

A la suite de ses victorieuses conquêtes en Egypte, Auguste, maître absolu de Rome, se fait construire en 28 av. J.-C. cette vaste sépulture circulaire calquée sur le modèle des tombes étrusques. Le monument original faisait 85 m de diamètre et était surmonté d'un talus planté de cyprès. Une statue de l'empereur se trouvait au sommet. Les deux obélisques qui encadraient l'entrée du monument ont été déplacés (place du Quirinal et derrière l'église Santa Maria Maggiore). Transformé en forteresse au Moyen Age, ce monument a survécu, bien que fortement dégradé. Son intérêt historique reste tout de même immense.

Galerie nationale d'Art moderne et contemporain.

© AUTHOR'S IMAGE – PHILIPPE GUERSAN

Piazza del Popolo vue depuis le Pincio.

PIAZZA DEL POPOLO

Piazza del Popolo

Porte d'entrée de la ville, imaginée sous les Médicis, la piazza del Popolo relie, par la via del Corso, le centre de Rome. La via Ripetta rejoint le Vatican et la via del Babuino mène à la piazza di Spagna. Ces trois rues débutant de la place sont surnommées le Tridente.

TIME ELEVATOR

Via dei SS Apostoli 20

Près de la piazza Venezia

www.time-elevator.it

Ouvert tous les jours de 10h30 à 19h30. Billet 12 € comprenant la séance de Time Elevator et un guide de bienvenue sur Rome. En français. Vérifier le programme des séances, toutes les heures environ : 10h30, 11h15, 12h15…

Dans une petite salle de cinéma, vous êtes face à trois écrans panoramiques, embarqués dans un simulateur de vol et entourés d'un son omniprésent (suround sound system). Vous voila prêts pour un grand voyage dans le temps et la découverte de Rome à travers les âges. 45 mn de show.

VIA VENETO

C'est l'une des rues mythiques de Rome, emblématique de la dolce vita des années 1960. On la surnomme parfois exagérément les Champs-Elysées de Rome, la rue est en fait bien plus étroite et plus courte, et aussi beaucoup plus calme malgré la présence des hôtels de luxe, des cafés d'époque et de quelques boutiques. La via Vittorio Veneto (du nom d'une victoire des Italiens sur les Autrichiens en 1918) fut tracée au centre d'un nouveau quartier créé dans le parc du domaine des Ludovisi. Il ne reste de cette propriété que le Casino Ludovisi (visites le dimanche matin), qui fut décoré par le Guerchin. La via Veneto part de la piazza Barberini puis monte, en faisant un large coude, jusqu'aux remparts d'Aurélien qui s'ouvrent par la porta Pinciana sur le parc de la villa Borghèse.

SE RESTAURER

C'est dans cette partie de la ville que vous trouverez la plus forte concentration de restaurants design, tendance nouvelle cuisine, qui attirent les Romains les plus branchés. Mais heureusement ceux-là n'ont pas encore fait disparaître les petites trattorias traditionnelles. En fait, vous n'aurez que l'embarras du choix pour manger de ce côté de la ville où on trouve peut-être moins d'attrape-touristes que dans le centre.

» Sur le pouce

FIOR FIORE
Via della Croce 17-18
✆ +39 06 679 1386
Ouvert tous les jours de 7h à 22h.
La tradition romaine veut que l'on mange sa pizza *al taglio*, à la découpe. Une opportunité de goûter à plusieurs pizzas en même temps ! Cette boulangerie en propose une trentaine, toutes plus alléchantes les unes que les autres. On emporte une ou deux parts à aller déguster sur les marches de la piazza di Spagna.

LA PECORA PAZZA
Via della Mercede, 18
✆ +39 06 6920 0252
Ouvert tous les jours sauf le dimanche.
Une des pizzerias romaines qui remporte le plus de suffrages auprès des locaux. A tester sans plus attendre !

» Pause gourmande

CAFFÈ CIAMPINI
Piazza San Lorenzo in Lucina 28
✆ +39 06 687 6606
www.ciampini.net
Ouvert du lundi au samedi de 7h à 23h. Fermé le dimanche.
Une coupe de glace à savourer en terrasse, sur une des belles places de Rome, voilà ce qu'offre le Caffè Ciampini. De quoi apprécier la *dolce vita* dans les règles de l'art.

Le slow food, un concept né piazza di Spagna

De nombreux restaurants haut de gamme affichent un peu partout dans le monde le label « slow food ». Mais saviez-vous que ce mouvement qui défend les valeurs de la cuisine traditionnelle face aux géants de la malbouffe est né à Rome ? En effet, c'est pour protester contre l'installation d'une célèbre chaîne de fast-food sur la piazza di Spagna qu'est né le concept. Les restaurateurs se réclamant du *slow food* cherchent à promouvoir les produits du terroir et l'art de déguster sain en soutenant une agriculture plus respectueuse de l'environnement. Si les prix dans ces établissements sont un peu plus élevés, le label est un gage de la qualité et de la fraîcheur des produits.

La pause artistique

CAFFÈ MUSEO CANOVA TADOLINI
Via del Babuino, 150 A/B
✆ +39 06 321 107 02 – www.canovatadolini.com
Café ouvert tous les jours de 8h à minuit, restaurant ouvert de 12h à 23h. Compter 11 à 28 € par plat. L'ancien atelier du sculpteur Antonia Canova est aujourd'hui devenu un charmant salon de thé, au décor Belle Epoque. On y vient pour boire un capuccino au milieu des statues et des esquisses de Canova. Chic et désuet.

ROSATI
Piazza del Popolo 5a
✆ +39 06 322 5859
www.rosatibar.it
Ouvert tous les jours de 8h à 23h. Ce bar, glacier, pâtissier, et depuis peu restaurant, existe depuis les années 1920. C'était un lieu populaire pour les stars de la télévision italienne dans les années 1960 et 1970. Aujourd'hui, les hommes d'affaires aiment y déjeuner, relayés le soir par la jeunesse dorée qui vient en Porsche ou en Maserati s'offrir une douceur tardive. Passez y boire un café gourmand ou une glace pour observer ce joli petit monde.

» Bien et pas cher

LA CANTINOLA
Via Calabria, 16-18
✆ +39 06 428 205 19
grafica.mrm@gmail.com
M° Castro Pretorio.
Ouvert du lundi au samedi de 12h30 à 14h30 et de 19h à 23h. Fermé le dimanche. Compter 20 € par repas. Spécialisée dans les poissons et les fruits de mer, cette « cantine » sarde sert des plats bien préparés (bons scampi) dans une ambiance plus intime et plus douillette que celle des réfectoires !

I MAMUTONES
Piazza Monte Gennaro 29
Sur le Monte Sacro
✆ +39 06 818 5237
www.mamutones.it
Ouvert de 12h30 à 14h30 et de 19h à 23h. Fermé le lundi. Repas autour de 25 €. Au nord-est de la villa Ada. Un restaurant à la forte personnalité, dans la salle comme dans l'assiette. Normal, les patrons sont sardes. Ici, on blague et on parle fort, tout participe d'une ambiance chaleureuse et pittoresque. En plus, la cuisine sarde, accompagnée d'excellents vins régionaux, vaut vraiment le détour. Menu de poisson le vendredi.

» Bonnes tables

AD HOC
Via ripetta, 43
✆ +39 06 323 3040
www.ristoranteadhoc.com
Ouvert tous les soirs de 19h à minuit.

Compter 30 à 50 € par repas.
On ne tarit pas d'éloges sur cet excellent restaurant, qui propose un menu romain de grande qualité. Les portions sont généreuses, les ingrédients savamment choisis et le service particulièrement attentionné. Réservation fortement recommandée.

AL VANTAGGIO
Via del Vantaggio, 35
✆ +39 06 323 6848
www.alvantaggio.it
M° Flaminio.
Ouvert tous les jours de 12h à 15h et de 19h à 23h. Compter environ 8 à 18 € par plat, 30 € pour un repas.
Non loin de la piazza del Popolo, ce restaurant, dont la terrasse s'étend tranquillement dans une rue perpendiculaire à la via del Corso, sert une cuisine typique, reconnue par la région du Lazio. En entrée, on essaiera les beignets de fleur de courgette, avant de goûter les calamars aux artichauts ou les *fettucine* au jus d'agneau.

GINGER
Via borgognona 43-44
✆ +39 0696036390
www.ginger.roma.it
Ouvert toute la journée. Comptez 20 € pour un repas.
Restaurant bistro d'un genre nouveau dans les rues de Rome, le Ginger joue la carte du bio et du gourmet. Le cadre est minimaliste et élégant. La grande salle très lumineuse devient une véritable ruche aux heures de pointes ! Mais on peut aussi se restaurer en terrasse ou apporter son sandwich. Les jus de fruits frais et smoothies allient exotisme et nutrition, la carte vous donnera d'ailleurs en détail les bienfaits de chacune des boissons. Le soir, optez pour un vin bio parmi la longue sélection.

GUSTO
Piazza Augusto Imperatore, 9
✆ +39 06 322 6273
www.gusto.it
M° Spagna.
Ouvert tous les jours de 12h45 à 15h et de 19h45 à minuit.
Incontournable de la « coolitude » romaine, l'enseigne a un peu envahi le quartier avec quatres adresses autour de la place Augusto Imperatore. Restaurant, pizzeria, bar à vins et à fromages, et café, Gusto est tout cela à la fois. Notre préférence va à l'osteria (via della Frezza) pour son ambiance détendue et stylée, avec ses tables années 1930, ses divans moelleux et sa musique lounge. Le brunch servi le week-end connaît un vif succès : potages, fromages, charcuterie, légumes grillés ainsi qu'un nombre incalculable de desserts exposés sur un grand buffet en marbre. C'est là qu'il faut être vu.

IL GABRIELLO
Via Vittoria, 51
✆ +39 06 6994 0810
www.ilgabriello.it
Compter 25 à 40 € par repas.
On parle français dans cet excellent restaurant, qui n'a pourtant rien de touristique. Les fruits de mer et le poisson du jour sont mis à l'honneur sur la carte résolument tournée vers la mer. Le cadre est agréable, on dîne sous des voûtes pierreuses joliment éclairées.

Alfredo : les fettuccine d'Hollywood (épisode 2)

IL VERO ALFREDO

Piazza Augusto Imperatore, 30

✆ +39 06 687 8734 – www.alfredo-roma.it

Ouvert de 12h30 à 15h30 et de 19h30 à 23h, fermé le dimanche et le lundi midi. Comptez 30 € par repas.

Retour sur l'histoire des *fettucine* d'Alfredo, prisées des stars hollywoodiennes et originellement cuisinées via della Scrofa. Vous êtes ici dans le second restaurant d'Alfredo, celui qu'il a dirigé ensuite, après avoir séduit Douglas Fairbanks et Mary Pickford. Les *fettucine*, les vraies, seraient donc à manger ici. A vous de juger.

LO STIL NOVO

Via Sicilia 66/B

✆ +39 06 4341 1810

www.ristorantelostilnovo.it

Ouvert du mardi au vendredi de 12h30 à 14h30, du lundi au samedi de 19h30 à 23h. Compter 25 à 50 € par repas.

Avec son atmosphère intime et chaleureuse, ce restaurant, situé dans une cave voûtée, cultive une certaine classe. La carte reprend les codes traditionnels italiens mais mise sur les épices et assaisonnements pour l'originalité. Ne manquez pas les salades, dont les vinaigrettes sont époustouflantes.

» Luxe

IMÀGO

Au 6e étage de l'Hôtel Hassler

Piazza della Trinità dei Monti, 6

✆ +39 06 699 347 26

www.imagorestaurant.com

M° Spagna.

Ouvert tous les soirs de 19h30 à 22h30. Réservation recommandée. Compter minimum 200 € par personne.

On tombe vite à court de superlatifs pour qualifier ce restaurant situé au 6e étage de l'hôtel Hassler. La vue panoramique tout d'abord est la plus enchanteresse qui soit puisque l'on surplombe toute la Cité éternelle par de larges baies vitrées. Le cadre ensuite est un exemple de raffinement et d'élégance. La cuisine enfin, qui s'adapte aux saisons, est une subtile alliance de gastronomie italienne et française saupoudrée de saveurs exotiques pour laquelle le jeune chef Francesco Apreda vient d'être récompensé d'une première étoile au Guide Michelin. Ses raviolis au faisan, choux-fleur et miel à la truffe sont très appréciés de Berlusconi *himself*. Un restaurant d'exception pour une soirée très romantique.

LA TERRASSE CUISINE & LOUNGE
Via Lombardia, 47
✆ +39 06 478 022 999
www.laterrasseroma.com
M° Spagna ou Barberini
Restaurant : ouvert tous les jours de 12h30 à 15h et de 19h30 à 22h30. Lounge bar : ouvert tous les jours de 10h30 à minuit.
Rendez-vous sur le toit du Sofitel pour découvrir La Terrasse Cuisine & Lounge : déjeunez, dînez ou sirotez un cocktail au coucher du soleil en profitant du panorama sans pareil qui s'offre à vous… Le chef Giuseppe d'Alessio vous propose une cuisine méditerranéenne élaborée à partir de produits de qualité et de saison : en véritable adepte de la philosophie du « kilomètre 0 », il saura mettre vos papilles en ébullition en sélectionnant les meilleurs produits locaux.

SHOPPING

Temple du shopping romain, le quartier est aussi le paradis des fashionistas. Mais si vous décidez de vous lancer sur leurs traces, mieux vaut prévoir un sacré budget, car ici pas d'enseignes populaires ! La plupart des boutiques se situent dans les rues du Tridente entre la piazza di Spagna et la piazza del Popolo. Les enseignes moins chics se trouvent sur la via del Corso, tandis que les grands noms de la haute couture internationale, ceux de l'avenue Montaigne ou de la 5th Avenue, sont sur la célèbre via Condotti. Des boutiques d'antiquaires sont regroupées le long de la via del Babuino. On trouve aussi dans le quartier pas mal de *concept stores* dédiés à la déco. Même si vos moyens ne vous permettent pas de folies, mêlez-vous à la foule du quartier, entre touristes en short et belles Italiennes griffées de la tête aux pieds.

C.U.C.I.N.A.
Via Mario dei Fiori, 65
✆ +39 06 679 1275
www.cucinastore.com
Ouvert du mardi au vendredi de 10h à 19h30, le samedi à partir de 10h30 et le lundi de 15h30.
Tout, tout, tout, vous trouverez tout pour cuisiner. Vaisselle, nappes et tabliers, ustensiles pour préparer les pâtes fraîches, cafetière italienne et tout un tas d'accessoires certainement plus décoratifs qu'utiles.

Shopping Via Condotti.

DISCOUNT DELL'ALTA MODA
Via di Gesù e Maria 16/a
✆ +39 06 361 3796
Ouvert du mardi au dimanche de 10h à 19h. Le lundi de 15h à 19h.
L'un des très bons plans de nos amis romains ! Armani, Versace, Krizia, Ferrè... tous les grands noms de la mode italienne y sont. Les pièces sont vendues jusqu'à la moitié du prix d'origine. Les rabais peuvent même atteindre 90 % lors des braderies exceptionnelles (deux fois par an seulement). On frôle alors l'émeute ! Une autre adresse près de Termini.

ENOTECA BUCCONE
Via di Ripetta 19-20
✆ +39 06 361 2154
www.enotecabuccone.com
Ouvert du lundi au jeudi de 9h à 20h30 et jusqu'à 23h30 les vendredi et samedi.
Si vous voulez ramener une bonne bouteille, achetez-la dans cette superbe cave à l'ancienne qui existe depuis 1969. Les patrons sont de fins connaisseurs et sauront vous guider dans le choix d'un excellent cru. Vous trouverez également toutes sortes de liqueurs, d'huiles d'olive, de vinaigres, sauces, pâtes, biscuits, chocolats... Vous pourrez bien sûr déguster un verre de vin accompagné de délicieuses assiettes de charcuterie, fromage et légumes grillés ou même faire un repas complet car la cuisine est excellente.

Shopping Via Condotti.

© AUTHOR'S IMAGE – PHILIPPE GUERSAN

FENDI
Largo Goldoni
(près de la Via del Corso)
✆ +39 06 334 501
www.fendi.com
Ouvert tous les jours de 10h30 à 21h.
Si vous vous demandez ce qu'implique l'adjectif *fendissimo*, rendez-vous dans l'une des multiples boutiques Fendi de la via Borgogna. Pour une fourrure, un parfum ou de la lingerie chic. L'adresse principale loge dans un palais du XVIIIe siècle transformé en un lieu branché.

GENTE
Via del Babuino 81 et 185
✆ +39 06 320 7671
www.genteroma.com
Ouvert du mardi au samedi de 10h à 19h30. Le dimanche et lundi de 11h30 à 19h30 (la boutique homme ouvre à 15h30 le lundi).

Plus qu'une boutique, un véritable laboratoire de prêt-à-porter où l'on retrouve le meilleur de la mode italienne. Les initiés (hommes et femmes, chacun a sa boutique) s'y habillent de pied en cap. C'est élégant, inspiré, classique avec juste ce qu'il faut d'originalité. Si vos moyens sont limités, un outlet Gente revend les stocks de l'année précédente à des prix pouvant aller jusqu'à -50 %, dans le quartier du Vatican.

GIANFRANCO FERRÈ
Via Borgognona 42b
✆ +39 06 679 7445
www.gianfrancoferre.com
Ouvert de 10h à 19h. Fermé le dimanche et le lundi matin.
« L'architecte de la mode » n'est plus, mais sa marque, fondée après les années Dior, lui survit avec éclat grâce au talent des stylistes Aquilano et Rimondi.

GIORGIO SERMONETA
Piazza di Spagna, 61
✆ +39 06 679 1960
www.sermonetagloves.com
Ouvert du lundi au samedi de 9h30 à 20h, dimanche de 10h à 19h.
Le spécialiste des gants à Rome depuis 1960 a désormais des boutiques un peu partout dans le monde. Sa clientèle compte les plus grandes stars et les politiciens qui aiment glisser leurs mains dans ses gants déclinés de toutes les couleurs et doublés de soie, cachemire ou fourrure. La fabrication d'une paire de gants requiert le talent de dix artisans ! Premiers prix à 30 €.

GUCCI
Via Condotti, 6 et 8
✆ +39 06 679 0405
www.gucci.com
Ouvert de 10h à 19h. Fermé le dimanche et le lundi matin.
Le summum du chic italien connaît un regain de succès depuis qu'il est dirigé par un Américain ! Mais la patte latine est toujours là, avec son indémodable style des années 1970. Les mocassins à mors, grands classiques de la marque, sont déclinés en plus de trente coloris. La boutique historique, inaugurée en 1938, vient d'être redessinée par la directrice artistique Frida Giannini qui a pour l'occasion signé une collection vendue exclusivement à Rome.

LAURA BIAGIOTTI
Via Mario de' Fiori, 26
✆ +39 06 679 1205
www.laurabiagiotti.it
Ouvert le lundi de 15h30 à 19h30 et du mardi au samedi de 10h à 19h30.
Dans un cadre très moderne et lumineux, la styliste romaine expose les robes créées dans le calme de son château médiéval, un peu en dehors de la ville. Deux thèmes récurrents dans ses collections : le blanc et le cachemire, avec lesquels elle compose des robes romantiques et douces.

MAX MARA
Via Condotti 17-20
✆ +39 06 6992 2104
www.maxmara.com
Ouvert du lundi au samedi de 10h à 19h30. De 11h à 14h et de 15h à 19h le dimanche.

Les bonnes adresses de Lavinia Biagiotti

Elle est la fille de la plus grande créatrice de mode italienne, Laura Biagiotti, et la petite fille de Delia Biagiotti qui fonda la maison familiale dans les années 1960, commençant par dessiner les uniformes de la compagnie aérienne nationale Alitalia. Lavinia a donc baigné dans l'univers de la mode depuis son plus jeune âge, suivant sa mère dans les coulisses des podiums des grandes capitales du monde.
Elle envisage pourtant des études de médecine, mais, à la mort de son père, alors qu'elle a 17 ans, elle décide finalement de rejoindre l'entreprise familiale. Elle partage aujourd'hui son temps entre le château familial de Guidonia, dans la province du Latium, sa villa dans le centre de Rome, et les plus grandes villes du monde où elle tient le rôle d'ambassadrice de la marque Laura Biagiotti.
Vice-présidente en charge du marketing de la firme, elle est aussi la créatrice de la ligne Biagiotti Dolls, une collection destinée aux enfants, et a lancé il y a quelques années son propre parfum, baptisé Rome, tout simplement. Romaine de naissance et de tempérament, elle incarne la trentenaire chic et dynamique, la femme d'affaires artiste et branchée qui a su garder une grande simplicité. Amoureuse de sa ville, elle nous a livré ses bonnes adresses :

- **Naboo, pour son design new-yorkais,** ses pâtes, ses pizzas et ses délicieux desserts.
- **La Soffita Renovation,** pour ses fantastiques pizzas à la mode napolitaine.
- **La boutique Laura Biagiotti**, bien sûr !
- **Stuart Weitzman,** pour ses super chaussures made in USA.
- **La galerie Alberto Sordi,** pour ses librairies, ses cafés et ses boutiques de fringues dans un cadre délicieusement rétro.

GALLERIA ALBERTO SORDI
Piazza Colonna
✆ +39 06 691 907 69

LA SOFFITTA RENOVATIO
Piazza Risorgimento, 46a
Aux alentours du Vatican
✆ +39 06 688 929 77

LAURA BIAGIOTTI
Via Mario de' Fiori, 26
✆ +39 06 679 1205

STUART WEITZMAN
Via Condotti, 27
✆ +39 06 454 205 10

Avec pas moins de trois boutiques (dont une consacrée à sa griffe « jeune » Max & Co), Max Mara compte certainement le plus vaste espace de vente dans le quartier. Clientèle très classe pour tendance chic et intemporelle dans des matières nobles et naturelles.

- **Autre adresse :** Via Frattina, 28.

SALVATORE FERRAGAMO

Via Condotti, 73-74
✆ +39 06 679 1565
www.ferragamo.com
Ouvert de 10h à 19h. Fermé le lundi matin. Le célèbre chausseur florentin travaille sur mesure pour habiller les pieds les plus chics d'Italie. Cette boutique est pour les femmes, les hommes iront au n° 65 de la même rue.

STUART WEITZMAN

Via Condotti, 27
✆ +39 06 454 205 10
www.stuartweitzman.com
Ouvert tous les jours de 10h30 à 19h30.
Les chaussures préférées des acteurs oscarisés ou en passe de le devenir. S'ils sont vendus en Italie, les modèles sont imaginés aux Etats-Unis et assemblés en Espagne. Une fabrication internationale pour une réussite totale.

TAD CONCEPT STORE

Via del Babuino 155/a
✆ +39 06 968 420 86
www.taditaly.com
Ouvert du mardi au samedi de 10h30 à 19h30, dimanche et lundi de 12h à 19h30.
Le Colette romain ! On y trouve tout ce qui se fait de plus pointu en matière de fringues, mais aussi de meubles, d'objets de décoration, de fleurs, de livres... sur trois étages et 1 000 m² d'espace d'exposition. Vous pourrez même vous faire coiffer, boire un café ou déjeuner dans le charmant patio extérieur aménagé par Philippe Starck.

© AUTHOR'S IMAGE – PHILIPPE GUERSAN

TAD concept store.

© AUTHOR'S IMAGE – PHILIPPE GUERSAN

Restaurant Antica Enoteca.

SORTIR

» Cafés - Bars

ANTICA ENOTECA
Via della Croce 76b
✆ +39 06 679 0896
www.anticaenoteca.com
Ouvert tous les jours de 11h à 1h.
Des centaines de vins sont référencés dans cette œnothèque qui existe depuis 1720. On s'attable au long comptoir bois et marbre ou dans la salle de restaurant aux murs couverts d'angelots. Salades et antipasti composées de produits du terroir accompagnent avantageusement les blancs et rouges servis au verre ou en bouteille.

SALOTTO 42
Piazza di Pietra, 42
✆ +39 06 678 5804
www.salotto42.it
Envie d'une ambiance CSP+ ? Rendez-vous dans ce lieu prisé des jeunes cadres dynamiques romains, qui se pressent sur les sofas moelleux. L'*aperitivo* de 19h à 21h y est très apprécié.

STRAVINSKY BAR
Via del Babuino, 9
www.hotelderussie.it
Café 7 €, cocktail 10-12 €.
Envie d'une soirée chic ? Rendez-vous dans le bar de l'Hôtel de Russie. A l'intérieur du bâtiment, on découvre une superbe cour intérieure, agrémentée d'un charmant jardin où se tient le bar. Bien sûr, le verre est un peu cher, mais il vient avec de petites assiettes de tapas.

La pause mythique

ANTICO CAFFE GRECO
Via Condotti, 86 ✆ +39 06 679 1700
www.anticocaffegreco.eu
Ouvert tous les jours sauf le dimanche de 8h à 20h30.
Archiconnu et touristique, ce café du XVIIIe aux tentures pourpres a accueilli parmi ses tables en marbre et ses fauteuils veloutés les grands de l'époque : Stendhal, Wagner, Goethe… Le service, classe, est celui d'une grande maison, les prix aussi.

TEA ROOM
A.D
AFFE 1760 GREC

» Clubs et discothèques

ART CAFÉ

Via del Galoppatoio
(dans la villa Borghèse), 33
✆ +39 06 454 334 87
Ouvert du mardi au samedi. Entrée gratuite mais très sélecte.
Le club à la mode qui fait danser les fashionistas, un vrai défilé ! Au sein même de la villa Borghèse, qui imaginerait trois salles bourdonnantes de R&B-latino, house et revival. Autant dire que ça se trémousse sévère dans les carrés VIP !
Les barmen aussi mettent l'ambiance et, pour recharger les batteries, pâtes et pizzas sont offertes vers 3h du matin. Vous l'aurez compris, pour avoir une infime chance d'entrer, il faudra soigner votre look comme jamais.

GILDA

Via Mario dei Fiori, 97
✆ +39 06 678 4838
www.gildabar.it
Ouvert du jeudi au dimanche de 23h à 4h. Entrée : 15 €.
Les chroniques mondaines ne tarissent pas d'éloges sur Gilda, dont le nom évoque une star pulpeuse des années 30. Le club se veut d'ailleurs rétro chic, malgré la musique trop souvent commerciale que passent ses DJ. Un détail qui n'empêche pas la foule de se presser aux portes, toute de style vêtue. L'été, Gilda devient On the Beach sur la plage de Fregene, mais les tongs ne sont toujours pas acceptées.

GREGORY'S JAZZ CLUB

54/a Via Gregoriana
✆ +39 06 679 6386
www.gregorysjazz.com
Ouvert du mardi au dimanche de 19h à 2h. Fermeture estivale.
A vous de choisir votre ambiance : au rez-de-chaussée, un pub irlandais avec une longue carte de whiskies et, à l'étage, un club de jazz cosy qui accueille les meilleurs artistes de la ville. Les jam sessions du mercredi sont à retenir pour une soirée à deux pas de la place d'Espagne. Possibilité de dîner.

» Spectacles

MAISON DU CINÉMA À VILLA BORGHÈSE

5 Piazzale Scipione Borghese
✆ +39 06 328 10
www.casadelcinema.it
2 500 m^2 de cinéma, en livres, expositions, conférences de presse, salles de projection et DVD en accès libre. Le temple des cinéphiles et l'occasion pour les autres de rentrer dans la villa Borghèse.

TEATRO SISTINA

Via Sistina 129
✆ +39 06 420 0711
www.ilsistina.com
Billetterie tous les jours de 10h à 19h. Spectacles du mardi au samedi à 21h, le dimanche à 17h. Places de 20 à 40 €.
Un théâtre dédié à la comédie musicale (de *Carmen* à *Cats*) avec aussi des ballets modernes et parfois des spectacles pour enfants. Les pièces changent tous les mois, programme disponible sur le site Internet.

Vatican et Trastevere

VATICAN ET TRASTEVERE
CITÉ DU VATICAN
PRATI
CAMPO MARZIO
PONTE PARIONE
PIGNA
Musée Groriano Prof.
La pinacothèque du Vatican
Musée du Vatican
Les Stanze de Raphaël
Chapelle Sixtine
Les appartements Borgia
Basilique Saint-Pierre
Information
PIAZZA SAN PIETRO
Piazza S. Marta
Château Saint-Ange
Mausoleo di Adriano
Musée national du château Saint-Ange
Parco Adriano
Mausolée d'Auguste
Ottaviano-S. Pietro
Cipro-Musei Vaticani
Tevere
Piazzale degli Eroi
Via Andrea Doria
Via R. di Lauria
Piazza S. Maria delle Grazie
Via Candia
Viale S. Veniero
Viale Vaticano
Via della Giuliana
Via Leone IV
Via Giulio cesare
Via Vespasiano
Via Ottaviano
Via Germanico
Via dei Gracchi
V. Cola di Rienzo
Via Plinio
Via Boezio
Via Terenzio
Piazza dei Risorgimento
Via Cresenzio
Via Porcari
Borgo Angelico
Via Alberico II
Via Vitelleshi
Borgo Vittorio
Borgo Pio
Borgo S. Angelo
Via di Porta Angelica
V.d. Mascherino
Via di Conciliazione
Borgo
S. Spirito
Largo Gio. XXIII
Piazza Pia
Pont Saint-Ange
Ponte V. Emanuele II
Piazza Adriana
Via Triboniano
Piazza Cavour
Via Ulpiano
V.V. Colona
Via M. Dionigi
Via P. Cossa
Via Tacito
Via Cicerone
Via Lucrezio Caro
Via Gioachino
Piazza Cola di Rienzo
Via Valadier
Via E. Visconti
Lungotevere dei Mellini
Lungotevere in Augusta
Pte. reg. Margherita
Ponte Cavour
Lung. Prati
Lung. Castello
Ponte Umberto I
Lungomare Marzio
Lungomare Tor di Nona
V.d. Mte. Brianzo
Via Zanardelli
Via di Ripetta
Via del Corso
Via Tomacelli
V. Clementino
Piazza Borghese
Piazza Nicosia
Via di Scrofa
Via dei Coronari
Corso Vittorio Emanuele II
Via Giulia
Lungomare s. Sangallo
Piazza della Chiesa Nova
Piazza Navona
Corso di Rinascimento
Via D. Vecchia
Ponte pr. Am. Sav. Aosta
Lungotevere Gianicolens
Via della Lungara
Sal. di S. Onofrio
Via UrbanoVIII
Viale delle Mura Aurelie
Via delle Fornaci
Piazza S. Uffizio
Largo di Porta Cavalleggeri
Via di Staz. Vaticana
Via Aurelia
Via di Pta. Cavalleggeri
Via di Porta Fabrica
V.d. Stazione
Via Paolo II
Piazza S. Maria alle Fornaci
Gregorio VII
Clivo Monte del

San Pietro
AURELIO
LA COLLINE JANICULE
TRASTEVERE
S.ANGELO
Torre del Drago
Villa Abamelek
Villa Doria Pamphili
Villa Medici
Villa Aurelia
Parco Gianicolense
Piazzale G. Garibaldi
Largo di Pta. S. Pancrazio
Fontaine dell'acqua Paola
Villa Sciarra
Palazzo Corsini (galerie nationale d'art antique)
Villa Torlonia
Villa Farnesia
Villa Farnesina
S. Dorotea
Museo di Roma in Trastevere
S. Pietro in Montorio
S. Maria in Trastevere
San Crisogono
Eglise S. Cecilia
Madonna dell'Orto
San Francesco d'Assisi a Ripa
Tevere
Ponte Sisto
Ponte Garibaldi
Ponte Fabricio
Ponte Cestio
Ponte Sublicio
Piazza Campo di Fiori
Piazza Farnese
Piazza B. Cairoli
Piazza F. Borgoncini Duca
Piazza di S. Egidio
Piazza S. Maria in Trastevere
Piazza S. Callisto
Piazza S. Cosimato
Piazza Mastai
Piazza Mercanti
Piazza di Pta. Portese
Piazza B. da Feltre
Piazzale Wurts
Piazza S. Pancrazio
Via Aurelia Antica
Via di S. Pancrazio
Via delle Fornaci
Via Nova delle Fornaci
Viale delle Mura Aurelie
Via della Cava
Via del Vago-Terrione
Via Garibaldi
Pass. dei Gianicolo
Via Giacinto Carini
Via dei vascello
Via G. Dezza
Via Algardi
Via Quattro Venti
Via B. Bricci
Via Vitella
Via G. Medici
Via Nicola Fabrizi
Viale Glorioso
Via Dandolo
Via Calandrelli
Via G. Mameli
Via Morosini
Via Luciano Manara
Via S. Francesco
Viale di Trastevere
V. Ascianghi
V. de Settesoli
Via Anicia
Via di S. Michele
Porto di Ripa Grande
Via della Luce
Via P. Peretti
Via d. Salumi
Via Lungarina
Via della Lungaretta
V. Modena
V. Politeana
Vic. d. Cinque
V. di Scala
Via S. Dorotea
della Farnesina
Lungotevere Sanzio
Lungotevere
Lungomare dei Tebaldi
Lungomare d. Vallati
Lungomare dei Censi
Via dei Riari
Francesco di Sales
Via della Lungara
Via di Mantellate
G. Mazzini
Via Pettinari
Via Arenula
V. Torre Argentina
Emanuele II
Giulia
Musée
Curiosité
Information touristique
Edifice religieux
Station de métro
0
250 m

© AUTHOR'S IMAGE

Vatican et Trastevere

Ce sont les deux quartiers qui à coup sûr vous feront traverser le Tibre. Au nord, le Vatican, Etat pontifical comme chacun sait et, au sud, le Trastevere, dont le nom signifie « par-delà le Tibre ». Entre les deux s'étend la colline du Janicule.

D'un point de vue géographique, le Vatican s'étend de la plaine située au nord du Champ-de-Mars jusqu'à la colline du Vatican où se trouve la cité fortifiée du Vatican. Cette colline était utilisée par les augures étrusques pour faire leurs prédictions, les « vaticinations » qui ont vraisemblablement donné leur nom à la colline. Du temps de Néron, l'endroit était occupé par un stade privé que l'empereur avait hérité de son oncle Caligula. Plusieurs nécropoles s'y trouvaient, le long des voies Cornelia et Triomphlis. Néron y aurait fait construire un cirque. C'est là qu'aurait été martyrisé saint Pierre et, après lui, nombre de chrétiens. L'histoire du Vatican prend un tournant lorsque Constantin, premier empereur chrétien, fait construire là une première basilique qui deviendra Saint-Pierre-de-Rome. En 846, les Sarrasins envahissent Rome. L'année suivante, le pape Léon VI fait entourer le quartier de Saint-Pierre d'une première enceinte fortifiée qui sera régulièrement restaurée et renforcée jusqu'au XVIe siècle.

La Cité du Vatican, également appelée le Borgo, constitue la plus grande partie de l'Etat pontifical. Elle comprend donc la basilique Saint-Pierre, les palais du Vatican et les jardins. Hors de l'enceinte, vers l'est, se trouve le château Saint-Ange, relié au Vatican par la via della Conciliazione, et le quartier commerçant de Prati, traversé par la trépidante via Cola di Rienzo. Des boutiques plus ou moins chics et branchées et de très bons restaurants se trouvent dans le coin, tandis qu'en allant vers le nord le quartier se fait plus résidentiel.

Au sud du Vatican, la colline Janicule marquait la frontière du pays étrusque. Selon la légende, Janus, l'un des dieux de la fondation de Rome connu pour ses deux visages regardant dans des directions opposées, s'installa sur le Janicule. Il eut plusieurs enfants dont Tiber, qui donna son nom au fleuve de Rome. Le Janicule demeura longtemps en pleine campagne. Ce n'est qu'au XVIIe siècle qu'Urbain VIII fit construire une muraille autour, que Garibaldi ne put franchir lorsqu'il tenta de prendre la ville par le Janicule en 1849. Le Janicule est aujourd'hui, avec la villa Borghèse, le lieu de balade incontournable de la ville, en particulier pour les superbes panoramas qu'offre la colline.

Statue de Saint-Pierre.

© S^TÉPHANE SAVIGNARD

Derrière le Janicule, le quartier de Trastevere fait face au centre historique, sur la rive opposée du Tibre. La partie la plus visitée par les touristes avec son lacis de ruelles se trouve du côté du Janicule, mais le quartier se prolonge bien plus bas le long du viale Trastevere, jusqu'au niveau du mont Testaccio et de la station ferroviaire Trastevere. L'origine du quartier est populaire. Durant l'Antiquité, attirés par le développement de la ville, les étrangers venaient y camper, Juifs et Syriens en particulier. L'empereur Auguste incorpora cette banlieue à la ville et Aurélien engloba le Trastevere dans les murs du IIIe siècle, mais les vestiges de bâtiments officiels de la Rome antique et impériale y sont rares (on y vient surtout pour se balader). Du fait de cet isolement, le quartier a longtemps gardé son côté plébéien. Mais depuis une dizaine d'années, l'authenticité du Trastevere n'est plus un secret. De nombreux étrangers, surtout des Anglais et des Américains, s'y sont installés et les touristes affluent, ce qui a bien sûr porté un sérieux coup au folklore local. Les trattorias familiales sont encore bien présentes, mais certaines se sont un peu transformées en pièges à touristes, tandis que parallèlement s'installent des établissements de plus en plus branchés. Il n'empêche que l'on ne peut qu'aimer ce joyeux mélange de touristes et de Romains qui se retrouvent le soir dans les rues et sur les places dans une ambiance vraiment stimulante.

VISITER

Dans le quartier du Vatican, les objets de visite ne manquent pas. La basilique Saint-Pierre et les musées du Vatican, sans parler du château Saint-Ange, pourraient bien vous retenir une journée entière. Dans le Trastevere en revanche, à part la visite d'une ou deux églises et pour les passionnés d'art Renaissance la villa Farnesina, on passe surtout son temps à flâner dans les ruelles pour s'imprégner de l'ambiance. Venez-y en fin de journée quand les lumières sont les plus belles et quand le quartier commence à s'éveiller en prévision des réjouissances nocturnes. Ne manquez pas non plus de monter sur la colline du Janicule pour le coucher de soleil.

BASILIQUE SAINT-PIERRE-DE-ROME
Piazza San Pietro
Voir la rubrique Les immanquables / Points d'intérêt (p 18).

CHÂTEAU SAINT-ANGE
Lungotevere Castello, 50
✆ +39 06 6896003 / +39 06 6819111
www.castelsantangelo.com
Bus 40

© ISTOCKPHOTO.COM/STYF22

Castel Sant'Angelo de nuit.

Ouvert tous les jours sauf le lundi, de 9h à 19h30. Fermé à Noël et le 1er janvier. Entrée 8,50 €. Le billet peut augmenter en fonction des diverses expositions temporaires.

Essayez donc d'y arriver par le pont Saint-Ange, orné de ses statues baroques, dont les superbes anges de Bernin qui portent chacun un instrument du calvaire du Christ. On jouit en plus d'une très belle vue sur le Vatican. Le château fut conçu par l'empereur Hadrien pour servir de tombeau à sa famille, en 135 de notre ère. La base carrée de 89 m de côté porte un haut cylindre de 64 m de diamètre, surmonté d'un tertre

Visite du Vatican futé

Pour éviter la longue file d'attente devant les musées du Vatican, vous pouvez réserver vos billets coupe-file via le site Internet du Vatican (4 € de frais de prévente en sus). Sinon, essayez d'y aller le mercredi matin, tout le monde est alors réuni sur la place Saint-Pierre pour l'audience papale. Notez aussi que les musées sont ouverts (de 9h à 13h) et gratuits le dernier dimanche du mois. Sacrées économies en perspective, mais dire qu'en haute saison il y a foule est un doux euphémisme.

boisé et d'un autel. A l'époque d'Aurélien, le château devient forteresse et prison, puis résidence papale au XVe siècle où est construit un corridor jusqu'à Saint-Pierre. Une précaution qui sera bien utile durant le sac de Rome ! Clément VII et Paul III se font ensuite construire (1520-1530) les superbes appartements que l'on visite aujourd'hui. A proximité de la bibliothèque, ne pas manquer un ensemble de coffres en bois contenant jadis les archives secrètes du Vatican. De là, on peut atteindre la terrasse supérieure surmontée de l'archange saint Michel en bronze. Tout en admirant le panorama et la vue de Saint-Pierre, vous vous souviendrez de la scène finale de *Tosca,* d'après l'opéra de Puccini, tournée par Franco Zeffirelli à cet endroit.

COLLINE DU JANICULE

Il s'agit de cette colline qui borde Rome à l'ouest, entre le Vatican et le Trastevere, et qui marquait la frontière du pays étrusque. Janus, l'un des dieux de la fondation de Rome, s'installa sur le Janicule. Il avait deux visages qui regardaient dans deux directions opposées. C'était le dieu du Passage (d'où le mois de janvier) et de la Guerre. Les portes de son temple sur le Forum étaient ouvertes en temps de guerre et fermées en temps de paix. C'est aussi par le Janicule que Garibaldi attaqua Rome en 1849, sans pouvoir s'emparer de la ville, et c'est pourquoi on peut y voir sa statue.

ÉGLISE SAN PIETRO N MONTORIO

Piazza San Pietro in Montorio, 2
Trastevere
✆ +39 065813940
www.sanpietroinmontorio.it
Bus n° 44,75,710,870,115
Ouvert de 8h30 à 12h et de 15h à 16h (du lundi au vendredi).

Un lieu de grande quiétude sur le Janicule. Eglise Renaissance construite pour le roi d'Espagne, Ferdinand II, au début du XVIe siècle, sur le lieu supposé du martyre de saint Pierre. Béatrice Cenci, celle qui fit assassiner son père, l'affreux Francesco, y repose. A côté de l'église, Donato Bramante a construit une sorte de maquette de temple rond, considéré comme l'archétype de la perfection des formes et des proportions par les humanistes de la Renaissance et que l'on appelle communément le Tempietto.

©ISTOCKPHOTO.COM/WEKWEK

Statue sur le pont Sant'Angelo.

Église Santa Maria in Trastevere.

ÉGLISE SANTA MARIA IN TRASTEVERE

Piazza S. Maria in Trastevere
✆ +39 06 581 4802
Tram n° 8 depuis le largo Torre Argentina ; descendre à l'arrêt « Viale Trastevere », après la piazza Mastai, d'où l'on suit la via di S. Francesco a Ripa qui conduit à la piazza S. Callisto, située derrière la basilique. Ouverte de 7h30 à 13h et de 16h à 19h.
Ouvert de 7h30 à 20h.
Sa fondation remonterait au IIIe siècle apr. J.-C. quand une petite communauté chrétienne obtint de l'empereur Septime Sévère la cession d'un terrain. Sous sa forme actuelle, l'église fut érigée à l'initiative d'Innocent II à partir de 1140 et fut maintes fois remaniée. Le clocher du XIIe siècle porte une niche décorée d'une mosaïque de la Vierge à l'Enfant, thème que l'on retrouve sur les mosaïques de la façade qui sont de la même époque. L'intérieur obéit à un plan basilical classique, avec deux rangées de colonnes récupérées sur des sites antiques. Comme toutes les églises de l'époque, les mosaïques ont encore un style très byzantin. Remarquez en particulier la voûte de l'abside avec son Christ et la Vierge assise sur un trône et, sur la partie basse, les mosaïques de Pietro Cavallini. Ce contemporain de Giotto participa au renouveau de la peinture et à la libération du joug byzantin. Ici, il a réalisé six panneaux représentant des scènes de la vie de la Vierge. Le riche plafond du XVIIe siècle est peint par le Dominiquin. Enfin, l'inscription devant le chœur rappelle l'emplacement de la Fons Oleia et l'origine mythique de l'église : en 38 av. J.-C., une source d'huile aurait annoncé la naissance du Christ et serait devenue objet de pèlerinage.

FONTAINE DELL'ACQUA PAOLA

Trastevere

Sur le Janicule, à proximité de l'église San Pietro in Montorio se trouve la majestueuse fontaine dell'Acqua Paola, qui marque l'arrivée de l'aqueduc de Trajan. Erigée en 1612, elle se compose de trois arches constituant un seul et unique arc de triomphe qui rappelle la fontaine dell'Acqua Felice située en face de Santa Maria della Vittoria. Elle est du même artiste, Fontana. On salue au passage *Garibaldi sur son cheval*, en haut d'un socle monstrueux selon les habitudes grandiloquentes de l'époque (1895), avant d'atteindre l'Ospedale del Bambino Gesù et la petite église de Sant'Onofrio. C'est là que mourut le Tasse en 1595. Chateaubriand y versa des larmes, une longue citation des *Mémoires d'outre-tombe* est gravée sur la façade de l'église. La vue est splendide.

GALLERIA CORSINI

Via della Lungara, 10

✆ +39 06 688 023 23 / +39 06 328 10

Bus n°65, 23, 280, 170, 717, 75, 44, 60, 56, 181

Ouvert de 8h30 à 19h30. Fermé le lundi, le 25 décembre et le 1er janvier. Entrée : 5 €.

Construit au XVe siècle par un neveu de Sixte IV, devenu ensuite propriété des Corsini, il fut la résidence à Rome de la reine Christine de Suède (qui d'ailleurs y mourut), puis de Joseph Bonaparte. Acquis par l'Etat italien en 1883, il abrite la collection d'œuvres d'art des Corsini avec des toiles d'artistes majeurs : le Caravage, Van Dyck, Poussin... Voir surtout *Salomé et la tête de Baptiste* de Guido Reni, ou le petit tryptique du *Jugement dernier* de Fra Angelico. Le palais est également le siège de l'Académie des Lynx, la plus ancienne des académies de Rome dont Galilée fut membre (1603) et qui est connue pour sa fabuleuse bibliothèque de plus de 100 000 volumes.

Piazza di Santa Maria in Trastevere.

MUSÉE DI ROMA IN TRASTEVERE

Piazza Sant'Egidio 1/B
✆ +39 06 581 6563
www.museodiromaintrastevere.it
Bus 125

Ouvert du mardi au dimanche de 10h à 20h. Fermé le 1er mai, à Noël et le 1er janvier. Entrée 6,50 €.

Situé dans l'ancien monastère de Sant'Egidio, l'édifice a été transformé en musée en 1976 et rénové en 2000. Les expositions permanentes sont dédiées à la vie quotidienne dans la Rome des XVIIIe et XIXe siècles. Métiers traditionnels (l'écrivain public, le pharmacien, le tavernier), traditions festives et religieuses sont présentés à travers gravures, aquarelles, dessins et personnages en cire. Au rez-de-chaussée, des expositions temporaires sont également organisées, avec une grande place accordée à la photographie.

PIAZZA SANTA MARIA IN TRASTEVERE

Piazza Santa Maria in Trastevere
Trastevere

Vous y passerez forcément lors d'une balade dans le Trastevere. La piazza de Santa Maria avec sa jolie fontaine de Bernin, son église et son décor du XVIIe siècle en est le centre. C'est le lieu de retrouvailles des familles en quête de fraîcheur, des touristes qui se prélassent en terrasse et des fêtards le soir. De là, partez vous perdre dans les *vicoli*, ces petits passages populaires suspendus dans le temps qui rappellent un peu le vieux Naples.

VILLA FARNESINA

Via della Lungara, 230
Trastevere
✆ +39 06 680 272 68
www.villafarnesina.it

Ouvert du lundi au samedi de 9h à 14h. Entrée : 5 €.

Un joyau de la Renaissance ! Cette résidence entourée de jardins fut bâtie pour accueillir les fêtes du richissime Agostini Chigi, le banquier des papes. Elle fut plus tard rachetée par Alexandre Farnèse, d'où son nom. Les meilleurs artistes de l'époque ont participé à l'ouvrage. Son architecte Baldassare Peruzzi (qui a également construit le palais Corsini) a décoré les salons du premier étage de peintures en trompe-l'œil ainsi que les voûtes de la salle de Galatée sur le thème des constellations. Raphaël, le protégé de Chigi, y a réalisé deux de ses chefs-d'œuvre avec le *Triomphe de Galatée*, représentant la nymphe sur un char tiré par des dauphins, et les plafonds de la galerie Psyché. A voir aussi les travaux de Sebastiano Del Piombo (scènettes inspirées des *Métamorphoses* d'Ovide et les *Amours*

© STÉPHANE SAVIGNARD

Restaurant dans une ruelle du Trastevere.

de Galatée avec le cyclope) et du Sodoma (*Noces d'Alexandre et de Roxane*).

VILLA SCIARRA

Il y a trois entrées qui se trouvent via Dandolo, viale delle Mura Gianicolensi et via Calandrelli.

Les amoureux des jardins vont se régaler ! Située entre le quartier du nouveau Monteverde et du Trastevere, la villa Sciarra est l'une des plus petites villas romaines, mais aussi l'une des plus belles. C'est un lieu de promenade idéal avec ses petits jardins reliés entre eux par de grandes allées bordées d'arbres, révélant des angles de vue insoupçonnés, surtout dans la partie haute du parc. Le parc a une superficie d'environ 8 000 m^2 et est essentiellement constitué d'espèces exotiques (58 espèces en provenance de l'Amérique et de l'Asie). Les arbres à fruits sont également nombreux, ainsi que les plantes typiques de la végétation méditerranéenne.

SE RESTAURER

Les restaurants n'abondent pas dans le quartier du Vatican, en tout cas aux abords de la Cité où il n'y a pas grand-chose à faire en dehors des visites. Pour un peu d'animation, il faut vous diriger vers le Tibre dans le quartier de Prati où l'on trouve même des adresses branchées intéressantes (comme Naboo et la Soffita). Ne parlons pas du Janicule qui est un lieu de promenade et non de vie. En revanche, dans le Trastevere, c'est tout l'inverse. La concentration de restaurants est impressionnante dans la mouvance *trattoria* traditionnelle. Certaines adresses sont effectivement authentiques, mais attention on y trouve le meilleur comme le pire !

Cuisiner comme un chef

Voici le moyen d'épater vos amis à votre retour de Rome ! Pour leur préparer de succulents antipasti, des pâtes maison et un bon dessert, inscrivez-vous à un cours de cuisine. Dans son restaurant familial du Trastevere, le chef Andrea Consoli vous révèlera même les secrets de manipulation de la fleur de courgette. La leçon dure environ 5 heures (pour un coût de 65 € par personne), au terme desquelles on déguste ce que l'on a préparé. Renseignements : www.cookingclassesinrome.com

LE FATE
Viale di Trastevere 130
✆ +39 06 580 0971
www.lefaterestaurant.it
Les cours de cuisine ont lieu dans ce restaurant, du lundi au samedi à 10h, sur réservation uniquement.

» Sur le pouce

FALAFEL KING
Via del Mascherino, 59/61
✆ +39 06 68 80 23 99
Ouvert tous les jours.
Pour un repas rapide à deux pas du Vatican, optez pour des falafels préparés sur commande, de bonnes salades, un taboulé ou des tartines d'houmous. Le tout servi avec le sourire, une denrée rare dans les environs du Vatican !

PIZZARIUM
Via della Meloria, 43
Aux alentours du Vatican
✆ +39 06 3974 5416
M° Cipro.
Repérer le petit attroupement, près de la station de métro Cipro Musei Vaticani. Pizzarium attire les locaux comme un aimant avec ses pizzas *al taglio*. Allez-y les yeux fermés.

» Pause gourmande

BISCOTTIFICIO INNOCENTI
Via della Luce 21
✆ +39 06 580 3926
Ouvert du lundi au samedi de 9h à 13h et de 16h à 19h30, ainsi que le dimanche de 9h à 13h. Fermé du 15 août au 15 septembre.
Frappe, castagnole, tozzetti con le mandorle sont quelques-unes des douceurs proposées dans cette caverne d'Ali Baba du biscuit au cœur du Trastevere. Les étudiants l'adorent ! Si vous préférez le salé, pas de problème, il y a aussi des petits fours et des mini-pizzas à emporter.

DOLCE IDEA
Via Tolemaide, 14
✆ +39 06 8892 2774
www.dolceidea.com
Ouvert du lundi au samedi de 10h à 20h.
Avis aux amateurs, le chocolatier

napolitain Dolce Idea possède une boutique à Rome. L'occasion de tester tous les cacaos du monde.

GELARMONY

Via Marcantonio Colonna, 34
Prati ✆ +39 06 320 2395
www.gelarmony.it
Ouvert tous les jours de 10h à tard dans la nuit.
La via Colonna regorge décidément de bonnes adresses siciliennes, car, adjacent à Mondo Arancina, on rencontre ce paradis de la glace. Gelarmony met en scène des glaces siciliennes avec une vaste gamme de goûts. Il ne faudra pas manquer la brioche gigantesque remplie de glace et surmontée de crème. Les vitrines offrent un cadre coloré et déconcertant de saveurs. Seuls les produits naturels sont utilisés à Gelarmony et toutes les glaces – à base de fruits ou crémeuses – sont fabriquées à la main.

GELATERIA OLD BRIDGE

Viale dei Bastioni di Michelangelo, 5
Vatican ✆ +39 06 397 230 26
M° Ottaviano San Pietro.
Ouvert du lundi au samedi de 9h à 2h, le dimanche de 15h à 2h.
Vous prendrez bien une petite glace après votre visite des musées du Vatican ? Depuis plus de 20 ans, ce minuscule glacier régale touristes et Romains du quartier avec ses glaces de saison servies dans des proportions très généreuses. Les parfums orange, menthe et amaretto sont des must !

VALZANI

Via del Moro, 37/b
Trastevere ✆ +39 06 580 3792
www.valzani.it
Ouvert de 14h à 18h les lundi et mardi, de 9h30 à 18h du mercredi au dimanche. Fermé en août et début septembre.
Sur la sympathique via del Moro, ce pâtissier-chocolatier régale les papilles du Trastevere depuis 1925. Il vous faudra beaucoup de cran pour parvenir à choisir entre les multiples truffes au chocolat, dont les plus originales sont épicées, les œufs de Pâques et les gâteaux fondants.

Terrasses dans le quartier de Trastevere.

» Bien et pas cher

AUGUSTO

Piazza de Renzi, 15
Trastevere
✆ +39 06 580 3798
Ouvert tous les jours, sauf le dimanche, de 12h30 à 14h30 et de 19h à 23h. Repas entre 15 et 20 €.
Soyez patients, car cette *trattoria* est une adresse bien connue et l'attente est parfois longue. Mais, une fois attablé devant les délicieuses assiettes du chef, vous ne regretterez rien. Ici, la cuisine est familiale, simple et traditionnelle. Pas de déception à craindre.

BIBLI

Via dei Fienaroli, 28
Trastevere
✆ +39 06 581 4534
www.bibli.it
Ouvert le lundi de 17h à minuit et du mardi au dimanche de 11h à minuit.
Dans une tranquille ruelle du Trastevere, le café de cet espace culturel (librairie, centre Internet, concerts, conférences et projections de films certains soirs) offre une formule brunch tout à fait intéressante. A partir de 12h30, vous pourrez vous rendre au buffet et faire le plein de tartes salées, de quiches, de crêpes, de polenta... sans oublier des desserts présentés en nombre. A déguster dans un patio bien agréable.

Bars sur les quais du Tibre près de Ponte Sisto.

DA LUCIA

Vicolo del Mattonato, 2B
Trastevere
✆ +39 658 036 01
Ouvert du mardi au dimanche de 12h30 à 15h30 et de 19h30 à minuit.
Une adresse familiale authentique (depuis 1938), plebiscitée par locaux et touristes. A la carte : assortiment d'antipasti (dont le *pecorino* accompagné de miel), *gnocchi*, calamars aux pois gourmands et, pour les amateurs, un ragoût de lapin succulent. Le service est efficace et sympathique, les portions copieuses et les prix restent doux.

DINO & TONY

Via Leone IV, 60
Aux alentours du Vatican
✆ +39 06 397 332 84
Ouvert tous les jours sauf le dimanche. Comptez environ 20 € par personne.
L'adresse incontournable du quartier, tant pour la cuisine que pour son atmosphère hautement conviviale. En cuisine, le premier frère, Tony, ravira les gourmands d'antipasti, de pâtes et de pizzas. Mais ne cherchez pas la carte, elle n'existe pas ! En salle, le second, Dino, assure un service impeccable et chaleureux. En partant, vous aurez l'impression d'avoir fait un vrai repas de famille à l'italienne ! Même si les touristes ne sont pas nombreux, les Italiens adorent, alors réservez !

Les bonnes adresses de Luisa Longo

Voilà maintenant six ans que Luisa Longo, artiste peintre travaillant la soie en virtuose, a quitté son atelier de Bologne pour créer dans sa maison de famille du Trastevere le Bed & Breakfast Buena Notte Garibaldi, incontestablement la plus charmante maison d'hôte de la ville. Elle y a bien sûr transposé son atelier et continue de produire des vêtements et tissus d'ameublement de la plus belle qualité qu'elle présente dans de nombreux salons dédiés à la mode et à la décoration. Jeune femme esthète et raffinée, elle nous a confié ses préférences romaines :

- **Pour une promenade,** la colline du Janicule avec San Pietro in Montorio et le temple de Bramante où les vues sur Rome sont splendides.
- **Le musée de la villa Giulia** avec sa superbe collection d'art étrusque.
- **L'Antica Pesa** pour sa cuisine excellente.
- **Da Lucia,** une *trattoria* typique.
- **Gente,** pour le choix.
- **Les boutiques du quartier Monti** pour leur originalité.

ANTICA PESA
Via Garibaldi 18
Trastevere
✆ +39 6 580 9236

DA LUCIA
Vicolo del Mattonato, 2B
Trastevere
✆ +39 658 036 01

ÉGLISE SAN PIETRO IN MONTORIO
Piazza San Pietro in Montorio, 2
Trastevere
✆ +39 065813940

GENTE
Via del Babuino 81 et 185
✆ +39 06 320 7671

GUESTHOUSE BUONANOTTE GARIBALDI
Via Garibaldi, 83
✆ +39 065 830 733

MUSÉE NATIONAL ÉTRUSQUE DE LA VILLA GIULIA
Piazzale di Villa Giulia 9
✆ +39 06 322 6571

FABRICA
Via G. Savonarola, 8
Aux alentours du Vatican
✆ +39 06 397 255 14
www.fabricadicalisto.com
M° Ottaviano San Pietro.
Fermé le lundi. Le dimanche, brunch de 12h30 à 16h et high tea de 21h à 23h.
Une ancienne menuiserie à deux pas des musées du Vatican qui a évolué en un charmant petit restaurant à la déco industrielle. Le buffet à 14 € est servi sur une longue table proposant quiches, *focacce*, moussaka, brioches, plumcake, tarte au chocolat... et bien d'autres surprises.

MARCO G
Via Garibaldi, 56
Trastevere
✆ +39 06 5809289 / Portable : 340 7970937
www.marcog.it
Ouvert du mercredi au lundi de 19h à 23h30. Samedi et dimanche de 12h30 à 15h et de 19h à 23h30. Fermé le mardi. Réservation conseillée.
Sachez que le patron, Marco G, parle couramment français et, si vous avez de la chance, il vous accueillera peut-être lui-même. Pour l'*aperitivo* ou le dîner, cet établissement est toujours parfait. Les plats sont simples, bon marché et le service bien meilleur que partout ailleurs dans le Trastevere.

LA PAROLACCIA
Vicolo Cinque, 3
Trastevere
✆ +39 06 583 0633
www.ristorantecenciolaparolaccia.org
Ouvert de 12h30 à 14h30 et de 19h à 23h, fermé le dimanche.
Les Romains sont connus pour parler vulgairement et jurer facilement. La Parolaccia (le gros mot) s'inspire de cette tradition. Ainsi, ne soyez pas surpris, on y sert une riche nourriture copieusement accompagnée d'insultes au moment de la commande, du service et de l'addition ! Le concept est pour le moins original. Boudé à ses débuts, la Parolaccia connaît à présent un étonnant succès. Avant d'y aller – si toutefois la formule vous convient – armez-vous de la plus grande tolérance et révisez un peu votre argot romain.

» Bonnes tables

ANTICA PESA
Via Garibaldi 18
Trastevere
✆ +39 06 580 9236
www.anticapesa.it
Ouvert tous les jours de 12h30 à 14h30 et de 19h30 à 23h30. A partir de 50 € par personne.
Un restaurant au charme sans pareil, doté d'un chef cuisinier particulièrement talentueux. On dîne ici comme dans un cliché, autour d'une table carrée, nappée de blanc et éclairée d'une chandelle. Les plats sont recherchés, les saveurs originalement agencées et le résultat alterne entre tradition et nouveauté.

ISOLE DI SICILIA
Via Garibaldi 68/69
✆ +39 0658334212

www.siciliainboccaweb.com
Fermé le dimanche. Ouvert tous les soirs, à partir de 20h30. Pâtes : 12 €, risotto : 13 €, verre de vin : 4 €.
La Sicile s'invite dans le quartier de Trastevere, dans ce restaurant aux couleurs ensoleillées. Situé à l'écart des boutiques et adresses touristiques, vous y dînerez en toute tranquillité, même s'il vaut mieux réserver. Préférez les tables en extérieur, à la (trop ?) vaste salle. Les plats, peu copieux, sont typiques mais manquent un peu de caractère. La carte des vins propose plus d'une centaine d'étiquettes.

LA SOFFITTA RENOVATIO

Piazza Risorgimento, 46a
Aux alentours du Vatican
✆ +39 06 688 929 77
www.ristoranterenovatio.it
M° Ottaviano San Pietro
Ouvert tous les jours sans interruption de 11h à 1h. Comptez environ 25 à 35 € par personne.
La pizzeria napolitaine dans toute sa splendeur. Tenue par la famille Di Michele, originaire des Abruzzes, l'établissement mise sur la tradition, ce qui lui réussit plutôt bien, vu que le chef, Stefano Di Michele a été auréolé du titre de meilleur pizzaiolo d'Europe.

LA SCALA

Piazza della Scala 58/61
Trastevere
✆ +39 06 580 3763
www.ristorantelascala.it
Ouvert tous les jours de midi à 24h30. Repas hors boisson pour environ 30 €.
Encore un charmant restaurant du Trastevere ! Celui-ci nous propose l'*osso buco alla romana*, des *scallopine al marsala*, des raviolis aux quatre fromages, le *durisotto pescatore* et un petit choix de bonnes pizzas. La cuisine y est simple et bonne, les prix sont abordables.

LA TAVERNA TRILUSSA

Via del Politeama 21/23
✆ +39 06 581 8918
Ouvert tous les jours de 12h à 15h et de 19h à 23h. Repas entre 20 et 35 €.
Le service laisse parfois à désirer, mais cette table du Trastevere fait quasiment l'unanimité tant auprès des touristes que des Romains qui la fréquentent en nombre. On s'attable sous les vignes d'une magnifique terrasse devant des plats de pâtes qui font la réputation du lieu. Ne manquez pas les raviolis mimosa, spécialité du chef.

Taverna Trilussa dans le quartier de Trastevere.

VATICAN ET TRASTEVERE

» Luxe

IL SIMPOSIO
Piazza Cavour, 16
Aux alentours du Vatican
✆ +39 06 3203 575 /
+39 06 321 502
www.pierocostantini.it
Ouvert du lundi au samedi de 12h30 à 15h et de 19h30 à 23h. Bar à vin de de 12h30 à 15h et de 18h à 23h. Comptez 30 à 60 € par plat.
Les amateurs et les connaisseurs de vin sont ici au bon endroit. Le Simposio est l'une des meilleures caves de Rome. Pour ne pas boire le ventre vide, on vous sert de merveilleux plateaux de fromages et des plats chauds. Médaillé en 2002 par le Touring Club italien, ce restaurant au décor Liberty concocte une cuisine riche de fantaisie (comme le gâteau de pommes de terre et fleurs de courgettes), tout en y associant les recettes du terroir.

TAVERNA DE MERCANTI
3a Piazza de Mercanti
Trastevere
✆ +39 06 588 16 93 /
+39 06 588 0449
www.tavernademercanti.com
Tram Trastevere / Mastai
Pizza de 12 à 16 €. Plat de viande : de 13 à 30 €. Ouvert seulement le soir, sauf le lundi.
Un décor exceptionnel pour ce restaurant installé dans une ancienne demeure médiévale, pratiquement intacte. La terrasse, légèrement en hauteur, bordée de fleurs, surplombe la place du marché du quartier de Trastevere. Relativement isolé et préservé, l'endroit semble surgir du passé. Prix élevés justifiés surtout par le calme et l'emplacement.

Cartes postales papales.

SHOPPING

Tout le long de la via della Conziliazone qui mène à la basilique Saint-Pierre, les magasins proposent des souvenirs et des articles religieux. Pour le shopping dans la quartier du Vatican, direction Prati et en particulier la via Cola di Rienzo. On y trouve des enseignes comme Guess, Diesel, Miss Sixty, Mango, Calvin Klein, beaucoup de magasins de chaussures, des épiceries fines... Autre ambiance dans le Trastevere dont les ruelles sont plutôt le repaire de quelques jeunes créateurs qui proposent leurs objets dans de minuscules boutiques. A ne pas manquer le dimanche matin, le marché aux puces.

Quartier de Trastevere, boutique artisanale.

ARTIGIANINO

Viccolo de'Cinque 49
Piazza Trilussa
✆ +39 06 70 18 330
www.artigianino.com/

Tout une gamme colorée de porte-feuilles, de sacs, de sacoches ou de mallettes et valises en cuir, made in Rome. Les lignes de certaines créations sont très originales, et d'autres plus classique. A chacun ses goûts ! Plusieurs boutique dans Rome.

Autres adresses : Via Appia Nuova 187, M° Re di Roma • Via Appia Nuova, 133. M° Re di Roma • Via Candia 2A, M° Ottaviano • Via Vittoria 67, M° Spagna.

CASTRONI

Via Ottaviano 55
✆ +39 06 397 232 72
www.castronigroup.it

Ouvert du lundi au samedi de 7h30 à 20h.

Cette épicerie fine propose des spécialités culinaires du monde entier (thé, épices...). Côté produits locaux, vous pourrez y acheter vins et liqueurs, huiles d'olive, café au détail, pâtes, biscuits... L'ambiance est charmante. Au bar, ne manquez pas de goûter le cappuccino, d'une onctuosité incomparable !

MARCHÉ AUX PUCES DE LA PIAZZA PORTA PORTESE

Trastevere
www.portaportesemarket.it

Tous les dimanches, de l'aube à 14h.

L'un des plus grands marchés au puces d'Europe, avec son lots de bonnes affaires, d'arnaques et de pickpockets. Prudence, donc, mais l'ambiance gouailleuse vaut le détour.

OUTLET GENTE

Via Cola di Rienzo, 146
✆ +39 06 689 2672
www.genteroma.it

Ouvert du mardi au samedi de 10h à 19h30, le lundi de 15h30 à 19h30.

Le meilleur de la mode italienne jusqu'à -50 % ! Cet outlet récupère les stocks Gente des années précédentes et les revend à bas prix. Une aubaine ! Pour les collections de cette année, rendez-vous dans le quartier de la piazza di Spagna.

SPAZIO CORTO MALTESE

Via Fabio Massimo, 67
✆ +39 06 454 331 36
www.spaziocortomaltese.com
Ouvert du lundi au samedi de 9h à 13h et de 16h à 19h30.
Les fans de BD se précipitent dans cet espace. Le héros d'Hugo Pratt et bien d'autres personnages bullesques y sont présents en éditions originales. Des planches de jeunes dessinateurs sont aussi exposées.

SORTIR

On s'en doute, le quartier du Vatican, siège de l'Eglise catholique, n'est pas le meilleur endroit de la ville pour passer des soirées trépidantes. Une adresse à retenir toutefois, le club de jazz Alexanderplatz. Le Trastevere en revanche semble s'éveiller au coucher du soleil et draine les foules jusque tard dans la nuit. Les bars y sont nombreux, du petit troquet au grand café branché. Il est aussi bien agréable de traîner sur la place Santa Maria pour observer le manège. Mais, si vous avez prévu de danser jusqu'au bout de la nuit, il faudra retraverser le Tibre et descendre dans le quartier du Testaccio (hors les murs).

Bars sur les quais du Tibre près de Ponte Sisto.

» Cafés - Bars

ALEXANDERPLATZ

Via Ostia, 9
✆ +39 06 397 421 71
www.alexanderplatz.it
Ouvert tous les jours de 20h à 2h. Entrée de 5 à 8 €. Réservation indispensable.
L'unique lieu de fête du Vatican, ou en tout cas le plus mythique. Vous pénétrez ici dans le plus ancien club de jazz d'Italie, où de nombreuses stars internationales ont joué. Les concerts débutent à 22h. En été, le club ferme et les concerts se déplacent au festival de jazz de Celimontana.

ARTÙ CAFÈ

Largo Maria Domenica Fumasoni, 5
Trastevere
✆ +39 06 588 0398
Ouvert tous les jours de 18h à 2h.
Ce restaurant, qui se change en bar/club à partir de 22h est situé sur la charmante place San Egidio du Trastevere. Un look vintage est ici travaillé, tant dans la déco que dans la musique, très années 1970 et

© AUTHOR'S IMAGE – PHILIPPE GUERSAN

Alexanderplatz Jazz club dans le quartier du Vatican.

1980. Le jeudi, des concerts ont lieu, remplacés par des DJ vendredi et samedi, dans la salle du sous-sol.

BAR GIANICOLO
Piazzale Aurelio 5
✆ +39 06 580 6275
Fermé le lundi.
Jus de fruits pressés en été ou chocolat chaud en hiver, lorsqu'une petite pause s'impose sur la colline du Janicule, c'est ici !

BIG MAMA
Vicolo di San Francesco a Ripa 18
✆ +39 06 581 2551
www.bigmama.it
Ouvert tous les jours de 21h à 1h30. Les spectacles commencent à 22h30. Prix de l'entrée variable selon les spectacles. Fermeture estivale.
Amateurs de blues, voici votre temple ! D'excellents musiciens de toutes les nationalités se produisent dans cette cave qui pourrait bien rivaliser avec les clubs de Harlem. Une ambiance très authentique donc. Certains soirs, la musique prend des consonnances jazz ou ethniques mais la qualité n'est jamais démentie. Manger ou boire un verre en écoutant de la (très) bonne musique, what else ? Ah, si ! Pensez à réserver pour être sûr d'avoir une table.

CIOCCOLATA E VINO
Vicolo del Cinque, 11/a
Trastevere
✆ +39 06 5830 1868
Le bar à shots du Trastevere ! Coincé entre deux ruelles, ce minuscule établissement sert les meilleurs cocktails qui soient.... ceux aux chocolat. Difficile à trouver, mais le résultat vaut la peine de chercher.

FRENI E FRIZIONI
Via del Politeama 4-6
Trastevere
✆ +39 06 454 974 99
www.freniefrizioni.com
Ouvert tous les jours de 18h à 2h, buffet de 19h à 22h.
Pour passer une soirée branchée et se frotter à la jeunesse romaine, rendez-vous à l'heure de l'*aperitivo* dans ce bar à cocktails. Dans un décor industriel, on jouit d'un buffet bien garni et d'une bonne musique, encore plus appréciable en terrasse, l'été.

» Spectacles

AUDITORIUM VIA DELLA CONCILIAZONE

Via della Conciliazone, 4
✆ +39 06 688 010 44
www.auditoriumconciliazione.it

L'Auditorium della Conciliazione est une prestigieuse salle de concerts, qui programme depuis les années 1930 les plus grands concerts de musique classique. Des chefs d'orchestre tels que Herbert Von Karajan ou Léonard Bernstein s'y sont produits.

CINÉMA AZZURRO SCIPIONI

Via degli Scipioni, 82
✆ +39 06 397 371 61
Entrée : 6 €.

Avis aux cinéphiles, le cinéma Azurro Scipioni vous séduira assurément grâce à la programmation d'art et d'essai, qui fait honneur aux grands réalisateurs italiens, comme au films étrangers. Rendez-vous dans la salle Chaplin, pour les sorties récentes, et dans la salle Lumière, pour les chefs-d'œuvre !

NUOVO SACHER

Largo Ascianghi 1
✆ +39 06 581 8116

Les cinéphiles ne manqueront pas de se rendre dans ce cinéma de quartier dans le Trastevere, c'est l'antre du célèbre réalisateur romain Nanni Moretti. La programmation met en avant des films d'auteurs (italiens ou étrangers), projetés en version originale (le lundi). Il y a également un bar, une librairie et des séances en plein air durant l'été. Une très jolie ambiance bohème y règne.

TEATRO INDIA

Lungotevere Vittorio Gassman, 1
✆ +39 06 684 00 0314
www.teatrodiroma.net
L'achat et le retrait des billets se font au théâtre Argentina, sur le largo Argentina. Tarif unique : 15 €.

Temple de la performance et de la création, ce théâtre tient plus du centre d'expérimentation que de la salle classique. Pour les initiés et les curieux.

Flyer Nuovo Sacher.

Termini, Celio et Esquilin

TERMINI, CELIO ET ESQUILIN
Musée
Curiosité
Gare ferroviaire
Edifice religieux
Station de métro
LUDOVISI
CITE UNIVERSITAIRE
MONTE VIMINALE
Castro Pretorio
Repubblica
Termini
Vittorio Emanuele
GARE CENTRALE DE TERMINI
Information
Information
Musée Nat. romain
Thermes de Dioclétien
Aula Ottagona
S. Maria d. Angeli
Place de la République
S. Maria d. Vittoria
Santa Susanna
Pal. Barberini
Palazzo Massimo Musée Nat. romain
Teatro d. Opera
Palazzo delle esposizioni
S. Maria Maggiore
Santa Pudenziana
S. Prassede
Piazza Independenza
Piazza dei Cinquecento
Piazza S. Bernardo
Piazza d. Vinimale
Pizza d. Esquilino
Pizza S. Maria Maggiore
Piazza M. Fanti
Piazza dei Siculi
Villa degli Ernici
Largo D. Osci
Piazza Immacolata
Mura Serviane
Vers la fontaine des Tritons
Vers Open Colonna
Via Sallustiana
Via Flavia
Via XX Settembre
Via Leonica Bissolati
Via G. Carducci
Via Barberini
Via Cernaia
Via Montebello
Via Volturno
Via Gaeta
Via Castelfidardo
Via Palestro
Via Martino d'Batt
Viale Castro Pretorio
Via Storzesca
V. Mozambano
Viale del Policlinico
Viale dell'Università
Viale Regina Elena
Viale delle Scienze
Via Torino
Via Solferino
Via Vicenza
Via Varese
Via Marghera
Via Milazzo
Via Castro Pretorio
Via L.
Viale E. De Nicola
Enaudi
Via Modena
Via Nazionale
Via Napoli
V. Viminale
Via di Quattro Fontane
Via Palermo
Via Marsala
Vialke Pietro Gobetti
Frentani
Via dei
Viale Pretoriano
Via dei Taurini
Viale Porta Tiburtina
Via dei Ramni
Marrucini
Via dei Luceri
Via dei Corsi
Via Porta S.
Via Tiburtina
Via degli Equi
dei Latini
Via Cavour
Via Daniele Manin
Via Giovanni Giolitti
Via Mendola
Via Cesare Balbo
Via Urbana
Via S. Maria Magiore
Via Gioberti
Via C. Cattaneo
Via Principe Amedeo
Via Napoleone III
Via Carlo Alberto
Via Panisperna
Via Paolina
V. di Olmata
V. Merulana

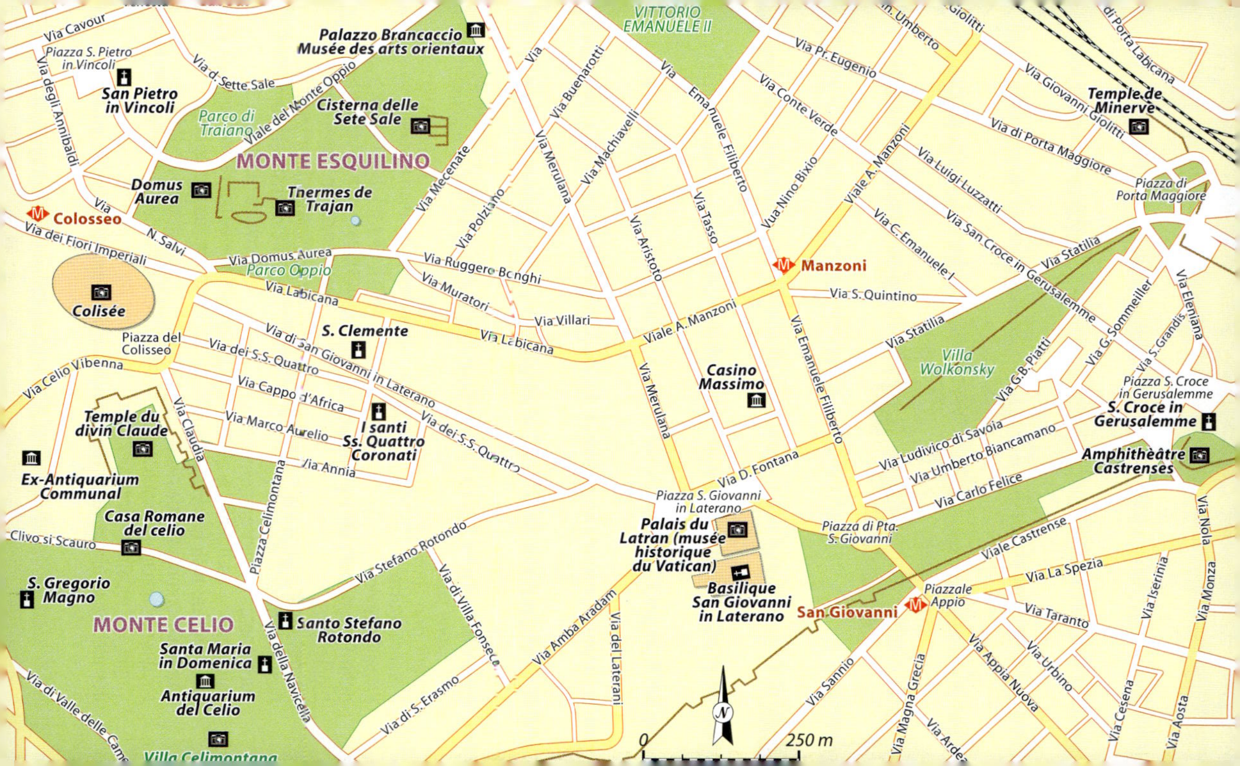
VITTORIO EMANUELE II
Palazzo Brancaccio
Musée des arts orientaux
San Pietro in Vincoli
Piazza S. Pietro in Vincoli
Cisterna delle Sete Sale
Parco di Traiano
MONTE ESQUILINO
Domus Aurea
Thermes de Trajan
Colosseo
Colisée
Parco Oppio
S. Clemente
Piazza del Colisseo
Temple du divin Claude
Ex-Antiquarium Communal
Casa Romane del celio
S. Gregorio Magno
MONTE CELIO
Santo Stefano Rotondo
Santa Maria in Domenica
Antiquarium del Celio
Villa Celimontana
I santi Ss. Quattro Coronati
Casino Massimo
Manzoni
Villa Wolkonsky
Temple de Minerve
Piazza di Porta Maggiore
Piazza S. Croce in Gerusalemme
S. Croce in Gerusalemme
Amphithéâtre Castrenses
Piazza S. Giovanni in Laterano
Palais du Latran (musée historique du Vatican)
Basilique San Giovanni in Laterano
Piazza di Pta. S. Giovanni
Piazzale Appio
San Giovanni
Via Cavour
Via degli Annibaldi
Via d. Sette Sale
Viale del Monte Oppio
Via N. Salvi
Via dei Fiori Imperiali
Via Domus Aurea
Via Labicana
Via Mecenate
Via Polziano
Via Ruggero Bonghi
Via Muratori
Via Villari
Via Merulana
Via Buenarotti
Via Machiavelli
Via Aristoto
Via Tasso
Via Emanuele Filiberto
Via Pr. Eugenio
Via Conte Verde
Vua Nino Bixio
Viale A. Manzoni
Via S. Quintino
Via C. Emanuele I
Via Luigi Luzzatti
Via San Croce in Gerusalemme
Via Statilia
Via di Porta Maggiore
Via Giovanni Giolitti
di Porta Labicana
Giolitti
m. Umberto
Via G.B. Piatti
Via G. Sommeiller
Via S. Grandis
Via Eleniana
Via di San Giovanni in Laterano
Via dei S.S. Quattro
Via Cappo d'Africa
Via Marco Aurelio
Via Annia
Via Celio Vibenna
Via Claudia
Piazza Celimontana
Clivo si Scauro
Via Stefano Rotondo
Via della Navicella
Via di Valle delle Came
Via di Villa Fonseca
Via di S. Erasmo
Via Amba Aradam
Via del Laterani
Via D. Fontana
Via Ludivico di Savoia
Via Umberto Biancamano
Via Carlo Felice
Viale Castrense
Via La Spezia
Via Taranto
Via Appia Nuova
Via Urbino
Via Sannio
Via Magna Grecia
Via Ardea
Via Cesena
Via Aosta
Via Iserinia
Via Monza
Via Nola
0
250 m
N

© AUTHOR'S IMAGE – PHILIPPE GUERSAN

Termini, Celio et Esquilin

Pour beaucoup, c'est par la gare Termini que s'opère le premier contact avec la Ville éternelle. L'environnement est le même que dans toutes les gares d'Europe : larges avenues, circulation automobile, fast-foods. Pourtant, c'est autour de Termini, sur la colline de l'Esquilin, que l'on découvrira la plupart des églises paléochrétiennes de la ville !
Cette zone comprend d'abord l'axe reliant San Giovanni in Laterano à Santa Maria Maggiore, puis au palais Barberini, englobant la piazza della Republicca, les thermes de Dioclétien et la partie nord de la via Cavour menant à la gare. C'est la face nord de la colline de l'Esquilin, qui est après le Quirinal voisin la plus haute colline de Rome. Le quartier de l'Esquilin, bien que choisi dans l'Antiquité comme lieu de résidence par des personnages comme Horace, Virgile et Properce, garda pendant des siècles une mauvaise réputation. Maudit et malsain à cause de la présence de marais, il était utilisé comme lieu de sépulture des esclaves, des prostituées et des condamnés à la peine capitale. Au Moyen Age, sorcières et nécromanciens le choisirent pour se réunir la nuit et célébrer leurs rites mystérieux. Ce n'est qu'après 1870 et l'élection de Rome comme capitale de l'Italie que l'Esquilin fut pris d'assaut par la spéculation immobilière et se transforma en quartier résidentiel constitué d'immeubles gris typiquement piémontais. Cependant, le quartier situé entre la gare Termini et la piazza Vittorio Emanuele garde encore une mauvaise réputation. La colline est dominée par l'église Santa Maria Maggiore ; au sud de celle-ci, l'Esquilin descend dans le quartier de Monti vers la via dei Fiori Imperiali. Au nord de la gare de Termini, le quartier Castro-Pretorio doit son

nom à la caserne de la garde prétorienne qui fut construite par Tibère. Il s'étend jusqu'à la via XX Settembre et la muraille d'Aurélien. En passant la porte Pia, on rejoint le quartier de Nomentura au nord et San Lorenzo à l'est. Le long de la via Marsala, qui longe la gare sur la face nord, se trouvent de nombreux hôtels, snacks et agences de voyage à destination des voyageurs à petit budget, tandis que la via Nazionale aligne magasins de mode et de chaussures bon marché.

Au sud-est de l'Esquilin, le mont Celio, également l'une des sept collines de la Rome antique, s'étend derrière le Colisée en direction de Saint-Jean-de-Latran. A l'époque romaine, il est occupé par de grands domaines patriciens et par des bâtiments militaires. Puis après le règne de Constantin, il devient le siège de l'Eglise catholique qui construit la plus grande église du monde, San Giovanni in Laterano. Dévasté par les Normands de Robert Guiscard au XIe siècle, puis délaissé par les papes qui s'exilent en Avignon puis se réinstallent au Vatican, le Celio est resté une zone quasi campagnarde à l'intérieur des murs. L'expansion urbaine de l'Italie du Risorgimento s'y est curieusement peu manifestée. Le quartier, très important du point de vue archéologique et historique, représente également une zone riche d'attractions et d'amusements. Dans les petites rues situées entre le Colisée et la basilique se trouvent de nombreux restaurants et trattorias romaines, restaurants internationaux et marchés de quartier à l'atmosphère typique. Pendant l'été, la villa Celimontana, l'une des villas les plus appréciées des Romains, devient un endroit où il est possible d'écouter de la musique (notamment un festival de jazz très connu) ou d'assister à des spectacles de cinéma en plein air. On trouve sur le Celio de vastes jardins, des couvents et des hôpitaux. C'est sans doute grâce à eux que les anciens édifices religieux ont été préservés. Au sud du Celio, derrière le viale delle Terme di Caracalla, on retrouve l'Aventino et la Rome antique qui se prolonge hors les murs vers la via Appia Antica et la colline du Testaccio.

Fontana del Tritone du Bernin sur la Piazza Barberini.

VISITER

Entre les très nombreuses églises paléochrétiennes, des musées vraiment dignes d'intérêt et les jardins de la colline du Celio, voici un quartier de visite somme toute assez complet.

BASILIQUE PAPALE SANTA MARIA MAGGIORE

Piazza di S. Maria Maggiore
✆ +39 06 698 868 00
scavi@fsp.va
M° Cavour.
Ouvert tous les jours de 7h à 19h. La sacristie est ouverte de 7h à 12h30 et de 15h à 18h30. Entrée gratuite.
C'est l'une des quatre grandes basiliques dites « patriarcales » avec Saint-Jean-de-Latran, Saint-Pierre du Vatican et Saint-Paul-hors-les-Murs. Le pèlerinage à Rome comportait des démarches pieuses dans ces quatre édifices pour bénéficier de toutes sortes d'indulgences. Depuis les accords de Latran, en 1929, ces quatre édifices font partie de l'Etat du Vatican. Il s'agit donc d'une basilique imposante, capable d'accueillir de grandes foules, mais qui, contrairement au Latran, a gardé une unité qui la rattache à son histoire. Le bâtiment est dégagé de tous côtés ; une vaste place s'étend devant la façade (Piazza Santa Maria Maggiore) et une autre, plus vaste encore, du côté de l'abside (Piazza dell'Esquilino). La façade du XVIIIe siècle est l'œuvre de Ferdinando Fuga, un architecte du baroque tardif proche de Fransceco Borromini. Fuga l'a construite sur une façade précédente sans effacer les mosaïques du XIIIe siècle, œuvre de Filippo Rustici. Les mosaïques racontent le rêve du pape Liber : le 5 août 358, la neige tomba sur l'Esquilin et, sur cette neige, le pape Liber traça le périmètre de la nouvelle église. Encore aujourd'hui, tous les 5 août, on fête à Rome le miracle des neiges et l'on fait tomber sur la place, en face de la basilique, de la neige artificielle. La basilique actuelle remonte au Ve siècle. Sa construction est liée au concile d'Ephèse de 431 qui proclama Marie, mère de Dieu.

Femme en prière à la basilique Santa Maria Maggiore (Sainte-Marie-Majeure).

© ITZAK NEWMANN – ICONOTEC

BASILIQUE SAN CLEMENTE

Piazza San Clemente
✆ +39 06 774 0021
www.basilicasanclemente.com
M° Colosseo. Bus 85, 87, 117, 186, 571
Du Colisée, descendre la via Giovanni in Laterano. Ouvert de 9h à 12h30 et de 15h à 18h. Le dimanche de 12h à 18h.

San Clemente est sans aucun doute l'un des monuments les plus représentatifs de l'époque paléochrétienne et médiévale à Rome. Elle mérite une longue visite et une étude approfondie. L'ensemble est complexe, puisqu'il comporte trois niveaux, qui donnent, soit dit en passant, une idée de l'élévation du niveau du sol au cours de l'histoire.

Le niveau inférieur est celui d'une habitation datant de l'époque républicaine, où fut installé au IIIe siècle un temple de Mithra, remplacé ensuite par un culte chrétien, probablement clandestin. Sur cette base, on construisit au IVe siècle une basilique dédiée au pape Clément (88-97 apr. J.-C.), le quatrième successeur de saint Pierre. Ravagée comme tous les environs par les Normands en 1084, elle fut reconstruite sur ses ruines au XIIe siècle, puis agrémentée au XVe et XVIIIe siècle.

L'église supérieure est une basilique à trois nefs, séparée par des colonnes antiques. Elle a conservé tous les éléments classiques des basiliques anciennes : le chœur, le presbyterium derrière l'arc triomphal et l'abside avec le siège épiscopal. Le pavement et la décoration du mobilier de marbre sont l'œuvre des Cosmates, mais les mosaïques de l'arc triomphal et de l'abside sont antérieures. Elles présentent un contraste entre les styles byzantin et romain. On peut voir l'agneau pascal entouré de douze agneaux représentant les apôtres avec, de part et d'autre, Jérusalem et Bethléem, l'Ancien et le Nouveau Testament.

A côté, dans la chapelle de Sainte-Catherine d'Alexandrie, des fresques de Masolino Da Panicale qui datent de 1429 constituent l'un des rares témoignages à Rome de l'art florentin du début du XVe siècle.

BASILIQUE SAN GIOVANNI IN LATERANO

Piazza San Giovanni in Laterano 4
Esquilin
✆ +39 06 698 864 33
www.vatican.va
M° San Giovanni.

Ouvert tous les jours de 7h à 18h30. La sacristie est ouverte de 8h à 12h et de 16h à 18h. Entrée gratuite.

La plus ancienne église au monde, fondée en 311, est aussi le siège de l'archevêché de Rome. Rien à voir avec les églises intimistes anciennes et propices au recueillement qui vous ont été données de voir. Ici, l'Eglise triomphante affiche sa victoire sur le paganisme. C'est la cathédrale de Rome, et ce fut la première église de la chrétienté avant que les papes ne lui préfèrent le Vatican à leur retour d'Avignon. C'est Constantin, premier empereur catholique qui offrit le territoire du Latran à l'Eglise, qui resta jusqu'au début du XIVe siècle le siège de l'administration pontificale. Inutile d'insister sur les ravages opérés par les Barbares, les Normands, les tremblements de terre et l'abandon du XIVe siècle... A leur retour d'Avignon, bien qu'installés au Vatican, les papes Martin V, Léon X, Paul IV, et surtout Sixte Quint (1585-1590), remirent la basilique en état. C'est ce Latran maniériste et baroque que nous voyons aujourd'hui.

Basilique San Giovanni in Laterano (Saint-Jean-de-Latran).

La façade de 1738 en rajoute dans le grandiloquent. Sous le porche, à gauche, la statue de Constantin provient des thermes et les portes en bronze sont issues de la curie antique. Du plan basilical originel restent les cinq nefs. Mais Borromini a habillé les pilastres de marbre et a aménagé des niches pour les statues des douze apôtres. Au-dessus, on voit des médaillons aux armes d'Innocent X. Le transept représente le témoignage le plus parlant du maniérisme romain. Tout cela est très intimidant. La chapelle du Saint-Sacrement offre quatre colonnes antiques couvertes de bronze doré. Unique ! Dans l'abside, les mosaïques de Jacopo Torriti, du XIIIe siècle, sont un chef-d'œuvre de l'art médiéval. A sa gauche, on accède à l'ancienne sacristie, décorée par une Annonciation de Marcello Venusti d'après un dessin de Michel-Ange. Quant au cloître avec ses petites arcades posées sur des colonnes décorées de mosaïques, c'est une petite merveille.

Le baptistère. Fondé par Constantin au IVe siècle, il est, selon la tradition de l'époque, séparé de l'église, car les catéchumènes n'avaient pas accès au sanctuaire. C'est au Ve siècle que furent installées les colonnes de porphyre qui sont au centre de l'édifice. Le lanternon est du XVIe et les fresques du XVIIe. Mais les parties les plus intéressantes sont sans doute les chapelles attenantes : celle de Saint-Venance, de Sainte-Rufine et Seconde, ainsi que celle de Saint-Jean, à cause des mosaïques anciennes qu'elles ont conservées. En sortant du baptistère, on passe devant l'obélisque de granit rose, rapporté d'Egypte pour être placé au Circus Maximus et transporté au Latran par Sixte Quint.

BASILIQUE SANTA CROCE IN GERUSALEMME

Piazza Santa Croce in Gerusalemme, 12
✆ +39 06 706 130 53
www.santacroceroma.it
M° San Giovanni.
Ouvert tous les jours de 7h à 12h45 et de 15h30 à 19h30.

Non loin du Latran, à côté de la porte Santa Maria Maggiore, c'est l'une des sept basiliques de pèlerinage de Rome car, comme son nom l'indique, elle contient un fragment de la croix du Christ, ainsi que d'autres reliques ramenées par Hélène, mère de Constantin (qui, rappelons le, fut le premier empereur chrétien), de son pélerinage à Jérusalem : des épines de sa couronne, un clou de la Passion et même un doigt de saint Thomas ! Cett église est en outre l'une des plus anciennes de Rome (on peut encore voir les colonnes de granit d'origine et le baptistère de Constantin récemment mis au jour), bien que fortement remaniée au XIIe siècle (témoin de cette époque le charmant campanile et le sol cosmatesque), puis au XVIIIe siècle baroque. En plus de la chapelle des reliques, on peut voir de très belles fresques datées du XVe siècle relatant le pélerinage de sainte Hélène.

BASILIQUE SANTA PRASSEDE

Via di Santa Prassede, 9a
✆ +39 06 488 2456
M° Cavour
Ouvert tous les jours de 7h à 12h et de 16h à 18h30.

Sainte Praxède était fille de Pudens, sénateur romain qui aurait hébergé saint Pierre. Une église lui fut consacrée au Ve siècle, reconstruite par Pascal Ier (817-824) à l'époque de la grande restauration carolingienne. Le plan est évidemment basilical à trois nefs, avec arc triomphal et abside, couverts de mosaïques. La chapelle attenante, Saint-Zénon, est le tombeau construit par Pascal Ier pour sa mère. Les mosaïques de l'abside sont sans doute le meilleur exemple de mosaïques carolingiennes affranchies de l'esthétique byzantine. On y voit saint Paul tenant sainte Praxède sous sa protection, avec Pascal sous son auréole carrée. Au-dessus de la porte de la chapelle Saint-Zénon, des médaillons présentent le Christ entouré des apôtres et la Vierge accompagnée de saintes. C'est l'intérieur surtout qui est étonnant, très étroit et entièrement couvert de mosaïques du IXe siècle montrant personnages et éléments végétaux. Une niche ajoutée plus tard abrite un fragment de colonne de la flagellation.

© S. REMAIN – ICONOTEC

Mosaïque de la basilique Santa Prassede.

ÉGLISE SANTA MARIA DELLA VITTORIA ET LA SAINTE THÉRÈSE DE BERNIN

Via XX Settembre, 17
✆ +39 06 4274 0571
www.chiesasmariavittoria.191.it
M° Repubblica.
Ouvert tous les jours de 7h à 12h et de 15h30 à 19h.
Cette église construite par Maderno entre 1608 et 1626 présente une exubérance qui annonce les baroques futurs de l'Espagne ou de l'Europe centrale. Les peintures en trompe-l'œil, les marbres, les dorures sont loin de la sobriété de Borromini. Elle est à voir impérativement pour la chapelle Cornaro, à gauche dans le transept, réalisée par Bernin en 1650 et qui abrite sa très célèbre statue de *Sainte Thérèse en extase*. La scène fut décrite par la sainte elle-même : « La douleur était si vive qu'elle m'arrachait des gémissements, mais la suavité qui l'accompagnait était si grande que je n'aurais pas voulu qu'elle cessât. » Toute la virtuosité du sculpteur éclate dans cette œuvre étonnamment sensuelle. Bernin fit percer une fenêtre au-dessus de son œuvre pour en assurer l'éclairage. Le résultat est magnifique !

ÉGLISE SANTI QUATTRO CORONATI

Via dei SS. Quattro Coronati
Mont Celio
✆ +39 06 704 754 27
M° Colosseo. Bus 85, 87, 117, 186, 571. Juste à côté de l'église San Clemente.
De l'église de Saint-Jean-de-Latran, prendre la rue à gauche de via Merulana. Ouvert de 9h30 à 12h et de 16h30 à 18h. La crypte est ouverte aux mêmes horaires, mais seulement les jours fériés.
Ce couvent quasi fortifié est à deux pas de San Clemente, sur les pentes du Celio. C'était en effet une défense avancée du Latran où résidait le pape. L'église primitive fut détruite en 1084 par Robert Guiscard, comme toutes ses voisines. L'édifice actuel fut construit au début du XIIe siècle par le pape Pascal II. Propriété des bénédictins jusqu'au XVe, il devint ensuite le domaine des sœurs augustines, qui l'occupent encore aujourd'hui. Elles y tiennent un hospice pour sourds-muets. Le porche du couvent franchi, il faut traverser une première cour avant d'atteindre l'église. Celle-ci, simple, à trois nefs, présente quelques belles fresques anciennes, sur le mur de l'entrée en particulier. L'abside a perdu ses mosaïques, remplacées au XVIIe siècle par des fresques qui racontent le martyre de quatre saints, sous Dioclétien. Mais, surtout, lors de la reconstruction, on a supprimé les anciennes nefs latérales, ce qui donne à l'abside des dimensions bizarres par rapport à la nef centrale et aux fresques du XVIIe, et quelque chose de démesuré.

GARE TERMINI

M° Termini
La gare centrale de Rome fut commencée peu avant la Seconde Guerre mondiale pour remplacer la vieille gare qui datait de l'arrivée du chemin de fer à Rome dans les années 1850. C'est un fascinant bâtiment

moderne, dont la construction, interrompue par le conflit et terminée en 1950, est proche de l'esthétique des années 1930, dite de l'architecture totalitaire. La gare abrite toutes sortes de boutiques et même une galerie d'expositions temporaires. A gauche en sortant, les restes de la muraille de Servius Tullius datent du VIe siècle.

MUSÉE HISTORIQUE DU VATICAN

Dans le Palais de Latran.
Piazza San Giovanni in Laterano 4
M° San Giovanni.
Visites à 9h, 10h, 11h et 12h, du lundi au samedi. Tour guidé uniquement. Entrée 5 €.
Le musée historique du Vatican est depuis 1973 situé au premier étage du palais de Latran. L'entrée se trouve dans l'atrium de la basilique. Les 16 salles se visitent obligatoirement avec un guide conférencier. Les premières salles ont un intérêt architectural et historique, et les dernières galeries donnent un aperçu du protocole du Vatican. On y voit également une série de portraits des papes des 500 dernières années.

MUSÉE NATIONAL ROMAIN AU PALAZZO MASSIMO

Largo di Villa Peretti
✆ +39 06 3996 7700
www.archeoroma.beniculturali.it
M° Repubblica ou Termini. Bus C2, H, 36, 38, 40, 64, 86, 90, 92, 105, 170, 175, 217, 310, 360, 714, 910
Ouvert tous les jours, sauf le lundi, de 9h à 19h45. Entrée 7 €. Billet valable pour les 4 sites des Musées Nationaux Romains, Palais Massimo, Palais Altemps, Crypte Balbi et Thermes de Dioclétien).
Ce palais du XIXe siècle abrite une section du Musée national romain avec l'une des plus belles collections d'art antique au monde : portraits et bustes d'empereurs, bronzes, fresques, mosaïques, bijoux, sarcophages... du IIe av. J.-C. au IVe siècle.

Gare Roma Termini.

TERMINI, CELIO ET ESQUILIN

MUSÉE NATIONAL ROMAIN – THERMES DE DIOCLÉTIEN
Viale E. de Nicola, 79
✆ +39 06 3996 7700
http://archeoroma.beniculturali.it
M° Termini ou Repubblica. Bus C2, H, 36, 38, 40, 64, 86, 90, 92, 105, 170, 175, 217, 310, 360, 714, 910
Ouvert tous les jours, sauf le lundi, de 9h à 19h45. Entrée 7 €. Billet valable pour les 4 sites des Musées nationaux romains (Palais Massimo, Palais Altemps, Crypte Balbi et Thermes de Dioclétien).
Museo Nazionale Romano – Terme di Diocleziano. Au cœur des vestiges des Thermes de Dioclétien, siège le Musée national romain qui montre, en toute logique, des objets et vestiges provenant des différents thermes antiques de la ville. Il est également occupé par l'église Santa Maria degli Angeli, commandée à Michel-Ange au crépuscule de sa vie par le pape Pie IV. Le transept, immense, est aménagé dans ce qui fut le hall des thermes et laisse une grande impression de froideur.

PALAIS BARBERINI
Via Quattro Fontane, 13
✆ +39 06 328 10 /
+39 06 482 4184
www.galleriaborghese.it
M° Barberini.
Ouvert du mardi au dimanche de 8h30 à 19h. Fermé le lundi, le 25 décembre et le 1er janvier. Entrée 6 €. Réservation des billets obligatoire.
L'un des très grands musées romains. Les collections qu'il contient sont exceptionnelles, et en plus il y a beaucoup moins de monde qu'au Vatican ! Le palais Barberini a été construit à partir de 1620 par les trois grands architectes baroques, Bernin, Maderno et Borromini dont les escaliers (dans l'aile droite) sont une merveille. Les œuvres, du XVe au XVIIIe siècle, sont présentées de façon chronologique. Parmi les tableaux incontournables : *Judith et Holopherne* du Caravage, *La Fornarina* de Raphaël, le *Portrait de Beatrice Cenci* de Guido Reni, la *Vierge à l'Enfant* de Filippo Lippi, l'*Enlèvement des Sabines* de Sodoma. Egalement des peintures du Greco, de Titien, ainsi que de l'école française des XVIIe (Poussin), des Flamands, des maniéristes italiens. Cette pinacothèque existe depuis 1995.

PALAIS DES EXPOSITIONS
Via Nazionale, 194
✆ +39 06 3996 7500
www.palazzoesposizioni.it
M° Reppublica. Bus 40 - 64 - 70 - 71 - 117 - 101 - H (arrêt Nazionale/ Palazzo Esposizioni)
Entrée 12,50 €.
Avec une superficie de 10 000 m², ce bâtiment surnommé le Palaexpo est le plus grand espace d'exposition interdisciplinaire à Rome. De facture néoclassique, il fut inauguré en 1883 et a rouvert ses portes en 2007 après cinq ans de travaux. Sa programmation est essentiellement consacrée à l'art contemporain toutes disciplines confondues. Il accueillait en mai 2011 une grande exposition consacrée à l'unification de l'Italie, et en 2012, une autre sur le photographe Robert Doisneau.. On trouve également dans le palais une salle de cinéma, un auditorium, un restaurant, un café et des espaces de jeux pour les enfants.

Palazzo Barberini (galerie nationale d'art ancien).

■ **PALAIS DU LATRAN**

Piazza San Giovanni in Laterano
M° San Giovanni ou Manzoni
Le palais se visite en même temps que le musée historique. Donc aux heures des visites guidées. Même billet (5 €).

Lorsque les papes rentrent d'Avignon, le palais dans lequel ils résidaient est dévasté. Ils s'installent donc au Vatican et entreprennent de restaurer tout l'ensemble religieux du Latran. L'édifice actuel, qui abrite le gouvernement du diocèse de Rome, date du pontificat de Sixte Quint. Sa construction fut confiée par le pape à Domenico Fontana. Les restes du palais médiéval furent rasés, mais d'importantes reliques furent replacées dans la nouvelle chapelle des papes. Ainsi en est-il de la Scala Santa, l'escalier qui aurait été gravie par le Christ dans le palais de Ponce Pilate et qui aurait été miraculeusement transportée par sainte Hélène, mère de Constantin, de Jérusalem au Latran ; les fidèles la grimpent à genoux. L'autre relique majeure est une icône représentant le Christ et qui serait l'œuvre des anges ! C'est dans ce palais que furent signés, en 1929, les accords de Latran, entre le Saint-Siège et Mussolini, qui reconnaissent l'existence politique du Vatican.

Il regno di tiramisù !

■ **POMPI**

Via Albalonga, 7/11
✆ +39 06 700 0418
M° Re di Roma.
Ouvert tous les jours de 6h30 à 1h30.

Pompi se cache hors des murs d'Aurélien, derrière la porte San Giovanni, mais l'adresse mérite une petite marche aller, et retour, pour digérer. Car il y a fort à parier que vous en reviendrez repus. Ce bar-glacier est en effet connu pour ses multiples tiramisus, dont celui aux fraises.

SE RESTAURER

Autour de Termini, pas mal de restaurants proposent des formules touristiques à des prix attractifs, mais qui valent peu de chose d'un point de vue culinaire. Pour manger du côté de la gare, fiez-vous plutôt aux quelques adresses que nous vous recommandons. L'Esquilin propose un bon choix d'établissements, surtout en descendant vers le quartier Monti (*voir aussi notre chapitre sur le Colisée*). Pas grand-chose à signaler sur le Celio, en dehors des adresses assez touristiques que l'on trouve en allant vers la basilique San Giovanni in Laterano.

» Pause gourmande

■ **PALAZZO DEL FREDDO GIOVANNI FASSI**

Via Principe Eugenio, 65
✆ +39 06 446 4740
www.palazzodelfreddo.it
M° Vittorio Emanuele.
Ouvert du mardi au samedi de 12h à 00h. Le dimanche de 10h à minuit.

Le quartier peu touristique de la piazza Vittorio Emanuele n'est pas dénué

© STÉPHANE SAVIGNARD

Obélisque du Latran sur la Piazza San Giovanni in Laterano.

de bonnes adresses. Et pour cause, c'est ici que vivent les Romains ! Voici donc Palazzo del Freddo, le glacier du quartier, qui aimante les foules avec ses multiples parfums depuis 1880.

PANELLA L'ARTE DEL PANE
Via Merulana, 54
✆ +39 06 487 2651
www.panella-artedelpane.it
M° Vittorio Emanuele.
Ouvert du lundi au jeudi de 8h à 23h, vendredi et samedi de 8h à 00h, dimanche de 8h30 à 16h. Compter 8 € pour un aperitivo.
Le pain décliné dans toutes ses variétés. On est ici au-delà de la simple boulangerie. Panella présente le pain comme un aliment à part entière, à déguster comme un gâteau. Les *aperitivo* de la boutique sont d'ailleurs très prisés.

» Bien et pas cher

L'ESQUILINO
Via Cavour, 87
M° Cavour.
Ouvert tous les jours de 12h30 à 14h30 et de 19h à 23h.
Un restaurant aux allures de cantine sympathique, qui sert une carte simple et traditionnelle, constituée de plats consistants, comme chez la mamma. Les habitués apprécient le service chaleureux et la fraîcheur des ingrédients.

LA CICALA E LA FORMICA
Via Leonina, 17
Monti
✆ +39 06 481 7490 /
+39 347 843 9489
www.lacicalaelaformica.it
M° Cavour
Ouvert toute l'année sauf deux semaines en août. Plats de 7 à 17 €.
Ce restaurant à l'ambiance très sympathique se trouve au cœur du quartier Monti. La cuisine de la maison est majoritairement issue du terroir romain, même si on y ressent des influences venues d'Ombrie, de Toscane, Campanie, des Pouilles. Le pain, les pâtes et tous les desserts sont faits maison !

LUZZI
Via San Giovanni Laterano, 88
✆ +39 06 709 6332
www.colosseo.org/lucianoluzzi/
M° Colosseo.
Ouvert tous les jours midi et soir, sauf le mercredi. Comptez environ 20 € par personne, ou 8 € par pizza.
Si vous cherchez un endroit calme, passez votre chemin. Ici la vraie romanité explose ! Le propriétaire est un personnage digne d'une comédie italienne des années 1960, histrion et vrai commerçant. Les plats sont bons et on retrouve des spécialités romaines, comme les pizzas cuites au feu de bois. La terrasse a envahi la rue et l'ambiance est surexcitée.

» Bonnes tables

CANNAVOTA
Piazza S. Giovanni in Laterano 20
✆ +39 06 772 050 07
www.cannavota.it
Ouvert de 12h45 à 15h et de 19h45 à 23h. Fermé le mercredi. Compter 30 € environ.

Agata e Romeo.

© DR

Le cadre est vieillot et il faudra en faire abstraction si l'on veut profiter de ce que Cannavota a à offrir. Au menu : excellents antipasti, risotto aux fruits de mer et la spécialité du chef, les canelloni alla Canova (pâtes farcies aux champignons et fruits de mer). Vous avez ici l'assurance d'un repas soigné, consistant et servi dans une atmosphère détendue et honnête.

CHINAPPI
19, Via Augusto Valenziani
Entre la Villa Borghese e la Gare Termini
✆ +39 06 481 9005
Fax : +39 06 474 2454
www.chinappi.it
Menu dégustation (poisson) 50 €. Menu traditionnel (viande) 50 €. Grand menu méditerranéen (poisson) 75 €. Menu végétarien 50 €. Menu enfants 25 €. Menu surprise 100 €.
Dans la salle très élégante de son restaurant, Stefano, avec sa femme et son équipe dynamique, perpétue la tradition familiale en servant des plats à base de poissons, fruits de mer et crustacés connus dans toute la ville pour leur qualité et leur fantaisie. Le poulpe de Gaeta, les moules au Tegamino, la sole à la Chinappi, les huîtres et les crudités sont autant de spécialités à ne pas manquer.

RISTORANTE ISIDORO
Via di San Giovanni in Laterano 59/a
San Giovanni
✆ +39 06 700 8266
www.hostariaisidoro.com
Fermé le samedi à midi. Pour un repas complet, compter environ 20 € à 25 €.

Si vous avez très faim, essayez ce sympathique resto situé entre le Colisée et la basilique San Giovanni et demandez s'ils peuvent vous préparer des *assagini*, de petites portions de pâtes et de risotto apportées les unes après les autres jusqu'à ce vous déclariez forfait ! Sinon, le risotto aux fruits de mer fera très bien l'affaire. On s'installe dans une salle chaleureuse voûtée, aux murs en briques.

» Luxe

AGATA E ROMEO
Via Carlo Alberto, 45
Esquilin
✆ +39 06 446 6115
www.agataeromeo.it
M° Vittorio Emanuele.
Ouvert de 12h30 à 15h et de 19h à 23h, fermé les samedi et dimanche. Compter 20 à 40 € par plat. Menu dégustation à 58 €. Réservation obligatoire.
Ce restaurant très réputé a pourtant démarré comme une *trattoria* locale, faisant ses preuves au fil des années. Aux fourneaux, Romeo Caraccio et sa femme Agata Parisella préparent une cuisine du Latium et de Campanie inventive et raffinée. Possibilité de choisir entre deux menus dégustation. Côté vins, plus de 1 500 crus à la carte ! Jolie salle décorée de céramiques et de cristal.

SHOPPING

Un quartier de shopping plutôt populaire, entre les marchés de l'Esquilin, celui de via Sannio et les boutiques de mode bon marché de la via Nazionale. A noter aussi que l'on trouve bien une cinquantaine de boutiques (mode, librairie...) dans le hall de la gare Termini.

© DR

Agata e Romeo.

MARCHÉ DE LA VIA SANNIO
Saint-Jean-de-Latran
✆ +39 06 907 7312
Ouvert tous les matins jusqu'à 14h, et le samedi toute la journée.
Au sud de la piazza San Giovanni, le rendez-vous des bobos fanas du cuir ! Sacs, portefeuilles, chaussures, vestes et manteaux de seconde main se disputent les étalages. De bonnes affaires dans le désordre et la pagaille ! Y aller le samedi, jour où l'on trouve davantage de vendeurs, et bien fouiner pour dénicher la perle rare.

MARCHÉ DE L'ESQUILIN
Via Principe Amadeo
Tous les matins, du lundi au samedi.
Cette halle couverte abrite le plus grand marché de denrées alimentaires de Rome, situé dans le quartier très cosmopolite de la piazza Vittorio Emanuele II, derrière Termini. Epices, fruits exotiques, ingrédients typiques des cuisines orientales, se mêlent aux produits du terroir italien. Le marché aux poissons est particulièrement réputé.

SORTIR

Non, décidément, ce n'est pas là que vous ferez la fête. Quelques adresses seulement pour passer la soirée de façon agréable.

» Cafés - Bars

DOME CAFE
16/18 Via Domenico Fontana
✆ +39 06 648 215 67
www.domerockcafe.blogspot.com
Ouvert du lundi au samedi de 10h à 2h.
Pour une virée nocturne dans le quartier de la basilique San Giovanni, c'est l'adresse à retenir. On aime le décor recherché, fait de voûtes au plafond, de murs peints en rose, de gros tuyaux industriels et de bibelots gothiques que l'on croirait volés dans une église ! Le jazz règne en semaine, remplacé par la house et la pop le week-end.

SHAMROCK
Via Capo d'Africa 26/d
✆ +39 06 700 258
www.shamrockirishpub.it
Ouvert de 17h à 2h.
Un pub irlandais fréquenté par les étudiants, derrière le Colisée. On y boit de la bière, du cidre ou un bon whisky en écoutant de la musique celtique ou en regardant un match de foot.

TRIMANI
Via Goito,20
✆ +39 06 446 9661
www.trimani.com
M° Termini.
Ouvert du lundi au vendredi de 11h30 à 15h et de 17h30 à 00h30, le samedi uniquement le soir. Fermé en août.
Cette œnothèque est l'une des plus fournies de la ville. Plus d'une trentaine de vins sont proposés au verre, à accompagner de fromages et autres délicieux amuse-bouche. Une boutique du même nom est située à deux pas, pour prolonger la soirée à la maison.

© TRIMANI IL WINE BAR

Trimani.

Piazza dei Cinquecento, les terrasses de cafés.

Festival de jazz Villa Celimontana

Tous les étés durant le festival Estate Romana qui accueille moult événements culturels en ville, la villa Celimontana prend des airs jazzy avec des concerts organisés pratiquement tous les soirs à partir de 21h. Tous les courants du jazz sont représentés avec des formations talentueuses venues du monde entier. Un événement à ne pas manquer !

Renseignements : www.villacelimontanajazz.com

» Spectacles

TEATRO DELL'OPERA

Piazza Beniamino Gigli 7
✆ +39 06 481 602 55
www.operaroma.it
Grand salle classique, l'Opéra de Rome réunit tous les spectacles lyriques qui se jouent dans la capitale, du chant à la danse. L'été, le spectacle touche à la magie, puisque chaque œuvre est jouée dans les Thermes de Caracalla, rendant l'ensemble toujours plus dramatique.

TEATRO ELISEO

Via Nazionale 183
✆ +39 06 488 722 22
www.teatroeliseo.it
Places de 11 à 32 €.
Cette salle avant-gardiste met en scène des spectacles vivants de façon moderne. Productions essentiellement italiennes. Egalement des spectacles pour enfants.

Trimani.

Hors les murs

Stadio Olimpico
Farnestina
FORO ITALICO
Lungotevere M. Diaz
Ponte Flaminio
Ponte Milvio
Via Caproprati
Lungotevere Salvo d'Acquito
Piazzale Maresciallo Diaz
Lungotevere Maresciallo Diaz
Piazzale Card. Consalvi
Corso di Francia
Via degli Olimpioni
Via Israele
Via Olanda
Via Portogallo
Via Austria
Via Flaminia
Viale Tiziano
Lungotevere Gr. Ammiraglio Thaon di revel
Via Romano
Viale Pinturicchio
Via Cecoslovacchia
VILLAGIO OLIM
Largo Jacometi
Voia M. Longhi
Via G. Sacconi
Via Canada
Via U. sovietica
Ponte Duca d'Aosta
Via A. Sacchi
Via G. Calderini
Via Brunelleshi
Piazza dei Carracci
Via N. Nadi
Via Masacio
Palazzetto dello sport
Via Pietro de Cubertin
Parco d
S. Croce
Piazza Apollodoro
Via Pannini
MAXXI
Via Guido Reni
FLAMINIO
Lungotevere Flaminio
Via Francesca
Stadio Flaminio
Villa Flaminia
Viale del Vignola
Viale Marsciallo Pilsudski
Via Verpignani
Via Stren
Via Donatello
Salita dei Parioli
Viale Fracassini
Largo A. Sarti
Via G. C
Museo del Genio
Lungotevere della Vittoria
V. da Cortona
Via S. C
Via P. Bartolini
Via Corridoni
Piazza G. Randaccio
Via Costabella
Via Timavo
Piazza del Fante
Lungotevere G. Oberdan
Viale Carso
Via Canina
Tevere
Convetto nat.
Via A. Papa
Via Monte Zebio
V. Muggia
Via M. Prestinari
Teatro Manzoni
Via B.

ROME NORD
Musée
Curiosité
Edifice religieux
Gare ferroviaire
0
200 m
Lungotevere dell'Acqua Acetosa
Tevere
Via Venezuela
Villa Glori
Piazza del Mandorlo
Via dei campi sportivi
Via dell' Agonistica
Ple. Staz. A. Acetosa
Viale della Moshea
Stazione Acqua Acetosa
PARIOLI
Via Fonte Acqua Acetosa
Viale dei Parioli
Via Ruggero Fauro
Via A. Caroncini
Via Gian G. Porro
Piazza Digione
Via G. del Monte
Via Archimede
Ss. Cuore Imm. di Maria
Piazza Euclide
Villa Elia
Via Barnaba Orian
Via Francesco Denza
Via D. Chelini
Via G. Castellini
Via Martelli
Via V. Picardi
Via ARchimede
Via Archimede
Via Filippo Civinni
Via Pietro Antonio Micheli
Via G. Antonelli
Via E. Manfredi
Via ANtonio Bertolini
Viale dei Parioli
Via di S. Valentino
Via dei Monte Pairoli
Via F. Siacci
Piazza Pitagora
V. Stoppani
Via Antonio Gramsci
Via L. Luciani
Via G. Schiaparelli
Viale Bruno Buozzi
Via di Villa Sachetti
PINCIANO
Piazzale Don Minzoni
Villa Svezia
Via Michele Mercati
Via G. de Notaris
Viale Bruno Buozzi
Via Ulisse
Musée zoologique et africain
Parco Zoologico

AVENTINO
TESTACCIO
GARBATELLA
Tevere
Via Portuense
Lungot.Testaccio
Via Am. Vespucci
Via Giovanni Branca
Via Marmorata
Porticus Aemilia
Via Giovanni Battista Bodoni
Via Aldo Manuzio
Via A. Volta
Piazza di Servili
Largo M. Gelsomini
Parco della Resistenza dell 8 Sett.
Piazza Albania
V. Aventino
Via Aventina
Piazza s. Balbina
Thermes de Caracalla
Via Ponzo
Via E. Rosa
Via d. Piramide Cestia
Viale Giotto
Via Maderno
Viale Guido Baccelli
Via L.F. Cilone
San Saba
Ex-Mattatoio
Pyramide Cestia
Piazza di Porta S. paolo
Viale di Porta
Monte Testaccio
Ponte Testaccio
Macro Future
Cimetière protestant
Piramide
Staz. Roma-Lido di Ostia
Viale del Campo Boario
Via G. Dandini
Viale Marco Polo
Viale Ordoardo Beccari
Piazzale di Partigiani
Via G. da Empoli
Stazione Roma-Ostiense
Viale del Porto Fluviale
Pte. dell' Industria
Via Pel. Matteucci
Via Ostiense
Lungotevere dei Papareschi
Via P. Pigafetta
Via G. Benzoni
Via della Moletta
Via Cap. Bavastro
Musée de la centrale électrique Montemartini
Circonvallazione Ostiense
Piazza E. Biffi
Piazza Gov. da Lucca
Garbatella
Via Caffaro
Via Ignazio Persico
Via Padre Semeria
Via Guglielmo Massaia
Piazza G. Vallauri
Via G. Pullino
Via G. Ansaldo
Via F. Passino
V. R. de Nobili
Via S. Gherardi
Lungotevere di Pietra Papa
Via G. Rocco
Piazza D. Sauli
S. Francesco Saverio
Via Comboni
Viale di S. Paolo
Via di Commodilla
Largo d. Sette Chiese
Viale delle Setta Chiese
Ponte G. Marconi
Parco I. Schuster
Via L. da Vinci
Piazzale di S. Paolo
Eglise Saint-Paul-hors-les-murs
Via S. Nemessio
Piazza Cater. Sforza
Via C. Cloro
Via della Villa d. Lucina
Chiostro
Via Constantino
Viale F. baldelli
Via Guglielmo Marconi
Via Leo. Nobili
Basilica S. Paolo
Largo L. da Vinci
Via Rosa Garibaldi
Piazza Adele Zoagli Mameli
Via G. Imperatore
Via Filippi
V. Corinto
Largo E. Bortolotti
Via Alessandro Severo
Via Tito
Via Gaspare Gozzi
Via Gab. Chiabrera
Santuario Regina Apostolorum
Via Cristoforo Colombo
Vers l'église Saints Pierre-et-Paul
Vers la place Marconi
Largo Corinto
Vialle delle Academie

APPIO LATINO
Musée
Curiosité
Edifice religieux
Station de métro
0
350 m
Re di Roma
Piazza dei Re di Roma
Ponte Lungo
Piazza di Ponte Lungo
Piazzale Metronio
Parco Egerio
Parco degli Scipioni
Villa Galimani
Villa Alberica
Piazza Ruscolo
Piazza Zama
Piazza Galeria
Piazza Asti
Via Druso
Via Pannonia
Viale Metronio
Via Gallia
Via Licia
Via Pandosia
Via Obidia
Via Recina
Via Britannia
Via Cerveteri
Via Ceneda
Via Etruria
Via Albalonga
Via Vercelli
Via Appia Nuova
V. Casalmonferrato
Via Albenga
Via Immera
Via Lusitania
Via Satrico
Via di Porta Latina
Via di Porta S. Sebastiano
Via Vetulonia
Via Latina
Via Acaia
V. Veschia
Via Ivrea
Cicon. Appia
Via Amari
Via A. Baccarini
Via Paruta
Via Gino Capponi
Via Lidia
Via T. da Celano
V. Macedonia
Via D. Compagni
Viale della Caffarelletta
Via Cicilia
Via della Travicella
Via Appia Antica
Circon. Adreatina
Via Cristoforo Colombo
Via G. Trevis
Via Tite Omboni
Via Ardeatina
Piazza Cesare Nerazzini
V. Malfante
Via Panchaldo
Via R. Franchetti
Piazza del Navigatori
Catacombe di San Domitilla
Viale della Sette Chiese
Largo B. Bompiani
Catacombes de Saint Calixte
S. Callisto
Via Appia Pignatelli
Basilica S. Petronilla
Largo Martiri delle fosse Ardeatine
Mausoleo Fosse Ardeatine
Catacombes de San Sebastiano
Basilica S. Sebastiano
Tomba di Romolo Augustolo
Piazzale A. Tosti
Via di Petronilla
V. dell'Annunziatella
Via Carlo Tommaso
Via Meropia
Via Giulio Artiste Sartorio
Piazza F. Marc Lante
Piazza L. Lotto
Torre Marancia

© ALFREDO VENTURI - ICONOTEC

Hors les murs

Les richesses de Rome sont telles que l'on oublie que c'est une ville fortifiée. Pourtant la muraille érigée par Aurélien au IIIe siècle subsiste encore en grande partie. Tous les grands sites ou presque se trouvent dans cette enceinte. Mais il y a des exceptions comme la via Appia Antica ou le Monte Testaccio. Par ailleurs, on trouve hors les murs les lieux les plus branchés, discothèques ou structures d'art contemporain. Comme la ville n'est pas très étendue, il serait dommage de ne pas les prendre en considération lors de votre séjour romain. Voici les clés pour se repérer :

- **Au nord de la villa Borghèse,** les quartiers de Flaminio et Parioli s'étendent jusqu'au Tibre (au niveau du ponte Milvio) et au jardin de la villa Ada. Ce sont des quartiers paisibles habités par les VIP romains. C'est là qu'ont poussé les nouveaux lieux culturels de la ville comme l'auditorium Renzo Piano et les nouveaux grands musées d'art contemporain. De l'autre côté du Tibre, le Monte Mario accueille la Pergola, le restaurant le plus étoilé de Rome.
- **Plus à l'est,** au nord de Termini, le quartier Nomentana est lui aussi résidentiel et élégant. Il s'étend entre la via Salaria, la via Nomentana et la via Tiburtina. De nombreux parcs et villas bordent la via Nomentana, dont celui de la villa Torlonia où résidait Mussolini. On y trouve le MACRO (Musée d'art moderne) et les églises de Santa Constanza et Sant'Agnese.
- **Complètement à l'est de Termini,** au début de la via Tiburtina, on trouve le quartier de San Lorenzo aux origines populaires et ouvrières. Bombardé durant la Seconde Guerre mondiale, il héberge la cité universitaire, d'où une forte présence d'étudiants (issus pour beaucoup du sud de l'Italie). Partout dans le quartier, on trouve des restaurants,

des bars, des ateliers d'artistes. C'est le fief de l'esprit contestataire à Rome.

Direction le sud de la ville à présent. Derrière les thermes de Caracalla, la colline de l'Aventin, occupée à l'époque républicaine par la plèbe, est aujourd'hui un quartier résidentiel élégant et boisé, silencieux et très peu fréquenté, où la jet set habite de splendides villas qui se mêlent aux nombreux couvents paléochrétiens. Derrière la porte San Sebastiano, l'ancienne route consulaire, la via Appia Antica aligne ruines, catacombes... Un parc régional a été créé pour la protéger, en opposition aux intérêts de spéculation immobilière. C'est l'un des endroits les plus suggestifs de Rome et une promenade à vélo y est hautement conseillée !

A l'ouest de la via Appia Antica, le long du Tibre sur la rive opposée au Trastevere, le Monte Testaccio est la septième colline de la Rome antique, artificiellement formée sur des restes d'amphores. Longtemps habité par les classes les plus pauvres, le quartier Testaccio-Ostiense est aujourd'hui le lieu des boîtes de nuit les plus branchées et des sites de création alternatifs installés dans les anciens abattoirs.

Dans le prolongement, le quartier Garbatella avec la basilique San Paolo Fuori le Mura fut construit pendant les années 1920 selon le concept de « quartier jardin » conciliant esthétisme et praticité. Il s'agit d'un quartier peuplé et populaire d'habitations situées dans des petites maisons ou immeubles à trois étages. Quelques adresses très prisées des noctambules également.

Enfin, plus au sud encore, le quartier de l'EUR construit en 1937 par le gouvernement fasciste qui envisageait de monter une exposition universelle. Il se trouve sur le trajet d'Ostie et de l'aéroport.

La via Appia Antica comme un prince

Pour parcourir le sud de la Rome antique et en particulier la via Appia Antica sans se fatiguer, il existe un bus touristique, l'Archéobus, qui selon la formule Stop & Go permet de visiter à son rythme les sites les plus chargés d'histoire. Ce bus découvert, part tous les jours de Termini de 9h à 16h30 avec un arrêt au Colisée et aux thermes de Caracalla. Il dessert ensuite les différentes catacombes sur l'Appia Antica, puis remonte en s'arrêtant au Circo Massimo et à la Bocca della Verità. Les passages sur chacun de ces sites ont lieu toutes les demi-heures. Le billet coûte 10 € et est valable 24 heures.

ARCHEOBUS
Via Prenestina
✆ +39 800 281 281 – www.trambusopen.com

Le plan général de l'EUR (pour Esposizione Universale di Roma, donc) ressemble étrangement à celui de la Défense à Paris, car, à partir de 1950, l'EUR devint un grand quartier d'affaires destiné à décongestionner Rome. On y trouve de nombreux ministères et le siège d'importantes entreprises, des monuments imposants en marbre et travertin pour rappeler la gloire de la Rome antique. Parmi les attractions, l'église de San Pietro et Paolo, le musée de la Civilisation romaine, le Musée national de la préhistoire et d'ethnographie...

VISITER

Hors les murs de Rome, vous découvrirez probablement des facettes insoupçonnées de la Ville éternelle. Des catacombes de la via Appia Antica aux lieux alternatifs du Testaccio et de San Lorenzo, ou au quartier d'architecture fasciste de l'EUR, chaque quartier mérite d'être intégré à un programme de visite long. A vous de choisir, en fonction de vos centres d'intérêt.

AUDITORIUM PARCO DELLA MUSICA

Viale Pierre de Coubertin 30
Flaminio
✆ +33 6 80 24 12 81
www.auditorium.com
Bus 910, 53, 217, 231. M° Flaminio puis tram n° 2.
Accès en train jusqu'à Euclide.
L'architecte Renzo Piano a dirigé le projet de ce complexe, entièrement dédié à la musique. Trois salles de concerts, plusieurs espaces d'exposition et un superbe jardin sont accessibles aux visiteurs, qui pourront aussi découvrir les vestiges d'une ancienne villa romaine, découverte pendant les travaux.

BASILIQUE SAN PAOLO FUORI MURA

Via Ostiense 190
Garbatella
✆ +39 06 698 808 00
www.basilicasanpaolo.org
Bus 23, 271. M° San Paulo, ligne B.
Ouvert de 7h à 18h30. Entrée libre.
Avec le Latran, le Vatican et Sainte-Marie-Majeure, Saint-Paul-hors-les-Murs est l'une des quatre basiliques

Basilique Saint-Paul-hors-les-murs, statue de Saint-Paul.

© ALFREDO VENTURI – ICONOTEC

Rome « Maxxi » contemporaine

MAXXI

V. Guido Reni, 6
Flaminio
✆ +39 06 321 0181 – www.fondazionemaxxi.it
Metro Flaminio (ligne A) puis tram n° 2, station Apollodoro. Bus 53, 217, 280, 910
Ouvert du mardi au dimanche de 11h à 19h (sauf le samedi de 9h à 22h). Fermé le lundi, le 1er mai et le 25 décembre. Entrée : 11 €.
Au printemps 2010, la Cité éternelle a inauguré dans le quartier de Flaminio (où se trouve déjà l'auditorium de Renzo Piano) un grand musée national dédié à l'art contemporain et à l'architecture, le MAXXI (pour Musée des arts du XXIe siècle). C'est le premier du genre en Italie. La structure, mariant le béton brut et le verre qui laisse filtrer la lumière naturelle par le toit, porte la signature tout en fluidité de son architecte star anglo-irakienne Zaha Hadid. Au total, 27 000 m² accueillent une collection d'art contemporain réunissant artistes italiens de renom (Stefano Arienti, Lara Favaretto, Domenico Gnoli) et pointures internationales (Andy Warhol, Gerhard Richter), ainsi que de précieux documents concernant l'architecture mondiale.

majeures de Rome et fait partie à ce titre du territoire du Vatican. Saint Paul, martyrisé en 67 apr. J.-C., y fut enterré le long de la via Ostiense. Au IVe siècle, Constantin fit construire un petit sanctuaire sur le tombeau du saint. L'ensemble fut ensuite remanié pour faire face à l'affluence de pèlerins. Durant le VIIIe siècle, l'église fut le centre d'un petit Etat monastique-féodal, Giovannopoli, constitué d'un bourg et de l'abbaye. Saccagée à plusieurs reprises, la basilique fut entourée d'une enceinte fortifiée au IXe siècle et ensuite enrichie, surtout au Moyen Age.
La nef impressionne par ses dimensions et ses 80 colonnes de granit, une véritable forêt ! La lumière vient des ouvertures garnies d'albâtre transparent, ce qui lui donne une nuance très particulière. A voir l'arc triomphal avec une mosaïque du Ve siècle. En 1823, un incendie dramatique a ravagé l'église. Heureusement de très belles pièces de mobilier ont été sauvées. Dans la chapelle du Saint-Sacrement, à gauche du transept, on verra un Christ en bois de Cavallini et une statue de sainte Brigitte de Maderno. Le candélabre du cierge pascal est une œuvre des Vassaletto, tout comme le cloître attenant. Il faut consacrer un moment à la pinacothèque pour y voir l'état de l'ensemble après le désastre de 1823, décrit en une série de gravures.

CATACOMBE DI SAN CALLISTO

Via Appia Antica 110
✆ +39 06 513 015 80
www.catacombe.roma.it
Bus 118, arrêt Catacombes de Saint-Calixte
Ouvert de 9h à 12h et de 14h à 17h sauf le mercredi. Entrée : 8 €.
Sur la droite de la via Appia Antica après la petite église Quo Vadis, les catacombes de Saint-Calixte se trouvent parmi les plus importantes de Rome. Datant du IIe siècle apr. J.-C., elles font partie d'un ensemble funéraire qui occupe une zone de 15 ha avec un réseau de galeries, long de presque 20 km, sur différents niveaux et atteignant une profondeur supérieure à 20 m. On y trouve la sépulture de dizaines de martyrs, de seize pontifes et de très nombreux chrétiens. Les catacombes prennent le nom du diacre saint Calixte qui, au début du IIIe siècle, était chargé de l'administration du cimetière. Elles devinrent le cimetière officiel de l'Eglise de Rome. Elles furent considérées comme de véritables sanctuaires au cours des premiers siècles et, comme tels, furent visitées par d'innombrables pèlerins et à une époque récente également par les papes Pie IX, Jean XXIII, Paul VI et Jean-Paul II.

CATACOMBE DI SAN DOMITILLA

Via delle Sette Chiese
Près de la Via Appia Antica
✆ +39 06 511 0342 / +39 06 513 3956
Ouvert du lundi au dimanche de 9h à 12h et de 14h à 17h. Fermé le mardi. Entrée : 8 €.
Les plus vastes des catacombes romaines. Une basilique à trois nefs y est comme encastrée, ce qui nuit à la compréhension de l'ensemble. Elle contient de très beaux vestiges de peintures du IIIe siècle.

CIMETIÈRE PROTESTANT

Via Caio Cestio 6
Testaccio
✆ +39 06 574 1141
M° ligne B, station Piramide. Ouvert de 8h à 11h30 et de 14h30 à 16h. Fermé le lundi et les jours fériés.
La communauté des étrangers de Rome – à laquelle il était interdit de se faire enterrer dans les murs de la ville – installa son cimetière, au début du XVIIIe siècle, près de la Piramide Cestia. Au XIXe siècle, plusieurs écrivains et artistes choisirent ce lieu comme dernière demeure. Parmi eux, Keats, mort dans sa maison de la piazza di Spagna (la Casina Rossa), sa tombe n'est pas reconnaissable car elle ne porte pas de nom. Seul un poème en anglais du poète nous permet de la repérer. On y trouve également des Italiens un peu moins « catholiques » que les autres, comme Antonio Gramsci, fondateur du parti communiste italien, et le réalisateur Pier Paolo Pasolini.

ÉGLISE DE SAN LORENZO FUORI MURA

Piazzale San Lorenzo
San Lorenzo
✆ +39 06 698 64
Bus 71, 93, 163 ou M° ligne B, station Policlinico. Ouvert de 7h30 à 12h30 et de 16h à 20h (19h30 en hiver).
Un premier sanctuaire fut construit

par Constantin vers 330, repris par Pélage à la fin du VIe siècle. L'église conserve un aspect ancien grâce à Pie IX qui, au XIXe siècle, fit enlever la plupart des adjonctions baroques. Le bombardement de 1943 endommagea fortement l'édifice, qui fut soigneusement restauré par la suite. Sous le porche se trouvent des sarcophages, dont un du IVe siècle. Les trois nefs sont séparées par des colonnes antiques dépareillées, surmontées de chapiteaux de Vassaletto. Dans la nef centrale, deux ambons des Cosmates. Le chœur, surélevé, est au niveau de la première église. L'autel est surmonté d'un ciborium également cosmatesque. L'arc triomphal de l'église de Pélage est orné d'une mosaïque représentant le Christ accompagné de Pierre, Laurent et Pélage portant son église. A voir également le trône de l'évêque, œuvre cosmatesque, et le narthex de l'ancienne église où est enterré Pie IX. Par la sacristie, on accède à un charmant cloître romain.

ÉGLISE SANT'AGNESE FUORI MURA

Via Nomentana 349
Nomentano ✆ +39 06 861 0840
www.santagnese.com
Bus 36 de la gare Termini, arrêt via Nomentana.
Ouvert tous les jours de 10h à 12h et de 18h à 19h30.

Sous le règne de Dioclétien, sainte Agnès connut un sort terrible. S'étant refusée au préfet de la ville, elle fut exposée nue en public, mais sa chevelure la sauva de l'opprobre. Miraculeusement épargnée par les flammes, elle finit tout de même égorgée. Elle fut enterrée au cimetière de la via Nomentana. Pour rejoindre l'église, on descend par un long escalier qui débouche dans le narthex. L'église est de plan basilical classique du VIIe siècle, bien que les adjonctions du XVIIe siècle en aient un peu altéré l'esprit. A voir surtout, la mosaïque de l'abside représentant Agnès parée comme une impératrice byzantine et accompagnée des deux papes fondateurs de l'église.

Nef de la basilique Saint-Laurent-hors-les-murs.

ÉGLISE SS. PIETRO E PAOLO
Pietro e Paolo 8
EUR
✆ +39 06 592 6166
www.santipietroepaoloroma.it
M° EUR Palasport ou EUR Magliana.
Ouvert de 8h à 20h.
Le moins que l'on puisse dire, c'est que cette église du quartier de l'EUR surprend par son architecture. Construite en 1937, en pleine période fasciste, elle a la forme d'un énorme cube auquel on a rajouté quatre ailes latérales. La coupole est recouverte d'écailles d'ardoise grise et elle est surmontée par un pinacle sur lequel se trouve un ange en bronze. Sa construction fut interrompue deux ans après le début des travaux à cause de la guerre et terminée seulement après 1946.

EUR
Piazzale delle Nazioni Unite,
M° ligne B, station EUR Palasport ou EUR Fermi.
Quartier fondé en 1937, à l'origine pour accueillir l'Exposition universelle – qui n'eut jamais lieu à cause de la guerre – l'EUR est un exemple frappant de l'architecture totalitaire. Ses monuments imposants, en marbre et travertin, étaient censés rappeler la gloire de la Rome antique. Aujourd'hui, ils témoignent de l'époque fasciste, durant laquelle quelques expériences architecturales intéressantes furent tentées.

FLAMINIO
Via Flaminia Nuova, 821
M° ligne A, station Flaminio.
Ici se trouve l'Auditorium ou Parc de la musique, fondé à partir d'un projet de l'architecte Renzo Piano et constituant le plus important monument culturel et social réalisé à Rome au cours de ces dernières années. L'autre point fort du quartier : le MAXXI ! Avec ce musée, Rome (et même l'Italie tout entière) s'est dotée enfin d'un véritable musée contemporain qui lui faisait tant défaut.

MACRO
Via Nizza 138, à l'angle de la Via Cagliari
Nomentano
✆ +39 06 06 08
macro@comune.roma.it
Ouvert du mardi au vendredi de 11h à 19h et le samedi de 11h à 22h. Entrée : 12 €. Billet combiné MACRO + MACRO Testaccio 14,50 €, valable 7 jours.
Situé dans le quartier Nomentano, sur le site des anciennes usines de bière Peroni, ce musée qui a ouvert ses portes en 2002 était le premier lieu d'importance consacré à toutes les formes de création contemporaine à Rome. Sur 1 600 m^2 d'espace d'exposition, il présente les travaux des grands artistes italiens depuis les années 1960 jusqu'à nos jours. Ceux du groupe Forma 1 (Accardi, Sanfilippo, Perilli, Dorazio), ceux de la Scuola di Piazza del Popolo, une école qui, après avoir assimilé la leçon du pop art américain, réélabore dans ses œuvres l'imaginaire populaire de la société de consommation et des mass media (Festa, Schifano, Rotella, Maselli, Pascali), ceux de la Nouvelle Ecole romaine, un mouvement de la fin des années 1980 qui trouve son expression à Rome dans le quartier San Lorenzo (Pizzi Cannella, Dessì, Bianchi, Ceccobelli, Tirelli), et enfin ceux d'artistes encore plus actuels

comme Asdrubali, représentant de l'Astrazione Povera, Giovanni Albanese qui fait du ready-made et de l'invention mécanique l'objet d'une poétique ironique et flamboyante, Cristiano Pintaldi, Luigi Ontani, Claudio Abate, Leandro Erlich, Sissi et Ciracì.

MACRO TESTACCIO

Piazza Orazio Giustiniani, 4
Testaccio
✆ +39 06 671 070 400
www.macro.roma.museum
Ouvert du mardi au dimanche de 16h à 22h. Entrée 5 €. Billet combiné MACRO + MACRO Testaccio 14,50 €, valable 7 jours.

MACRO Future, annexe du MACRO, est installé dans le complexe de l'ancien abattoir du Testaccio construit au XIXe siècle, une zone qui accueille également de nombreux lieux artistiques alternatifs. L'Abattoir (ex-Mattatoio) est considéré comme un des bâtiments industriels les plus importants de la ville pour sa modernité et pour l'originalité de ses structures qui en font un exemple intéressant d'« archéologie industrielle » encore existant. Le MACRO Future occupe deux pavillons inaugurés en 2003 qui accueillent les travaux des jeunes artistes les plus prometteurs.

MAUSOLÉE DE SANTA CONSTANZA

Via Nomentana 349
Nomentano
Ouvert du mardi au samedi de 9h à 12h et de 16h à 18h. Le lundi de 9h à 12h. Les dimanche et jours fériés de 16h à 18h. Les catacombes sont fermées du 2 au 30 janvier.

Peut-être fille de Constantin, Constance fut guérie de la lèpre après avoir passé une nuit près du tombeau de sainte Agnès. Datant du IVe siècle, le mausolée a gardé son architecture d'origine et des mosaïques de l'époque. Le bâtiment est rond, précédé d'un vestibule ovale. La coupole repose sur des colonnes jumelées, à l'extérieur desquelles se trouve une sorte de déambulatoire voûté orné de mosaïques préchrétiennes à motifs floraux, avec des portraits en médaillon. Dans les niches creusées en dessous de cette voûte, les thèmes sont chrétiens et les œuvres plus récentes. Ce mausolée était lié à une basilique, dont il ne reste que les murs dégradés d'une partie de la nef. Le mausolée de Constanza est d'autant plus important qu'il existe peu de bâtiments de ce type qui nous soient parvenus dans cet état.

MONT TESTACCIO

Testaccio dérive du mot latin *testa*, c'est-à-dire « tesson », en référence au matériel avec lequel le mont fut artificiellement construit, les amphores romaines jetées là par les *horrea*, les entrepôts de Rome. On a pu dater la formation de ce dépôt entre 140 apr. J.-C. et la deuxième moitié du IIIe siècle. Mais ce site est surtout lié dans la mémoire des Romains au carnaval. En effet, entre 1250 et 1470, on y organisait les Ludus Testaccie, des jeux assez violents, puisqu'on avait l'habitude de jeter du haut de la colline des cochons, des taureaux ou des sangliers. A partir de 1670, le Testaccio accueillit les premières osterias dans ses galeries souterraines ; ce sont aujourd'hui des bars et des boîtes branchées.

MUSÉE DE LA CIVILISATION ROMAINE
Piazza G. Agnelli 10
✆ +39 06 06 08
www.museociviltaromana.it
M° EUR Fermi
Ouvert du mardi au dimanche de 9h à 14h. Entrée : 8,50 €.
Dans le quartier de l'EUR. Vaste collection de reproductions exposées dans 59 salles et illustrant les origines, l'histoire et la vie de Rome. A voir particulièrement, la grande maquette de Rome au IVe siècle apr. J.-C. (salle 37). Salles consacrées à l'armée, à la marine, au droit, à la vie familiale et religieuse, à l'art, à l'industrie, à l'artisanat, à l'économie. Visiter également les salles respectivement consacrées à Auguste et à César. Tout pour comprendre la complexité d'une ville aussi prodigue.

MUSÉE DES ARTS ET TRADITIONS POPULAIRES
Piazza Marconi 8/10
EUR
✆ +39 06 592 6148
www.popolari.arti.beniculturali.it
M° EUR Fermi ou EUR Palasport (ligne B) ou bus 30 Express, 170, 671, 703, 707, 714, 762, 765, 791.
Ouvert du mardi au dimanche de 9h à 20h. Entrée : 4 €.
Ce musée du quartier EUR s'intéresse à la vie quotidienne des Italiens, du plus lointain passé jusqu'au début du XXe siècle. A travers l'artisanat (bijoux, vaisselle), mais aussi grâce à des témoignages sur les fêtes, le transport, l'agriculture, l'échange, la pêche, le théâtre, c'est un mode de vie tout aussi parlant que les arts majeurs que nous découvrons. A voir, le *Lys* de Nola exposé dans le grand escalier.

MUSÉE DES MURS
Via di Porta San Sebastiano 18
✆ +39 06 704 752 84
www.parcoappiaantica.it
M° Circo Massimo
Ouvert tous les jours, sauf le lundi, de 9h à 14h. Entrée : 3 €.
Essentiel pour comprendre l'évolution géographique de la ville à travers les siècles, ce musée se trouve dans la

Via Appia, les ruines du Grand Cirque.

porte de San Sebastiano (IIIe siècle apr. J.-C.), où commence la via Appia Antica. Il retrace l'histoire de Rome à travers celle de ses remparts. A l'aide de reproductions commentées (en italien et en anglais), toutes les époques sont évoquées.

MUSÉE NATIONAL DE LA PRÉHISTOIRE ET D'ETHNOGRAPHIE LUIGI PIGORINI
Piazzale Marconi 14
✆ +39 06 549 521
www.pigorini.arti.beniculturali.it
Ouvert du lundi au samedi de 9h à 18h, fermé le dimanche. Entrée : 6 €.
L'équivalent du musée de l'Homme romain se trouve dans le quartier EUR. Deux sections : ethnographique au 1er étage, préhistorique et protohistorique au 2e étage. Au rez-de-chaussée, on remarque un grand canoë à balancier venant de Papouasie-Nouvelle-Guinée. Dans la section ethnographique, on côtoie une partie africaine avec des pièces de toute époque venant d'Ethiopie, du Nigeria, d'Angola (masques, sculptures, statues). La partie Amérique présente une collection de divers objets indiens (kayaks, arcs, harpons, calumets de la paix). La dernière partie, ethnographique, est consacrée à l'Amérique précolombienne avec notamment de belles collections de bijoux ou d'armes en or (ou recouverts de feuilles d'or), mais aussi des objets incrustés de jade ou de turquoise. Une salle est dédiée aux Indiens du Brésil et nous renseigne sur leurs coutumes et leur histoire. Au 2e étage, la vaste collection préhistorique et protohistorique présente des objets mis au jour par des fouilles effectuées dans et autour de Rome. Toutes les phases de la préhistoire sont détaillées, du paléolithique inférieur à l'âge du fer. Divers objets : armes, céramiques, urnes cinéraires ainsi que des fossiles et ossements humains.

© ALFREDO VENTURI – ICONOTEC
Via Appia, ruines du Cirque Maxime.

PARC DE L'APPIA ANTICA
Via Appia Antica, 58-60
✆ +39 06 5135316
www.parcoappiaantica.it
Bus n° 118 ou 218 puis n° 30, 160, 671, 714, ou 715, le long de la rue Cristoforo Colombo.
Ouvert du lundi au vendredi de 9h30 à 13h30 et de 14h à 16h30 (17h30 en été). Les dimanches et les jours fériés, horaire continu de 9h30 à 17h30 ou 18h30. Possibilité de louer des vélos à l'entrée.

Principale voie de communication du monde méditerranéen, la via Appia traverse la campagne romaine sans exhiber de constructions modernes agressives. On a presque l'illusion que rien n'a changé depuis le VIe siècle, si l'on oublie les pancartes un peu racoleuses qui invitent à la visite des catacombes. Car ce sont bien sûr ces fameuses catacombes et leur légende qui attirent ici la foule des pèlerins. Pourtant l'Appia Antica, ce n'est pas seulement des catacombes, c'est aussi – et surtout – un parc immense où le temps semble s'être arrêté. Vous ne manquerez pas d'y remarquer les nombreuses villas qui bordent la rue, dont on n'aperçoit bien souvent que le portail d'entrée. Il va sans dire que ces villas sont encore habitées, et majoritairement par les descendants de l'ancienne aristocratie romaine. C'est là que se trouve le très intéressant musée des Murs. En vertu de lois écologiques datant du Ve siècle avant notre ère, il était interdit d'ensevelir les morts dans l'enceinte de Rome. C'est pourquoi les voies qui sortaient de Rome étaient bordées de riches tombeaux, comme celui des Scipions, et de cimetières, comme les catacombes.

PORTE PIA

Nomentano

Au nord de la ville, permettant d'accéder au quartier Nomentano, l'une des portes les plus importantes de la muraille romaine. Elle fut érigée à 100 m de l'ancienne porte Nomentana sous le pape Pie IV, en 1564. Sa façade intérieure fut l'une des dernières œuvres de Michel-Ange. C'est également par cette porte que Garibaldi entra dans Rome le 20 septembre 1870. Ce jour-là, l'artillerie italienne réussit à ouvrir une brèche dans la muraille marquant ainsi la fin de l'Etat pontifical, et l'annexion de Rome au Royaume d'Italie.

PYRAMIDE CESTIA

Piazza di Porta San Paolo
Testaccio
✆ +39 06 399 677 00
M° Piramide
Ouvert uniquement pour des visites guidés.

Vous la verrez en sortant du métro Piramide. C'est la tombe d'un certain

Circulation devant la pyramide de Cestius.

© JOHN FRECHET – ICONOTEC

Caïus Cestius. Construite au début de la via Ostiense, en 20 av. J.-C., suivant la mode de l'époque, elle mesure 30 m de côté et 36 m de hauteur. Pendant des siècles, elle se trouvait en dehors de la ville sur la via Ostiensis mais, en 274, elle fut englobée dans les murs d'Aurèle. Sur le côté ouest, une petite ouverture permet d'atteindre la chambre de sépulture de 5,90 m sur 4,10 m et recouverte par une voûte.

QUARTIER COPPEDE

Entre la viale Regina Margherita et la via Tagliamento, derrière la place Buenos Aires
Parioli
A deux pas de la villa Ada, en empruntant la via Tagliamento, les curieux pourront découvrir l'un des joyaux de la Rome insolite et secrète, le quartier Coppede, du nom de l'architecte gênois qui l'a imaginé. Entre 1913 et 1926, Gino Coppede fait bâtir ce quartier, incroyable mélange architectural, qui cultive une atmosphère étrange et hors du temps. Le cœur se trouve piazza Mincio, où s'élève la Fontana delle Rane, la fontaine des grenouilles. Autour, s'arrondissent 18 villas et 26 immeubles, destinés aux classes aisées. Coppede avait pour ambition de rassembler en une seule œuvre architecturale tous les visages de Rome depuis 2000, de l'Antiquité à l'Empire, jusqu'à l'Art déco.

QUARTIER PRATI

Via della Giuliana, 68,
Son nom dérive du mot *prati*, qui signifie « prairies » en italien. En effet, cette zone était recouverte de prairies il y a 150 ans. Situé sur la rive droite du Tibre, cette portion de Rome s'étend actuellement de la piazza Risorgimento à la piazza Mazzini. Dans ce quartier élégant et raffiné se situe le palais de justice de Rome, dit aussi le Palazzaccio (le mauvais palais). Son centre névralgique est la piazza Cavour, une des places les plus grandes de la ville. Une zone commerciale s'étend entre la via Cola di Rienzo et la via Ottaviano, dans laquelle vous pourrez trouver un grand nombre de magasins.

QUARTIER SAN LORENZO

Via dei Sabelli, 119,
M° ligne Castro Pretorio. Bus n° 38, 86, 92, 217, 360 492.
San Lorenzo est un quartier situé au début de la via Tiburtina à côté de la gare Termini, à l'est du cœur historique. Quartier aux origines populaires et ouvrières, malgré une certaine « contamination » ces dernières années, il garde encore un style romain typique, et il suffit de s'y balader pour s'en apercevoir.

QUARTIER TESTACCIO

Accès : M° ligne B, station Piramide. Bus n° 23, 30, 75, 280, 716.
Le quartier du Testaccio s'organise autour du mont du même nom. Autrefois, la zone était lieu de commerce, ensuite point d'événements religieux et ludiques, aujourd'hui lieu de rencontre des noctambules romains. A proximité des murs Auréliens se trouve le cimetière protestant. A ses côtés se dresse la pyramide Cestia, contruite sur la demande du consul Caio Cestio.

STADIO OLIMPICO
Roma 00194
Via Foro Italico
Prati
www.asroma.it
Il s'agit du plus grand et plus important ensemble sportif de Rome, ainsi que du plus grand stade d'Italie, avec le San Siro de Milan. Il peut accueillir 83 000 spectateurs assis et couverts. Adossé à la colline de Monte Mario et près du Lungotevere (quai) Flaminio, il se trouve à l'intérieur du village olympique. Un incontournable, si vous êtes fan de foot et que vous souhaitez voir jouer l'AS Roma ou la Lazio, dans une ambiance évidemment indescriptible. Mais il s'y tient aussi des grands concerts.

VALLÉE DE LA CAFFARELLA
Cette magnifique vallée, qui s'étend au sud de Rome, près de la via Appia Antica, doit son nom à la famille Caffarelli qui en devient propriétaire au milieu du XVIe siècle. Elle est traversée par le fleuve Almone, considéré comme sacré, car il serait lié aux origines mythiques de Rome.

VILLA DORIA PAMPHILI
Entrées via Aurelia Antica, via Leone XIII, via della Nocetta, via Vitellia et via San Pancrazio. Seuls les parcs sont accessibles. Ouvert du lever au coucher de soleil. Entrée libre.
Avec ses 180 ha, c'est, à l'est du Trastevere, la plus grande des villas historiques de Rome et il faudrait bien une demi-journée pour en faire le tour ! Cela dit, il est possible de voir les principaux sites en deux heures : le lac situé au milieu du parc et ses canaux, le jardin du théâtre et le casino du Bel Respiro, le jardin des serres et les jardins secrets, la chapelle Doria Pamphili de style néogothique. Le noyau initial de la villa a été réalisé par Camillo Pamphili, neveu du pape Innocent X, au milieu du XVIe siècle. Le lieu avait été choisi en raison de la présence d'eau et surtout de sa proximité avec le Vatican, un passage souterrain reliait d'ailleurs Saint-Pierre avec l'édifice le plus important de la villa, le Casino.

ZONE DES AQUEDUCS
Le long de la Via Appia Nuova.
Métro Subaugusta
Cette zone s'étend sur une quinzaine d'hectares où il est possible d'admirer des restes (plus ou moins importants selon les zones) d'imposants aqueducs. Elle s'étend entre les quartiers de Cinecittà et Quarto Miglio, qui abritaient sept des onze aqueducs qui alimentaient la Rome antique en eau.

SE RESTAURER

On mange plutôt bien hors les murs, dans des quartiers où les adresses ne sont pas vouées au tourisme. Si l'EUR est pratiquement un désert gastronomique, on trouve en revanche de bonnes adresse au Testaccio, qui est un peu le berceau de la cuisine romaine populaire (les abattoirs se trouvaient dans le quartier et la cuisine a gardé cette influence). Des trattorias typiques aux tables design, le quartier accueille une population de Romains branchés et fine bouche tandis que, dans le quartier étudiant de San Lorenzo, on trouve de bonnes choses à des prix très corrects. Pour trouver le meilleur restaurant de Rome, il faut aussi passer la muraille jusqu'au Monte Mario.

» Sur le pouce

MONDO ARANCINA
Via Marcantonio Colonna, 38
Prati
✆ +39 06 9761 9213
www.mondoarancina.it
Ouvert du lundi au samedi midi et soir. Fermé le dimanche.
La Sicile s'invite à Rome, par l'intermédiaire de Mondo Arancina. On y déguste notamment les *arancini*, la spécialité sicilienne absolue. Il s'agit de petites boules de riz frites, remplies de fromage, de viande ou de poisson. Excellent pour manger sur le pouce.

Autre adresse : Via Tuscolana, 1266 - Via Flaminia, 42.

» Pause gourmande

SAID DEPUIS 1923 - ANTICA FABBRICA DEL CIOCCOLATO
Via Tiburtina, 135
San Lorenzo
✆ +39 06 446 9204
www.said.it
Compter 25 € pour un plat principal.
Depuis 1923, cette boutique logée dans les usines du même nom, régale les gourmands de ses chocolats artisanaux, présentés sous forme de truffes, de tablettes ou de bonbons.

Les gelati, une institution à Rome !

» Bien et pas cher

AGUSTARELLO
Via G. Branca 98
Testaccio
✆ +39 06 574 6585
Ouvert le lundi de 7h30 à 11h30 et de 19h30 à 23h30, du mardi au samedi de 12h30 à 15h et de 19h30 à 23h30. Fermé le dimanche et en août. Repas environ 25 €. Attention : n'accepte pas les cartes de crédit.
Sa façade ne paye pas de mine mais, si vous poussez la porte de ce restaurant du Testaccio, vous pourrez goûter une cuisine romaine authentique, dans une ambiance qui l'est tout autant. Attention, les végétariens ne seront pas à la fête !

DA BUCATINO

Via Luca della Robbia, 84-86
Testaccio
✆ +39 06 574 6886
Ouvert du mardi au dimanche midi et soir. Fermé le lundi. Compter de 15 à 20 € par repas.
Une entreprise familiale, menée d'une main de fer par la mamma. On craint parfois de se faire molester si l'on ne finit pas son assiette, mais cela ajoute à l'authenticité du lieu. Da Bucatino est là pour vous nourrir, rien d'autre.

IL PULCINO BALLERINO

Via degli Equi 66-68
San Lorenzo
✆ +39 06 494 1255
www.pulcinoballerino.com
Ouvert du lundi au vendredi de 12h45 à 15h45 et toute la semaine de 20h à minuit. Repas autour de 20 € (hors boisson).
Fabio et Luciano, deux amis d'enfance, ont retapé cette petite osteria pour en faire une très jolie adresse, appréciée des habitants du quartier San Lorenzo. La salle garde un charme à l'ancienne tandis que dans les assiettes le chef sait utiliser les herbes pour relever les viandes ou les salades. Les plats sont originaux, goûteux et finement préparés.

UN PUNTO MACROBIOTICO

Via dei Volsci, 119
San Lorenzo
✆ +39 06 4470 3932
Ouvert tous les jours sauf le dimanche. Compter 8 € par repas.
Pour changer radicalement des tripes à la romaine, rendez-vous dans cette cantine végétarienne, prisée des étudiants du quartier San Lorenzo. On y mange très sainement, pour pas cher. Au menu, légumes et céréales, principalement issus de l'agriculture biologique.

Marché romain.

» Bonnes tables

ARMANDO A SAN LORENZO
Piazzale Tiburtino 1-3-5
✆ +39 06 4959270
www.ristorantearmando.it
M° Vittorio-Emanuele, Bus : n°71
Ouvert de 13h à 15h et de 19h30 à minuit tous les jours sauf le mercredi.
Depuis 60 ans, cette maison familiale régale les papilles des habitants du quartier comme des touristes d'une bonne cuisine romaine traditionnelle et du poisson frais aussi. Assuré par des femmes de caractère, le service ne passe pas inaperçu. Plat du jour, buffet d'antipasti, plats à la carte (tripes à la romaine pour les amateurs et tous les autres classiques), viandes à la braise, longue liste de pizzas cuites au feu de bois et l'incontournable tiramisu sont proposés à des prix raisonnables. Bon choix de vins. La jolie salle rustique avec ses boiseries et nappes à carreaux assurent une soirée conviviale. On peut aussi s'installer en terrasse pendant la belle saison !

BIBI E ROMEO
Via della Giuliana, 87
Au nord de Prati, en montant vers le Monte Mario
✆ +39 06 397 356 50
www.bibieromeo.it
Ouvert du lundi au samedi midi et soir. Fermé le dimanche. Comptez 35 € par personne.
La carte oscille entre traditions napolitaine et romaine, offrant à ses hôtes une grande variété de plats et l'occasion de goûter à plusieurs gastronomies en un repas. Les locaux ne s'y trompent pas puisque le restaurant est toujours plein. Peut-être est-ce aussi grâce à la carte des vins, remarquable.

CHECCHINO DAL 1887
Via di Monte Testaccio 30
Testaccio
✆ +39 06 574 3816
www.checchino-dal-1887.com
Ouvert du mardi au samedi de 12h30 à 15h et de 20h à minuit. Fermé dimanche et lundi. Et généralement en aout.
La cuisine romaine, connue pour sa prédilection pour les abats, est née ici, au cœur du Testaccio, près des abattoirs. Checchino fait partie des premiers restaurants à avoir utilisé ces restes de viandes pour les transformer en mets raffinés. C'est ici donc qu'il faut venir pour goûter à la *coda alla vaccinara* (queue de bœuf) ou l'*abbacchio alla cacciatora* (abats d'agneau).

EATALY
Air Terminal Ostiense
Piazzale XII Ottobre 1492
✆ +39 06 90279201
www.roma.eataly.it
M° Piramide.
De 8 € à bien plus. Ouvert tous les jours, midi et soir, de 10h à minuit.
Nouveau temple de la gastronomie italienne, encore méconnu des touristes, Eataly propose des menus spéciaux, des aperitivos thématiques, et des dégustations sur le pouce... à partir des produits de la meilleure qualité qui soit, sélectionnés à travers le pays. On y passerait la journée à tout goûter... et même, ce n'est pas suffisant, il faut revenir...

KETUMBAR
Via Galvani 24
✆ +39 06 573 053 38
www.ketumbar.it
Ouvert tous les soirs sauf le dimanche de 20h à minuit.
Ketumbar, contrairement à ce que l'on pourrait penser, ne fait pas référence à un bar, mais c'est le mot malais pour désigner la coriandre. Nous sommes donc bien ici dans un restaurant, assez nouveau, qui propose une cuisine fusion où les spécialités italiennes rencontrent les plats asiatiques. Des pâtes donc, mais surtout des sushis, des sashimis ou du nasi goreng, riz sauté d'Indonésie. La salle élégante et minimaliste avec ses meubles indonésiens a déjà été photographiée par plusieurs magazines romains de décoration. Bougies et musique douce achèvent le dépaysement.

» Luxe

LA PERGOLA
Via Alberto Cadlolo, 101
Prati
✆ +39 0635 092 152
www.romecavalieri.com
Ouvert du mardi au samedi de 19h30 à 23h30. La veste est obligatoire pour les hommes. Sur réservation. Menu six plats 175 €, neuf plats 198 €.
Trois étoiles au Michelin annoncent la couleur. Le fondateur et chef de ce restaurant, l'Allemand Heinz Beck, continue de maintenir une réputation de grand talent, grâce à sa cuisine d'inspiration méditerranéenne, réhaussée d'une pointe d'exotisme. Les produits de la mer sont à l'honneur dans les assiettes, dont on apprécie aussi la présentation très soignée. Pour ne rien gâcher, le restaurant est situé en terrasse et surplombe la basilique Saint-Pierre.

L'ARCHEOLOGIA
(près de la tombe de Cecilia Metella)
Via Appia Antica 139
✆ +39 06 788 0494
www.larcheologia.it
Ouvert de 12h30 à 15h et de 20h à 23h. Fermé le mardi. Comptez environ 60 € pour un menu complet, sans le vin.
Ce restaurant qui existe depuis la fin du XIXe siècle se trouve directement sur l'Appia Antica et jouit à ce titre d'un décor assez exceptionnel, entre vieilles pierres et jolis jardins. La carte joue sur la rencontre entre mer et terre avec des recettes parfois anciennes remises au goût du jour. Une adresse tout en élégance.

SHOPPING

On trouve beaucoup de rues commerçantes dans ces quartiers d'habitation, mais rien de particulier à signaler pour le visiteur, en dehors du marché de Testaccio, l'un des plus intéressants de la ville.

MARCHÉ DES ANTIQUITÉS DU PONT MILVIO
Flaminio
Si vous aimez les vieux objets et que vous vous trouvez à Rome le premier week-end d'un mois, vous prendrez certainement plaisir à chiner

sur cette brocante au bord du Tibre. C'est en plus une bonne occasion de découvrir un quartier peu fréquenté des touristes et bien agréable.

MARCHÉ DE TESTACCIO
Tous les matins, du lundi au samedi.
Rendez-vous au sud du Tibre, pour dénicher de bonnes affaires. Le marché du Testaccio est surtout connu pour ses étals de chaussures dégriffées. On y trouve aussi de l'alimentation.

SAID DEPUIS 1923 - ANTICA FABBRICA DEL CIOCCOLATO
Via Tiburtina, 135
San Lorenzo
✆ +39 06 446 9204
Voir la rubrique Hors les murs / Se restaurer (p 185).

VOLPETTI
Via Marmorata 47
✆ +39 06 574 2352
www.volpetti.com
Ouvert tous les jours de 8h à 14h et de 17h à 20h15. Fermé le dimanche.
Cette célèbre épicerie du Testaccio est l'endroit idéal pour composer votre panier souvenirs gourmands avant de quitter la ville. On y trouve tous les produits caractéristiques de l'Italie en version haut de gamme : charcuterie, fromages, huiles d'olive, pâtes fraîches, biscuits, chocolats... sans oublier les vins et autres liqueurs.

SORTIR

Les véritables oiseaux de nuit romains se retrouvent hors les murs. Le quartier de San Lorenzo draine une population étudiante plutôt jeune avec des bars de quartier très sympathiques et, aussi vers Nomentana, des lieux alternatifs branchés. Mais la Mecque des noctambules se trouve dans la zone Testaccio-Ostiense-Garbatella où se tiennent les plus grandes discothèques de Rome, avec des lieux jet set ou plus underground, souvent multiconceptuels, alternatifs et innovants.

» Cafés - Bars

ENOTECA FERRAZZA
Via dei Volsci, 59
San Lorenzo
✆ +39 06 490 506
Ouvert le soir de 18h à 2h. Fermé les dimanches et jours fériés. Prix moyen 20 €.
Une large sélection de vins régionaux, à découvrir dans une atmosphère chic et détendue. Cette œnothèque propose aussi plusieurs plats de viande ou de poisson pour accompagner la dégustation. Le week-end, mieux vaut arriver avant 20h pour avoir une table.

IL BARONE ROSSO
Via G. Libetta, 13
Ostiense/Garbatella
✆ +39 06 5728 8961
www.baronerosso.com
Le Village Libetta, situé à Ostiense, regroupe plusieurs bars, qui permettent de passer toute une soirée en changeant d'ambiance. Nous avons choisi le Baron Rouge pour sa grande terrasse, son ambiance détendue et sa vocation de « before », parmi tous les clubs présents.

MICCA CLUB
Via Pietro Micca, 7a
San Lorenzo
✆ +39 06 87 42 05 09
www.miccaclub.com
M° Vittorio – Manzoni (ligne A)
Ouvert tous les jours à partir de 18h.
Voici un espace de divertissement dans le plus pur style qui soit. Le Micca Club est connu pour ses concerts en live, ses fêtes burlesques, son apéro, mais aussi son marché vintage. Ce lieu atypique se distingue également par ses allures de cathédrale avec son escalier en colimaçon, ses beaux volumes, ses arches et ses colonnes.

» Clubs et discothèques

ALPHEUS
Via del Commercio 36
✆ +39 06 574 7826
www.alpheus.it
Ouvert tous les jours. Prix variable selon la manifestation.
A Garbatella, cet espace multisalle (trois grandes et trois petites) accueille concerts, discothèque, initiatives théâtrales et spectacles de cabaret. Il y en a pour tous les goûts. On peut aussi manger à la *bisteccheria*, pour les carnivores.

AMETISTA
Via Giuseppe Libettà, 3
✆ +39 334 38 34 180
www.ametistadiscoclub.it
Ouvert tous les jours à partir de 19h ou 22h.
Situé sur les fondations du Classico Village, Ametista est devenu l'un des clubs les plus chics de la capitale. Selon la programmation variée : le lundi est dédié au tango, le mardi est animée par le groupe MalloLory, les week-ends sont consacrés aux soirées house, à destination d'un public hétéroclite et exigeant.

CIRCOLO DEGLI ARTISTI
Via Casilina Vecchia, 42
Au sud-est de San Lorenzo
✆ +39 06 703 056 84
www.circoloartisti.it
Métro Ponte Casilino
Fermé le lundi.
On ira au Cercle des Artistes, en fin d'après-midi ou en début de soirée, pour découvrir cet étonnant lieu de spectacles, qui dispose de plusieurs bars, d'une discothèque, d'une salle de cinéma et même d'une piscine ! Concerts rock, electro, house ou hip-hop, manifestations artistiques, marché vintage... il se passe toujours quelque chose au Circolo degli Artisti !

L'ALIBI
Via di Monte Testaccio 44
✆ +39 06 5743 448
www.lalibi.it
Ouvert du jeudi au samedi de 23h à 5h. Entrée : 15 € avec boisson.
Ce lieu est considéré comme LA boîte de nuit gay de Rome. Il n'en reste pas moins ouvert à tout le monde dans un réel esprit de convivialité auquel se prête un décor chaleureux et raffiné. Musique soul, house, dance et disco. En été, on prend l'air sur la vaste terrasse aménagée sous les étoiles. Un réel bonheur !

Circolo Degli Artisti, Jesus Lizard

Circolo Degli Artisti.

QUBE DISCO
Via di Portonaccio 212
✆ +39 06 438 5445
www.qubedisco.com
Métro : Prenestina. Fermé le lundi, mardi et dimanche.
C'est dans le quartier Tiburtina, du côté de San Lorenzo, que se trouve la plus grande boîte de Rome. Programmation variée, avec des soirées rock le jeudi, culture homosexuelle le vendredi, et DJ internationaux le samedi.

RADIO LONDRA
Via Monte Testaccio 67
Testaccio
✆ +39 06 575 0041 /
+39 06 575 0044
www.radiolondradiscobar.com
Ouvert de 23h30 à 3h, sauf les lundi et mardi.
Une population moins *happy few* qu'ailleurs, mais néanmoins branchée house et electro, se retrouve dans ce petit club du Testaccio. La salle est vraiment sympa, la musique de qualité, et l'ambiance assez délirante. Petite pizzeria à l'étage pour caler les petits creux.

» Spectacles

BEBOP JAZZ CLUB
Via Giuseppe Giulietti, 14
✆ +39 347 1771710
www.bebopjazzclub.net
Un club de jazz à la new-yorkaise, que l'on retrouve dans le quartier du Testaccio, près de la station de métro Piramide. En plus des concerts, à surveiller sur le site Internet, le Bebop fait aussi restaurant.

© STÉPHANE SAVIGNARD

Organiser son séjour

© AUTHOR'S IMAGE

Pense futé

›› Argent

Idées de budget par jour et par personne (logement, repas et visite) :

- **Petit budget :** 110 €.
- **Budget moyen :** 180 €.
- **Gros budget :** 350 € et plus.

›› Climat

Située à une trentaine de kilomètres de la mer, Rome bénéficie d'un climat extrêmement doux. Les températures hivernales ne tombent pas en dessous de 0 °C et flirtent pour les mois les plus froids autour de 5 °C. En été, les températures peuvent atteindre les 35 °C. Les saisons les plus plaisantes sont le printemps et l'automne.

›› Décalage horaire

Il n'y a pas de décalage horaire entre la France et l'Italie qui applique les mêmes changements d'heure en été et en hiver.

›› Formalités

Que vous voyagiez en train ou en avion, munissez-vous de votre carte d'identité ou de votre passeport.

© STÉPHANE SAVIGNARD

Carabinieri romain.

» Internet

A Rome, les cybercafés (Internet Point en italien) ne se trouvent pas à tous les coins de rue et les tarifs sont plutôt élevés (entre 3 et 5 € de l'heure !). A titre indicatif, vous en trouverez un (cher mais central) sur le Corso Vittorio, au niveau du Largo Argentina, ou un plus économique (2 € de l'heure), via Monserrato, près de la piazza Farnese.

Les accès wi-fi sont de plus en plus courants dans les hôtels les plus confortables et dans quelques cafés, notammment vers la piazza Navona et dans le Trastevere, mais cela reste un luxe.

» Langues parlées

Les Italiens, comme les Français, n'excellent pas dans la pratique des langues étrangères. Si vous ne parlez pas italien, vous arriverez tout de même à vous débrouiller entre l'espagnol, l'anglais et le français.

» Sécurité

Rome n'est pas une ville particulièrement dangereuse. Adoptez les précautions habituelles pour éviter les pickpockets dans les transports et sur les marchés.

» Téléphone

- **Pour appeler de la France** vers un numéro fixe italien ou portable : 00 39 + indicatif de la ville + numéro (pour appeler Rome, faites le 00 + 39 + 06 + numéro à un nombre de chiffres variables).
- **Pour appeler la France de l'Italie :** 00 + 33 + indicatif de la ville sans

Voiture de police.

Y aller

L'avion est le moyen de transport le plus simple et le plus rapide pour se rendre à Rome. Le train et le bus se révèlent beaucoup plus longs pour des tarifs équivalents.

EN AVION

AIR FRANCE
✆ 36 54
Air France propose une dizaine de vols quotidiens et directs entre Paris et Rome (certains en partenariat avec Alitalia). Comptez environ 2h de trajet. Egalement des départs de Bordeaux, Lyon, Marseille et Nice.

ALITALIA
✆ 0892 655 655
www.alitalia.fr
Alitalia assure plusieurs liaisons quotidiennes Paris-Rome, dont certaines en partenariat avec Air France. Le trajet dure un peu plus de 2h. D'autres trajets possibles, mais avec escale à Turin ou Milan.

BRUSSELS AIRLINES
✆ 0 892 64 00 30
www.brusselsairlines.com
La compagnie propose plusieurs liaisons directes chaque jour entre Bruxelles et Rome. Possiblité de partir de Paris avec une escale à Bruxelles.

EASYJET
✆ 0 826 10 26 11
www.easyjet.com
EasyJet propose plusieurs liaisons entre Paris et les grandes villes italiennes, dont des vols directs pour Rome-Fiumicino au départ de Lyon, Paris-Orly et Basel/Mulhouse.

RYANAIR
✆ 0 892 232 375
www.ryanair.com
Chaque jour au départ de Paris-Beauvais, Ryanair propose 2 vols à destination de Rome.

EN TRAIN

THELLO
www.thello.com
Depuis décembre 2012, Thello relie Rome, Florence et Bologne chaque nuit au départ de Paris (Gare de lyon) ou Dijon. départ de Paris à 19h14, arrivée à Rome le lendemain à 10h12. A partir de 35 € le billet.

EN BUS

EUROLINES
✆ 0 892 89 90 91
www.eurolines.fr
Eurolines propose plusieurs départs par semaine de Paris-Gallieni (région parisienne) pour Rome. Comptez un minimum de 18 heures de voyage. Des promotions sont régulièrement proposées, ainsi que des réductions pour les enfants, les moins de 26 ans et les plus de 60 ans. Des départs de nombreuses villes de province sont aussi disponibles.

AGENCES DE VOYAGE

AUTREMENT L'ITALIE
72, boulevard Saint-Michel (6e) Paris
✆ 01 44 41 69 95
Fax : 01 44 07 21 80
www.autrementvoyages.biz
Spécialisée depuis 20 ans dans les voyages à destination de l'Italie, l'équipe d'Autrement l'Italie met un large panel de séjours à disposition, et l'internaute n'aura qu'à sélectionner parmi les propositions suivantes : culture, voyages à thème, croisières, locations, hôtellerie, voyages d'exception, week-ends escapade, soins du corps, bien-être, voyages organisés, séjours en club et voyages d'entreprise. Pour Rome, il est aussi possible de composer son séjour en bénéficiant d'un contact personnalisé.

Sites comparateurs & enchères

- **EASYVOYAGE**
www.easyvoyage.com
- **EASY VOLS**
www.easyvols.fr
- **ILLICOTRAVEL**
www.illicotravel.com
- **KELKOO**
www.kelkoo.com
- **LILIGO**
www.lilligo.com
- **MYZENCLUB**
www.myzenclub.com
- **PRIX DES VOYAGES**
www.prixdesvoyages.com
- **SPRICE**
www.sprice.com
- **VOYAGER MOINS CHER**
www.voyagermoinscher.com

Avant toute chose...

...procurez-vous un plan des transports publics en vente dans les kiosques à journaux. C'est relativement indispensable si vous comptez circuler en bus. Vous pouvez aussi consulter le site de la société des transports en commun de Rome : www.atac.roma.it

ITALOWCOST
✆ 0 892 160 960
www.italowcost.com
Italowcost propose des week-ends à bas prix à Rome (3 ou 4 nuits en 4-étoiles). Les forfaits peuvent être agrémentés de package excursions. 2 vols par semaine sont programmés au départ de Paris permettant des forfaits week-end 3 nuits (du jeudi au dimanche) et court séjour (du dimanche au jeudi).

V.O. ITALIA
4, rue du Caire (2e)
Paris
✆ 01 42 80 22 83
www.vo-italia.com
V.O. Italia est une agence de voyages spécialisée dans une Italie « à l'italienne », au croisement de tous les savoir-faire transalpins. V.O. propose des voyages thématiques pour une découverte personnalisée. Des voyages « prêt-à-partir » sont également programmés, comme « Rome à cheval ».

PLANS ALTERNATIFS

ROME À L'OREILLE
www.pocketvox.com/
Un guide personnel que vous arrêtez quand vous le souhaitez. Sur le site de Pocketvox, des promenades audio à télécharger sont proposées pour visiter Rome en toute liberté.

ROME INSOLITE
www.guiderome.com
Des visites à thèmes sont proposées par cette association de guides conférenciers uniquement féminins. Découvrez « Rome tôt le matin », « Anges et démons », « Rome en vélo » ou « Rome ésotérique ».

ROME SPIRITUELLE
18 rue Gounod
Saint-Cloud
✆ 01 41 12 04 80
www.ictusvoyages.com
Pour découvrir la Ville éternelle et le Vatican avec Ictus Voyages en suivant sa spiritualité, des itinéraires sont proposés par cette agence de voyages, qui inclut notamment la Chapelle Sixtine, la tombe de Jean-Paul II...

© AUTHOR'S IMAGE – PHILIPPE GUERSAN

S'y déplacer

Nous déconseillons fortement de circuler à Rome en voiture. Le trafic est intense, les places difficiles à trouver, et en plus l'accès au centre-ville est réglementé. Le scooter ou le vélo sont en revanche une bonne alternative. Mais c'est encore à pied (avec de bonnes chaussures car les pavés, ça use !) que Rome se découvre le mieux. Le centre n'est pas très étendu et, avec un service de transports en commun relativement efficace, vous vous débrouillerez sans problème !

» Transports en commun

La ville de Rome devrait être dotée de trois lignes de métro, au lieu des deux actuelles, d'ici à... En fait, plus personne n'ose avancer de date, tant les retards s'accumulent depuis 20 ans en raison des trouvailles archéologiques. Le métro vous servira donc surtout à atteindre les quartiers hors les murs. Les bus, qui l'été se transforment vite en véritable fournaise, sont davantage utilisés, même s'ils sont fréquemment pris dans les bouchons autour de Termini ou de la piazza Venezia par exemple. Comme le métro, ils circulent de 5h30 à minuit et, pour le reste de la nuit, il y a les lignes portant la lettre « N », en noir sur les panneaux, qui fonctionnent de 00h10 à 5h30. Notez qu'il existe également 6 lignes de tramway. Pour profiter de ce réseau, vous avez le choix entre :

- **Le BIT,** un ticket à 1,50 €, qui vous permet de voyager pendant une durée maximale de 75 minutes sur les lignes de métro (valable pour un seul déplacement dans le métro) et de bus (vous pouvez changer de bus).
- **Le BIG,** un ticket journalier à 6 € valable pour 24 heures (à composter une seule fois au moment de sa première utilisation).

© ISTOCKPHOTO.COM/ROMAOSLO

Le scooter est le moyen de locomotion préféré des Romains.

▸ **Le Biglietto Turistico Integrato** à 16,50 €, qui s'adresse essentiellement aux touristes et est valable trois jours. La durée de validité s'inscrit automatiquement sur le ticket lors du premier compostage. Notez que l'équivalent de ce billet est inclus dans le Roma Pass.

Les billets peuvent s'acheter dans les bureaux de tabac ou les kiosques à journaux, ou alors dans les billetteries automatiques des stations de métro.

■ **ATAC**
✆ +39 800 431 784
www.atac.roma.it

■ **TRAMBUS OPEN OU 110 OPEN**
✆ +39 800 281 281 /
+39 066840901
www.trambusopen.com
Deux lignes Openbus, le 110 et l'Archeobus, sont spécialement destinées aux touristes.

▸ **La ligne 110 Open** propose un tour de ville panoramique en car à double étage. Le circuit se déroule à l'intérieur du centre historique romain en passant ainsi par tous les sites historiques et archéologiques du plus grand intérêt. Le 110 part dès 8h30 de Termini, puis toutes les 15 minutes jusqu'à 20h30. Vous pouvez descendre et le reprendre tant que vous le voulez, pour 20 € pendant 48 heures ou 15 € pour 1 jour.

▸ **La route touristique Archeobus** passe par le centre de Rome, puis le long du parc de la via Appia Antica. Une fois traversé une partie du centre historique romain, la ligne Archeobus poursuit le long du parc de l'Appia Antica jusq'à la villa dei Quintili, passant près des fameuses catacombes. C'est un service circulaire au départ de Termini de 9h à 16h30, toutes les 30 minutes, pour 12 € pendant 48 heures. Il existe un billet combiné de 25 € pour les deux bus et qui dure 72 heures.

■ **TURISMO ROMA**
✆ +39 060609
www.060608.it

» Taxi

A Rome, la course est calculée pour la distance parcourue avec un barème fixant, pour un trajet de 3 km, une somme de 4 € et 0,77 € supplémentaire par kilomètre parcouru.

RADIO TAXI
✆ +39 06 3570
www.3570.it/

» Location de voiture

BSP AUTO
✆ 01 43 46 20 74
www.bsp-auto.com
Ouvert tous les jours de 9h à 22h. Devis gratuit. A partir de 28 € par jour pour une durée de 7 jours en catégorie A.
La plus importante sélection de grands loueurs dans les gares, aéroports et centres-villes. Les prix proposés sont les plus compétitifs du marché. Les tarifs comprennent toujours le kilométrage illimité et les assurances. Les bonus BSP : réservez dès maintenant et payez seulement 5 jours avant la prise de votre véhicule, pas de frais de dossier ni d'annulation, la moins chère des options zéro franchise. Réduction spéciale aux lecteurs de ce guide avec le code « petit futé ».

» Vélo

Rome n'est bien sûr pas comparable à Amsterdam... Pourtant, découvrir le centre historique et les parcs de Rome à bicyclette peut s'avérer une expérience tout à fait unique, que tentent de plus en plus de visiteurs. Il est déconseillé de prendre les grands axes, en raison du trafic intense et des risques liés aux automobilistes romains peu habitués aux cyclistes. En revanche, les petites rues du centre sont tout à fait utilisables à vélo. Seul inconvénient, la morphologie vallonnée de Rome.

ECOMOVERENT
Via Varese 48-50
✆ +39 06 447 045 18
www.ecomoverent.com
Ouvert tous les jours de 8h30 à 19h30. Attention, la carte de crédit n'est pas acceptée.
Une soixantaine de vélos à louer pour 4 € de l'heure et 10 € la journée.

Location de vélos publics.

PARCO APPIA ANTICA
Via Appia Antica, 58-60
✆ +39 06 5135316
www.parcoappiaantica.it
Pour le centre du parc : bus n° 118 or 218. Pour les aqueducs, l'entrée Lemonia est proche de la station de métro Subaugusta (ligne A) et des bus 557, 451, 503, 552, 558, 559, 590, 650, and 654.
Ouvert tous les jours de 9h30 à 16h en hiver, de 9h30 à 17h de mars à octobre, 18h le dimanche et en août.
Pour parcourir l'Appia Antica en roue libre, il est possible de louer des vélos à l'entrée.

» Moto / Scooter

Qui n'a jamais vu ne serait-ce que quelques images de l'actrice Audrey Hepburn et de l'acteur Gregory Peck chevauchant leur Vespa avec le Colisée en toile de fond ? Ou des années plus tard le facétieux Nanni Moretti faire de même dans son *Journal intime* ? Si, pour vous, il est important de faire couleur locale, adoptez donc le moyen de locomotion préféré des Romains. Pour cela, il faut répondre à deux obligations essentielles : avoir plus de 14 ans et détenir un permis de conduire, au cas où vous voudriez piloter une 125. Il vous sera alors possible de visiter le centre-ville historique, car ce moyen de locomotion n'est pas soumis à la « zone de trafic limité ». Cependant, sachez qu'il peut être assez dangereux de rouler en scooter à Rome quand on ne connaît pas les rues. Compter 100 € la location pour un week-end.

Balade en rosalie dans Rome.

BICI & BACI
Via del Viminale,5
✆ +39 06 4828443
Voir la rubrique Idées de séjour / Visites guidées (p 41).

BIGA BIKE
Via Pellegrino Matteucci, 136
✆ +39 06 5741053 /
+39 339 4913146 /
+39 339 1027340
Fax : +39 06 5741053
www.bigabike.com
M° Piramide
Ouvert tous les jours de 9h à 20h. Demi-journée : vélo à partir de 5 € ; scooter 125 cc à partir de 30 €. Journée : vélo à partir de 10 € ; scooter 125 cc à partir de 60 € – 50 cc disponibles également.
La location de vélos et scooters est

Fiat 500.

proposée dans leur nouveau siège situé à proximité de la station de métro B – Piramide et à deux pas de Eataly et de la Gare Ostiense. Plusieurs formules de location (véhicules en très bon état) : à la demi-journée, à la journée, ou par jour (24 heures). Ils proposent aussi des tours thématiques de Rome, à vé, lo ou en scooter, avec guide officiel : Rome Antique, de la Renaissance, du Caravage, Vue par le haut, Hors les Murs etc. Vous pourrez aussi passer une vraie « Journée avec les Antiques Romains » ! Services conducteur et consigne à domicile/hôtel disponibles. Site Web en français !

ON ROAD
Via Cavour, 80
Monti
✆ +39 06 4815 669
Fax : +39 06 488 1329
www.onroad.it
M° Cavour ou Termini
Via Cavour : ouvert tous les jours de 9h à 19h – C.Vittorio Emanuele II : ouvert de 10h à 14h et de 14h30 à 18h30. Réductions si vous réservez directement sur leur site Internet.
Cette agence, située à deux pas de la basilique Sainte-Marie Majeure, loue des scooters de 50 cc à 400 cc et même des typiques Vespa aux touristes qui veulent visiter Rome comme de vrais Italiens. Pour un scooter 50/125cc, comptez environ 40/50 € par jour. Les tarifs deviennent plus intéressants si vous louez pour plusieurs jours. Ajoutez 20 € pour un Vespa. Forfaits intéressants pour les week-ends. Des tours sympathiques sont aussi proposés.

Autre adresse : Corso Vittorio Emanuele II, 204 - +39 06 68 801 966.

Se loger

Pas facile de choisir son coin de villégiature, surtout si l'on ne connaît pas la ville. Un des critères décisifs pourra être l'importance que l'on accorde à l'animation nocturne, auquel cas, on essaiera plutôt de loger dans le Trastevere ou dans le périmètre de la piazza Navona-Campo dei Fiori-Panthéon. Le quartier de la Rome antique offre peu d'hôtels. En revanche, il y en a pléthore du côté de Termini où l'on trouve les hôtels les moins chers de la ville. Autre quartier à forte concentration d'hôtels, la piazza di Spagna et la villa Borghèse. Mais là, ce sont surtout des palaces et des boutique-hôtels destinés aux adeptes du shopping de luxe sur la via Condotti !
Cela peut varier selon les établissements, mais en gros la saison hôtelière se décompose comme suit :

- **Basse saison :** de la 2e semaine de janvier jusqu'à fin février et de début novembre aux vacances de Noël.
- **Moyenne saison :** en mars, mi-juillet et août (eh oui, beaucoup trouvent qu'il fait trop chaud à Rome en plein été !).
- **Haute saison :** de fin mars à juillet, de septembre à novembre et pendant les fêtes de fin d'année.

OH-ROME.COM
✆ +39 0821 231 553
www.oh-rome.com/fr
Il y en a pour tous les goûts, pour tous les budgets, dans tous les quartiers. Ce site référence 450 appartements et hôtels à Rome, particulièrement dans le centre et les zones les plus prisées. Toutes les propriétés de Oh-Rome.com ont des photos, des descriptions, des plans et des évaluations de clients. Les prix débutent aux alentours de 30 € par nuit, mais il est proposé également une large sélection de propriétés de luxe disponibles pour les hôtels et les appartements. La compagnie elle-même est

sur Internet depuis 10 ans et propose une réservation en ligne et sécurisée, ainsi qu'un service clientèle français qui peut être contacté par e-mail ou par téléphone.

» Locations tous quartiers

APPARTAMENTI LUNGOTEVERE
Lungotevere della Vittoria, 5
✆ +39 339 2011551 / +39 338 7564969
www.appartamentilungotevere-roma.com
Bus N° 280 ou 224 depuis Piazza Cavour ou depuis la station de métro A – Lepanto
De 90 à 150 € par jour. Réservations par email, ils parlent français !
Société familiale qui gère la location de quatre appartements de charme, refaits à neuf et situés dans le quartier Prati, pas loin du Vatican. Trois appartements, plus grands, se trouvent dans le même immeuble avec une belle vue sur le fleuve Tibre et ils sont dotés de wi-fi gratuit ; le quatrième est un délicieux studio à 600 m des Musées du Vatican. Tous sont élégants et bien meublés. La location est possible de trois à trente jours ; des remises sont possibles pour la location à la semaine ou le mois, n' hésitez pas à demander.

Autre adresse : Via Rodi, 19 - métro A – Ottaviano San Pietro.

PILLOW APARTMENTS ROME
✆ +34932213627
www.pillowapartmentsrome.com
Agence très sérieuse proposant de nombreux appartements dans le centre de Rome. Différentes tailles et différentes catégories adaptées à tous les budgets. Misez sur la convivialité, réservez votre appartement !

Dormir dans un couvent

Ne vous attendez pas à des miracles, car les prix pratiqués par les institutions religieuses ne défient pas toute concurrence – ils correspondent, ni plus ni moins, à ceux des petits hôtels. Cependant, cela peut être un mode d'hébergement différent et méditatif. Il est impossible de répertorier toutes les adresses tant il y en a, mais vous pouvez avoir quelques pistes en allant sur le site – www.guiderome.com – ou des suggestions d'informations à la rubrique « Hôtels », ou bien en contactant le Saint-Siège, via le site – www.vatican.va. Vous pouvez enfin contacter le Centre pastoral d'accueil Saint-Louis-des-Français qui dépend de l'ambassade de France – via Santa Giovanna d'Arco 5 – ✆ +39 06 68 82 71 – www.saintlouis-rome.net – qui vous enverra vers les couvents qu'il recommande. Attention toutefois, le couvre-feu dans les institutions religieuses est drastique et, pour les couples, seuls les couples mariés sont autorisés à dormir ensemble !

RENTAL IN ROME
✆ +39 06 99329392 /
+39 06 9905199
Fax : +39 06 23328717
www.rentalinrome.com
Pour tous les budgets
Cette agence référence plus de 500 appartements à louer dans les quartiers les plus prestigieux de Rome, depuis le studio économique jusqu'aux lofts les plus luxueux, et même des villas ou des châteaux aux environs de la ville. Les locations sont possibles pour une durée de 3 jours (sauf périodes de fêtes) à un an, et les prix débutent à 50 € par jour.

» Campo dei Fiori, Panthéon et fontaine de Trevi

ALBERGO SOLE AL PANTHEON
Piazza della Rotonda, 63
✆ +39 06 678 0441
Fax : +33 6 69 94 06 89
www.solealpantheonrome.com
Chambre double à partir de 179 €, suite 300 €, avec de fréquentes promotions pour les réservations sur le Web. Petit déjeuner inclus. Bar, jardin, laverie.
Depuis 1467, cet hôtel 4 étoiles, le plus ancien de Rome, héberge les grands d'Europe. Jean-Paul Sartre et Simone de Beauvoir y ont séjourné à plusieurs reprises, lors de leurs voyages dans la Cité éternelle qu'ils appréciaient particulièrement. Le style Empire est toujours présenté, agrémenté aujourd'hui de tout le confort moderne. Les meilleures chambres ont vue sur le Panthéon. Absolument magique.

HÔTEL COLONNA PALACE
Piazza Montecitorio, 2
✆ +39 0667 51 91
www.hotelcolonnapalace.com
M° Barberini.
Chambre simple de 140 à 250 €, double de 190 à 350 € avec petit déjeuner inclus. Il y a aussi des chambres triples, une quadruple et une suite.
Ce palais du XVIIe siècle abrite aujourd'hui un hôtel luxueux, situé à quelques encablures de la fontaine de Trevi. Les chambres, lumineuses et spacieuses, ont vue sur la piazza Montecitorio et sur les toits de Rome. La décoration très classique, ajoute encore au grand standing de l'établissement. La terrasse, au dernier étage, jouit d'une vue à 360 degrés sur la ville.

HOTEL RINASCIMENTO
Via del Pellegrino, 122
✆ +39 06 688 095 561
www.hotelrinascimento.com/fr/
Chambre double à partir de 220 €, petit déjeuner buffet.
Boutique hôtel au cœur de Rome, cet établissement est moderne, design et très confortable. Si la façade est de style Renaissance, l'intérieur a été soigneusement rénové et aménagé avec élégance. Chaque chambre est dotée d'une connexion wi-fi, d'un sèche-cheveux, d'un coffre-fort, minibar, réveil, téléphone, bain ou douche. Idéal pour les voyageurs d'affaires ou les couples.

HOTEL TEATRO DI POMPEO
Largo del Pallaro, 8
✆ +39 06 6872 812
www.hotelteatrodipompeo.it
Chambre simple de 145 à 165 €, double de 190 à 220 €. Petit déjeuner inclus.
Les amoureux de vieilles pierres auront peut-être envie de loger sur les ruines de l'ancien théâtre de Pompée dont des vestiges sont encore visibles à l'intérieur de cet hôtel. Son autre grand avantage est de se situer à deux pas du Campo dei Fiori. Les chambres sont peu nombreuses, personnalisées et décorées avec goût sans trop de fioritures. Bon accueil.

© DR
Hôtel Raphael

HÔTEL RAPHAEL
Derrière la Piazza Navona
Largo Febo, 2
✆ +39 06 68 28 31 – www.raphaelhotel.com
Chambre double standard de 550 € à 1 100 €, suite de 1 200 € à 2 000 €, petit déjeuner buffet en supplément. L'hôtel propose toute l'année des offres intéressantes sur Internet. Restaurant : compter 16 € à 20 € pour les primi, 22 € à 28 € pour les segundi.
Un hôtel très chic, dans une petite rue derrière la piazza Navona. Unique en son genre, l'établissement alterne chambres classiques et contemporaines, redécorées par l'architecte Richard Meier. Les hôtes ont accès à une salle de fitness, une bibliothèque et surtout une terrasse panoramique, la terrazza Bramante, qui possède une vue sur Rome à couper le souffle ! Le restaurant de l'hôtel est dirigé par Jean-François Daridon, un chef français, qui vous concoctera de petits plats gastronomiques aux saveurs méditerranéennes inoubliables. Le personnel est courtois et parle français.

HÔTEL TRITONE
Via del Tritone 210
✆ +39 06 699 225 75
Fax : +39 06 678 2624
www.tritonehotel.com
Chambre simple de 140 à 200 €, double de 170 à 270 €. Petit déjeuner inclus. Accès wi-fi payant.
Les 43 chambres, rénovées en 2009, surprennent par le très beau design, moderne et minimaliste, réhaussé de tons chaleureux. Les lumières sont travaillées, les matières réfléchies et le service ne déçoit pas. Un bel hôtel à deux pas de la piazza di Spagna.

» Colisée, Forum et Capitole

GRAND HOTEL PALATINO
213m via Cavour
✆ +39 064814927
www.hotelpalatino.com
M° Cavour
Prix très variables selon l'occupation, la saison... Double de 119 € à 430 €.
Valeur sûre, ce grand hôtel est extrêmement bien situé à deux pas du Colisée, dans le quartier bohème de Monti. D'un classicisme moderne, il offre un confort très appréciable après une journée de visites intensives ! Le bar et le restaurant sont également à la hauteur !

HÔTEL DE MONTI
Via Panisperna, 95
Monti
Fax : +39 06 2061 8425
www.hoteldemonti.com
M° Cavour.
Chambre double de 40 à 110 €. Petit déjeuner inclus. wi-fi gratuit.
Rester à l'Hôtel Monti tient plus de la rencontre que du simple séjour. Rencontre avec Monti, le plus vieux quartier de Rome, où se trouvent le Colisée et le Forum, mais aussi rencontre avec le propriétaire des lieux, Alessandro. Passionné par sa ville, il vous indiquera – dans un français parfait – les bons restaurants de Rome, les astuces pour visiter futé ou encore le meilleur glacier du quartier. Les sept chambres proposées sont spacieuses, agréablement meublées et dotées de climatisation et de double-vitrage.

HÔTEL FORUM
Via Tor de' Conti, 25-30
✆ +39 06679 24 46
www.hotelforum.com
M° Cavour ou Colosseo.
Chambre double de 140 à 390 €, en fonction de la saison. Petit déjeuner inclus. Accès wi-fi payant. Parking 40 €. Restaurant.
Pour un premier séjour à Rome, cet hôtel, face au Colisée, offre une situation idéale. Vous rêviez de séjourner au cœur de la Cité éternelle ? Vous y êtes. Les immenses fenêtres des chambres permettent de ne rien perdre du spectacle magique qu'offre le symbole de Rome, à toutes les heures de la journée et de la nuit. Au dernier étage, une terrasse achèvera de vous séduire.

HÔTEL GRIFO
Via del Boschetto, 144
Monti
✆ +39 06 487 1395
Fax : +39 06 474 2323
www.hotelgrifo.com
M° Cavour.

© DR

Crossing Condotti.

Chambre simple de 50 à 140 €, double de 54 à 160 €. Petit déjeuner inclus. wi-fi gratuit. Réception 24h/24.
On adore cet hôtel 3 étoiles de gestion familiale, idéalement situé à proximité des plus célèbres attraits touristiques de Rome, tels que le Colisée et le Forum. L'accueil est excellent et en français. N'hésitez pas à demander des conseils au patron, vous serez enchanté de constater le nombre de services qu'il peut mettre à votre disposition, du Roma pass 3 jours avec accès aux musées, à la réservation d'une table au restaurant, en passant par de multiples conseils sur la ville.

HÔTEL PERUGIA
Via Colosseo, 7
✆ +39 06 679 7200
www.hperugia.it
M° Cavour ou Colosseo.
Chambre simple de 40 à 100 €, double entre 85 et 145 € (sans ou avec salle de bains privée) avec petit déjeuner.
On loge ici près du Colisée, dans l'une des 13 chambres, réparties sur quatre étages sans ascenseur. Les pièces du dernier étage ont vue sur les toits, ce qui compense leur étroitesse. L'accueil est plutôt familial, ce qui en fait une adresse sympathique et bon marché.

» Piazza di Spagna et villa Borghèse

CROSSING CONDOTTI
Via Mario de' Fiori 28
✆ +39 06 699 206 33
Fax : +39 06 692 954 69
www.crossingcondotti.com
M° Spagna.
Chambre double de 190 € à 320 € selon la saison.
Crossing Condotti ne faillit pas à la réputation du quartier dans lequel il se trouve. Luxe et exclusivité sont les maîtres mots de cet établissement. Véritable joyau dans le panorama des hébergements romains, cette maison de cinq chambres réserve un séjour d'exception sur le plan du confort, et un accueil plus chaleureux que dans la plupart des hôtels de ce standing.

Coup de cœur

HÔTEL ART BY THE SPANISH STEPS
Via Margutta, 56
✆ +39 06 328 711
www.hotelart.it
M° Spagna.
Chambre double de 260 à 500 €. Salle de sport et sauna.
Voici le projet de deux architectes, Gianfranco Mangiarotti et Raniero Botti, qui ont réinvesti une ancienne chapelle pour la transformer en hôtel de rêve. Les jeux de lumières alimentent l'ambiance étrange et féerique de l'hôtel, surlignant les courbes de la chapelle et révélant sa beauté mystique. Rassurez-vous, les chambres restent sobres et il fait bon y sommeiller.

HÔTEL BORGOGNONI
Via del Bufalo, 126
✆ +39 06 699 415 05
www.hotelborgognoni.it
M° Barberini
Chambre double de 220 à 330 €, petit déjeuner inclus.
L'un de nos hôtels préférés du côté de la piazza di Spagna, pour sa décoration à la fois moderne
et très élégante dans des tons rouge et brun. Les chambres sont spacieuses et plus que confortables, la cour intérieure est jolie, l'accueil professionnel et le service personnalisé. En bref, une très bonne adresse pour un séjour de charme dans le quartier shopping de la capitale italienne.

HÔTEL INTERNAZIONALE
Via Sistina, 79
Piazza di Spagna
✆ +39 06 699 418 23
Fax : +39 06 678 4764

Hotel Borgognoni.

© AUTHOR'S IMAGE – PHILIPPE GUERSAN

Sofitel Rome Villa Borghese.

www.hotelinternazionale.com
M° Spagna
Chambre double de 150 à 240 €, 20 € de plus pour une Deluxe, 40 € de plus pour une Supérieure. wi-fi gratuit.
Ce charmant hôtel dispose de 42 chambres de configuration différente, mais dotées de tout le confort ; certaines ont une jolie terrasse jardin privée. L'hôtel jouit d'une situation exceptionnelle, à 10 m de la fameuse église Trinita dei Monti et de la piazza di Spagna. L'ambiance est intime et familiale surtout dans la belle salle pour le petit déjeuner où vous serez dorloté par l'aimable personnel.

SOFITEL ROME VILLA BORGHESE
Via Lombardia,47
✆ +39 06 478 021
Fax : +39 06 482 1019
www.sofitel-rome-villaborghese.com
Chambre double min 230 €, max 550 € selon la saison. Suite min 600 €, max 1800 € selon la saison.
Le charme et l'élégance d'un palais du XIXe siècle au cœur de Rome, à quelques pas de la via Veneto, de la place d'Espagne et des jardins de la villa Borghèse. Les 104 chambres, dont quatre suites, sont décorées dans le style néoclassique et bénéficient de tous les équipements technologiques de pointe et d'un service haut de gamme attentionné (produits Hermès dans les salles de bain !). Grand luxe au nouveau restaurant à « La Terrasse Cuisine & Lounge », élue meilleure terrasse d'hôtel en Europe en 2012, située au 7e et dernier étage et offrant une vue panoramique à couper le souffle : goûtez une cuisine méditerranéenne au restaurant ou sirotez un cocktail depuis le bar tout en admirant la Ville éternelle qui, depuis ce point privilégié, est encore plus étonnante. Le bar « Club Le Boston », salon de style anglais, est idéal pour la dégustation de thés raffinés tout en feuilletant un livre d'art et de voyages.

© DR

Guesthouse Buonanotte Garibadi

Coup de cœur

GUESTHOUSE BUONANOTTE GARIBALDI
Via Garibaldi, 83
✆ +39 065 830 733
Fax : +39 06 583 356 82
www.buonanottegaribaldi.com
Chambre de 150 € à 230 € en basse saison, de 210 € à 280 € en haute saison, petit déjeuner inclus. Réduction de 15 % pour une occupation simple. Compter de 180 € à 220 € en single et de 220 € à 280 € la double. Fermé de janvier à mi-février.
C'est en 2005 que Luisa Longo, artiste peintre sur soie, a achevé la restauration de cette maison familiale pour en faire son atelier et un havre de paix pour quelques hôtes. Passé le portail et l'accueil chaleureux de Tinto, le chien, on pénètre dans une cour calme qui réserve tout le charme des villas italiennes baignées de soleil. Les trois chambres au design moderne et élégant sont équipées d'un écran plat, d'un frigo et du wi-fi. Celle de l'étage, un peu plus chère, dispose d'une magnifique terrasse. Service aux petits soins, notamment durant l'excellent petit déjeuner. Possibilité de transfert (aller-retour) vers l'aéroport et formule voyage de noces.

Enfin, profitez librement de la salle de fitness ou du centre d'affaires qui propose deux I-Mac. En bref, les amoureux de la chaîne ne seront pas déçus. Le top ? S'offrir l'une des suites avec terrasse privée du 7e étage !

» Vatican et Trastevere

HOTEL DOMUS TIBERINA
37 via in Piscinula
✆ +39 06 5813648 / +39 06 5803033
www.hoteldomustiberina.it
Bus ligne H, arrêt Belli.
De 80 € à 140 € la double selon la saison, petit déjeuner compris.
Ana Iuliana vous accueille avec chaleur dans son petit hôtel de charme, si romantique. La vieille bâtisse, coincée dans ce quartier historique, date du XVIe siècle et a été rénovée en 2011. Les sols mosaïques en terre cuite, les poutres apparentes, les tapisseries classiques... tout concourt à revisiter le passé, dans le plus grand confort.

HOTEL SAN FRANCESCO
Via Jacopa dè Settesoli, 7
Trastevere
✆ +39 06 58300051

Fax : +39 06 58333413
www.hotelsanfrancesco.net
Depuis la gare Termini : bus n° 75 arrêt Porta Portese.
Chambre double de 70 à 200 € selon la saison petit-déjeuner inclus.
Situé juste à côté de la belle église de San Francesco à Ripa, au cœur de Trastevere, ce trois-étoiles de charme dispose de 24 chambres dotées de tous les conforts et salle de bains privée ; certaines donnent sur le calme couvent des moines franciscains et donc ont une très jolie vue. La salle du petit déjeuner, accueillante, donne aussi sur le cloître du couvent. Au dernier étage, une terrasse agréable avec vue à 360° sur Testaccio, Monteverde et jusqu'a la coupole de Saint-Pierre. Le célèbre marché de la Porta Portese a lieu le dimanche et on y va à pied.

ORANGE HOTEL
86 Via Crescenzio
Vatican ✆ +39 06 68 68 969
Fax : +39 06 68 92 610
www.orangehotelrome.com
Metro : Ottaviano – San Pietro
Chambre double de 69 € à 249 €, triple de 161 € à 291 €, suite de 157 € à 287 € selon la saison, petit déjeuner inclus. Accès Internet. Parking 20 €/jour. Jacuzzi sur réservation 20 €/heure.
Cet éco hôtel 4 étoiles nous impressionne par son originalité et ses services dignes d'une structure de luxe. Il dispose de 26 chambres, dont 3 junior suites dotées de salle de bains avec douche et baignoire dans la chambre. Dans tout l'hôtel prédominent l'orange, le gris et le blanc. Le mobilier est soigné dans les détails, moderne, curieux et inspiré de la déco américaine des années 1960 et française des années 1920.

© AUTHOR'S IMAGE – PHILIPPE GUERSAN

Hotel Orange dans le quartier du Prati.

PALAZZO CARDINAL CESI
Via della Conciliazione, 51
(Piazza S. Pietro)
✆ +39 06 684 0390
Fax : +39 06 681 933 33
www.palazzocesi.it
M° Ottaviano San Pietro
Chambre simple : 235 €, double de 275 € à 367 € en fonction de la saison. Possibilité de collation à partir de 16h30 et jusqu'à 23h30.
Notre coup de cœur dans le quartier. En effet, on loge ici au plus près de la basilique Saint-Pierre et donc au sein du Vatican. Les murs de cette demeure ont été érigés au XVe siècle et ont appartenu à d'importantes familles de la noblesse romaine, parmi lesquelles la famille Cesi. Au XVIIe siècle, le cardinal Pierdonato Cesi lance une restructuration pour transformer l'édifice en véritable musée d'antiquités et d'objets d'art. Aujourd'hui, on peut loger dans une partie de cet établissement imprégné d'histoire et d'une grande élégance. L'hôtel occupe une aile du bâtiment qui s'enroule autour d'un très charmant cloître, véritable refuge frais et silencieux, loin de l'agitation extérieure. Les 30 chambres, dont 5 de luxe, possèdent tout le confort moderne et sont reliées à Internet à haut débit. Le petit déjeuner est servi dans le *réfectoire*, une salle chaleureuse d'inspiration monastique. La réception est assurée par une équipe charmante toujours prête à rendre service et à organiser vos réceptions privés sur demande.

La « notte » écolo

THE BEEHIVE
Via Marghera, 8
Termini
✆ +39 06 447 045 53
www.the-beehive.com
Chambre double avec lavabos, mais salle de bains commune entre 70 à 80 €. Triple de 95 à 105€. Lit dans un dortoir pour 8 personnes entre 25 et 30 € par personne.
Ici pas de télé ! Mais un conteneur pour le compost, du papier toilette recyclé, de l'huile d'olive biologique… C'est que ce petit hôtel de 8 chambres doubles et un dortoir est géré par un jeune couple américain (et par leur gros matou Igmar) passionné d'écologie, d'art et de design. Au Beehive, vous pourrez vous détendre tranquillement dans le petit jardin ou, pour les puristes, méditer dans l'espace yoga. Les chambres sont modernes et confortables, colorées juste ce qu'il faut pour s'y sentir bien. Attenant à l'hôtel, un café pour prendre un verre ou grignoter bio. Les gérants se feront aussi un plaisir de vous signaler quelques restaurants romains qu'ils ont personnellement essayés.

© RAIMÓN SOLÀ / HOTEL PULITZER ROMA

Hotel Pulitzer Roma.

» Termini, Celio et Esquilin

B&B MAGGIORE

Piazza Santa Maria Maggiore, 12
✆ +39 389 78 95 869
Fax : +39 06 97 600 967
www.bbmaggiore.com
M° Termini
Chambre double de 33 à 85 € pour la nuit seulement. Wifi gratuit disponible dans la petite salle commune.
Dormir au cœur de Rome dans une ambiance propre et confortable, pour un prix qui bat toute concurrence, est possible ici, juste en face de la magnifique basilique Sainte-Marie-Majeure. Vous logerez dans des chambres propres avec salle de bains privée et dotées de minibar, bureau, téléviseur, coffre-fort, et sèche-cheveux. Celles situées au 5e étage ont été plus récemment rénovées. Le propriétaire, Giuliano et Paola, sont passionnés ; l'accueil chaleureux et la propreté des lieux sont leurs priorités. Point faible : pas d'air conditionné.

BETTOJA HOTELS – HÔTEL NORD

Via G. Amendola, 3
✆ +39 06 488 5441
Fax : +39 06 481 7163
www.bettojahotels.it
M° Cavour.
Chambre simple à partir de 109 €, double à partir de 136 €, petit déjeuner inclus. wi-fi gratuit. Parking couvert 28 €.
Situé au pied de la gare Termini, cet hôtel 3 étoiles, ancien palais des années 1930 récemment rénové, est idéal pour se réveiller dans une chambre grand confort à prix raisonnable. L'hôtel Nord a su garder son charme d'antan tout en offrant le confort moderne nécessaire, tel que le frigo, le double-vitrage ou la télévision.

HÔTEL DES ARTISTES

Via Villafranca, 20
✆ +39 06 445 4365
Fax : +39 06 446 2368
www.hoteldesartistes.com
M° Castro Pretorio.
Chambre simple de 49 € à 109 €, double de 59 € à 139 € selon la saison. Petit déjeuner inclus. Wifi : 2 € par jour ou 5 € pour tout le séjour.
Ambiance et déco originale ainsi qu'un excellent rapport qualité-prix distinguent cet hôtel de la concurrence. Les chambres sont spacieuses, soignées et accueillantes, agrémentées de jolis tableaux et d'un mobilier en bois. Salles de bains en marbre avec douche et sèche-cheveux. Le vrai plus : une sympathique terrasse ensoleillée et fleurie, ouverte jusqu'à 1h du matin. Lieu de rencontre pour les voyageurs de toutes les nationalités qui ont envie de partager leurs expériences. Accueil en français !

POP INN HOSTEL

Via Marsala, 80
✆ +39 06 495 9887
www.popinnhostel.com
M° Termini.
Lit en dortoir de 16 à 31 €, chambre simple de 40 à 95 € (jusqu'à 105 € avec salle de bains privée), double de 42 à 104 € (jusqu'à 120 € avec salle de bains privée), en fonction de la saison. Egalement chambres de 3, 4, 5 et 6 lits. Petit déjeuner inclus.
Trouver une bonne auberge de jeunesse à Rome n'est pas chose aisée. Pour éviter toute mauvaise surprise, rendez-vous au Pop Inn, situé juste en face de la gare Termini. Chambres et dortoirs sont très bien entretenus et pas trop chargés. L'équipe de la réception parle plusieurs langues et pourra mettre à votre dispositions plusieurs services (consigne gratuite, plan de la ville...). Les draps sont fournis et l'accès à Internet est gratuit.

Hotel des Artistes.

RELAIS CONTE DI CAVOUR
Via Farini, 16
✆ +39 06 4821638 /
+39 333 3964544 /
+39 347 1829387
www.relaiscontedicavour.com
M° Termini
Chambre double de 80 à 180 € selon la saison petit-déjeuner inclus.
Un Bed & Breakfast raffiné, géré par deux femmes passionnées, mère et fille. Doté de six chambres au 4e étage d'un palais avec ascenseur situé sur une rue croisant la centrale Via Cavour mais bien moins bruyante. Les chambres sont belles et plutôt amples, climatisées, disposant de coffre-fort, wifi, téléviseur satellitaire et minibar ; les salles de bains sont très soignées et dotées des douches fantastiques avec chromothérapie. Petit déjeuner servi dans la petite mais accueillante salle qui se trouve à l'entrée. Ambiance relaxante ; des touches luxueuses le rendent encore plus particulier.

YES HÔTEL
Via Magenta, 15
Termini
✆ +39 06 443 638 36
Fax : +39 06 443 638 29
www.yeshotelrome.com
M° Termini.
Chambre simple de 59 € à 129 €, double de 69 € à 159 €, petit déjeuner inclus. wi-fi en chambre 2 € par jour, 5 € pour tout le séjour, gratuit à la réception ou un ordinateur est mis à disposition.
Un trois-étoiles complètement rénové pour un résultat impressionnant quant à son style et sa fonctionnalité. Les chambres sont bien équipées et dotées de tout le confort, dont un téléviseur à écran plat. Le mobilier de tout l'hôtel est moderne et minimaliste, avec de jolis meubles en bois et des tableaux dans les chambres. Les salles de bains sont chic et les parties communes agréables à vivre. Idéal pour un séjour d'affaires ou de tourisme, Yes Hotel attire une clientèle plutôt jeune, séduite par l'excellent rapport qualité-prix.

» Hors les murs

CITY GUEST HOUSE
Viale Opita Oppio, 78
Quartier Tuscolano
✆ +39 06 76983140 /
+39 06 76967961
www.cityguesthouse.com
M° A : Numidio Quadrato
Chambre double de 45 à 120 € selon la saison ; petit déjeuner à buffet inclus et servi sur la belle terrasse au dernier étage. wi-fi gratuit, salle de détente avec canapés, librairie et distributeurs de snacks ou boissons.
Un hôtel 2 étoiles très sympa, design et d'ambiance *easy going* qui offre une trentaine de chambres confortables, simples et propres pour un prix bien raisonnable. Toutes sont dotés de salles de bains avec douche ou baignoire et, la plupart, d'une grande terrasse privée. Situé dans un quartier prisé des Romains, il ne se trouve pas dans le centre historique mais le métro à 150 mètres vous permettra de rejoindre facilement tous les points d'intérêt touristique.

Les catacombes de S. Calisto ou S. Domitilla, Cinecittà et l'aéroport de Ciampino sont très proches. Des vélos sont mis gratuitement à votre disposition et vous pourrez réserver des visites guidées, les navettes de/vers les aéroports ou d'autres services aussi. L'équipe multilingue vous conseillera les bonnes adresses dans le quartier !

ECOHOTEL

Via di Bravetta, 91
Quartier Aurelio
✆ +39 06 66156920
Fax : +39 06 66047283
www.ecohotelroma.com
Bus H depuis la gare Termini.
Navette gratuite en service de 8h30 à 12h30 et de 18h30 à 21h30 depuis/vers le métro Cornelia ou autres points du centre.
Chambre double de 60 à 120 € selon la saison. Petit déjeuner généreux inclus. Parking privé et gratuit. wi-fi gratuit.
Vivre Rome au naturel est possible chez Ecohotel, un établissement donnant sur la luxuriante Vallée dei Casali, une réserve naturelle. Un hôtel écologique, comme son nom l'indique ; propre, neuf et moderne.
Il dispose d'une trentaine de chambres : simples, doubles, junior suites, family rooms dotées de très jolies salles de bains avec douche ou vasque hydromassage, sèche-cheveux... Mais attention, toutes les chambres ne donnent pas sur la nature environnante.

HÔTEL LAURENTIA

Largo degli Osci, 63
San Lorenzo ✆ +39 06 445 0218
Fax : +39 06 445 3821
www.hotellaurentia.com
Métro : Termini
Chambre double avec salle de bains à partir de 62,50 € en basse saison, 125 € en haute saison. Wi-fi gratuit. Petit déjeuner inclus.
L'Hôtel Laurentia est régulièrement recommandé, comme l'une des bonnes adresses du quartier de San Lorenzo. L'intérêt de séjourner ici réside bien sûr dans les tarifs, plus accessibles qu'au cœur de Rome, mais aussi dans l'atmosphère du quartier, que certains diront plus authentique et plus romaine. Une option intéressante pour ceux qui veulent sortir des sentiers battus.

HÔTEL PULITZER

Viale G. Marconi 905
EUR ✆ +39 06 598 591
www.hotelpulitzer.it
Chambre double de 94 € à 220 €. Petit déjeuner inclus. wi-fi gratuit.
Bienvenue aux adeptes d'architecture contemporaine ! Dans un immeuble cubique du quartier de l'EUR, cet hôtel propose 83 chambres au design très contemporain caractérisé par une omniprésence du blanc et des matériaux naturels comme le cuir et le bois. La pureté des lignes invite à la relaxation et les salles de bains en céramique noire sont également très réussies. La plupart des chambres disposent d'une terrasse privée. Le confort est optimal (wi-fi...) et les services sont nombreux (bar à cocktails, salle de sport...). L'hôtel est très apprécié de la clientèle d'affaires mais permet également au touriste de rejoindre facilement le centre de Rome car la station de métro EUR Marconi et les arrêts de bus 170 et 40 se trouvent à proximité.

Index

» A

» B

» C

» D

» E

» F

›› G

›› H

© AUTHOR'S IMAGE – PHILIPPE GUERSAN

Trinità dei Monti (Trinité-des-Monts), la scalinata et la fontaine de la Barcaccia depuis la Piazza di Spagna.

» I / J

» K / L

Mosaïque au palais des Conservateurs.

M

N / O

P

Q / R

» S

Buste de la Méduse au palais des Conservateurs.

» T

» U / V

» W / Y / Z